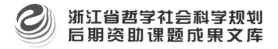 浙江省哲学社会科学规划
后期资助课题成果文库

面向分布式创新的
知识共享机制研究

金 鑫 著

中国社会科学出版社

图书在版编目(CIP)数据

面向分布式创新的知识共享机制研究 / 金鑫著 . —北京：中国社会科学
出版社，2018.6（2020.11 重印）

（浙江省哲学社会科学规划后期资助课题成果文库）

ISBN 978-7-5203-2873-9

Ⅰ.①面…　Ⅱ.①金…　Ⅲ.①企业管理—技术革新—资源共享—研究

Ⅳ.①F273.1

中国版本图书馆 CIP 数据核字（2018）第 165426 号

出 版 人	赵剑英
责任编辑	宫京蕾
责任校对	曹占江
责任印制	李寡寡

出　　版	中国社会科学出版社
社　　址	北京鼓楼西大街甲 158 号
邮　　编	100720
网　　址	http://www.csspw.cn
发 行 部	010-84083685
门 市 部	010-84029450
经　　销	新华书店及其他书店

印刷装订	北京君升印刷有限公司
版　　次	2018 年 6 月第 1 版
印　　次	2020 年 11 月第 2 次印刷

开　　本	710×1000　1/16
印　　张	19.75
插　　页	2
字　　数	328 千字
定　　价	118.00 元

目　　录

第一章

绪 论

第一节 研究背景

一 现实背景

（一）知识经济凸显企业知识活动的重要作用

从 20 世纪末期到 21 世纪初，知识在经济发展中所起到的作用日益重要。奈斯比特（1982）阐述了信息社会的四个特征：（1）起决定作用的生产要素不是资本，而是信息与知识；（2）价值的增长不再通过劳动，而是通过知识；（3）人们注意和关心的不是过去和现在，而是将来；（4）信息社会是知识密集型的社会。在信息社会里，知识价值论必然取代劳动价值论。德鲁克（Drucker，1992）系统地论述了"知识社会"的概念，指出由于知识意义的根本变化，知识已经成为生产过程中的一个关键资源，而不是一般意义的一种资源。普拉哈拉德和汉默尔（Prahalad & Hamel，1990）认为知识已经成为生产力、竞争力和经济成就的关键。丹尼尔（1997）认为后工业化社会的主要特征为：理论知识的首要性和新知识技术的产生；知识是关键性资源而电子通信则成为该社会的关键性技术。堺屋太一（1985）认为未来的社会是知识与智慧的价值大大提高的社会，因此，要提升竞争优势就必须要更有效地利用组织的智慧资产并改进成员间的知识流程，鼓励员工不断进行知识分享［班克（Bank，1996）］；而如何善用员工知识并将企业内的知识进行管理与应用，已成为企业竞争优势的主要来源［普拉哈拉德和汉默尔，1990；伦纳德·巴顿（Leonard-Barton，1995）］。众多学者的预见性研究引起了政府及相关产业界的注意，其中影响最大的是 1996 年经济合作与发展组织（OECD）题为《以知识为基础的经济》的年度报告，全面系统地归纳了知识经济的一些主要特征：科学和技术的研究与开发日益成为知识经济的重要基础；信息和通信技术在知识经济的发展过程中处于中心地位；服务业在知识经济中扮演了主要角色；人力的素质和技能成为知识经济实现的先决条件。

知识对社会发展的重要性深刻地影响着产业实践：第一，知识经济时代的到来意味着组织所面临的竞争不再是小范围的或国内市场的竞争，而是全球范围的国际竞争，更包括知识要素的国际化竞争；第二，知识密集型产业成为现代经济增长的主导力量，而对传统产业来说，"知识化"将是其维持现有地位或实现更新的唯一出路；第三，知识作为一种独立的生产要素在各种要素投入中占据主导地位，"知识工人"在经济中的地位不断强化；第四，信息技术的革命已经成为知识经济时代到来的前提，知识成为企业持续增长的第一推动力，企业竞争的优势在于对知识管理的不断创新。一个极具证明性的例子是，世界知识产权组织 2009 年 1 月 27 日在日内瓦公布了 WIPO《专利合作条约》（PCT）2008 年国际专利申请量（表 1.1）。虽然受全球经济滑坡影响，2008 年 PCT 申请量增长率 2.4% 要低于前三年的平均增长率 9.3%，但 2008 年的申请总量在 PCT 单一年份受理的申请量中达到最高。这表明世界各公司承认，持续对研究、开发和创新进行知识投资对于保持竞争能力十分重要，即使在极具挑战性的经济条件下也是如此。排名在前的申请国中，美国的发明人申请件数在 2008 年的总申请量中约占三分之一（为 53521 件，占 32.7%）。韩国、中国和瑞典发明人 2008 年 PCT 申请量增长率继续保持强劲，分别为 12.0%、11.9% 和 12.5%，以上三国在 2008 年申请国排名中分别为第四位、第六位和第九位。从以上数据可以看出，我国国际专利申请量虽然绝对值还较小，但是增长却很快，说明企业已经越来越重视知识的重要作用。

表 1.1   PCT 国际申请排名前 15 位的原属国①

	2004	2005	2006	2007	2008 估算	2008 百分比（%）	2008 增长率（%）
美国	43350	46803	50941	54086	53521	32.7	−1.0
日本	20264	24869	27033	27744	28744	17.5	3.6

① 资料来源：Global Economic Slowdown Impacts 2008 International Patent Filings http：//www. wipo.int/pressroom/en/articles/2009/article_0002.html。

续表

	2004	2005	2006	2007	2008估算	2008百分比（%）	2008增长率（%）
德国	15214	15984	16732	17818	18428	11.3	3.4
韩国	3558	4688	5944	7061	7908	4.8	12.0
法国	5184	5748	6242	6568	6867	4.2	4.6
中国	1706	2503	3951	5441	6089	3.7	11.9
英国	5027	5084	5090	5539	5517	3.4	-0.4
荷兰	4284	4500	4529	4355	4349	2.7	-0.1
瑞典	2851	2883	3316	3657	4114	2.5	12.5
瑞士	2898	3290	3577	3778	3832	2.3	1.4
加拿大	2104	2318	2566	2847	2966	1.8	4.2
意大利	2189	2349	2716	2946	2939	1.8	-0.2
芬兰	1672	1893	1845	1995	2119	1.3	6.2
澳大利亚	1837	1996	2001	2053	2028	1.2	-1.2
以色列	1227	1454	1589	1746	1882	1.1	7.8
所有其他	9245	10326	11084	12252	12497	7.6	2.0
全部	122610	136688	149156	159886	163800		2.4

（二）分布式创新已成为企业获取知识的重要方式

为应对知识经济的挑战，大量跨国公司以其先进的知识管理为基础，寻求在全球范围内配置其研发资源，力求在最大范围内利用最先进的科学技术和最优秀科技人才，降低研发成本和风险，获得竞争优势，这种创新模式被众多学者称为"分布式创新"。在这些跨国公司的分布式创新活动中，全球产品开发（GPD, Global Product Development）是其中的一个重要内容，GPD通常是指一个统一的产品开发流程，不同的设计小组要针对某一流程和产品协同地工作。商业周刊调查服务公司（2006）对全球1157家大型制造商分布式产品开发全球成功案例的研究表明，GPD在许多市场都已经成为一种竞争优势，近四分之三（70%）的被调查制造商都已经实施GPD，最少也启动了实施计划，而近三分之二（63%）已经以某种形式或在某方面完成了一个GPD项目（见图1.1）。而在被调查的所有行业和地域中，GPD都被认为是一个推动业务增长和提高竞争能力的综合策略，参与调查的产品开发和高级管理人员把GPD称作"竞争必需品"，并强调他们正在寻求方法来改进GPD项目，以保持竞争优势。从图1.2可以看出，在实施了GPD策略的公司中，只有18%的公司认为他们的 GPD 项目在这方面"非常成功",因而 GPD 还有巨大的改进空间。另外,产品开发和高级管理人员清晰地理解 GPD 的业务和作业优势,他们认为采用 GPD 的基本理由:一是获得靠近当地市场的设计资源,二是获得靠近分布式制造资源的设计资源。由于此项研究面向全球,样本企业 65% 来自美国,17% 来自欧洲,18% 来自亚洲,共涉及 10 个快速发展的国家(包括中国),因而研究结果具有较大的代表性。从一个侧面,说明分布式创新活动已经被大量企业采纳。

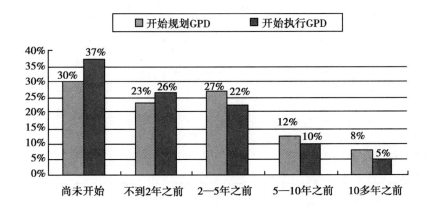

图 1.1　全球 GPD 实施情况图

资料来源:商业周刊调查服务公司(2006)

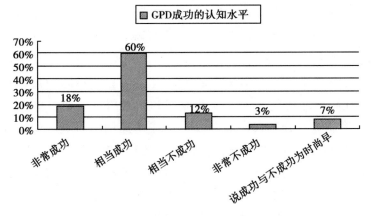

图 1.2　全球 GPD 实施认知水平图

资料来源:商业周刊调查服务公司(2006)

这些分布式创新活动在全球的广泛应用,为我国企业提供了宝贵的经验。以朗讯科技（Lucent）和思科（Cisco）的电信研发大战为例，朗讯和美国电话电报公司（AT&T）分家后，继承了大部分的贝尔实验室和研发专业，因而成功推出许多新产品。思科虽没有贝尔实验室的资源，但也能与朗讯并驾齐驱，有时还能抢先推出新品，因为思科能善用投资或结盟、并购的方式，让自己不必做多少内部研究，就能跟上全世界最好工业研究机构的脚步。因而，在知识经济时代，世界产业发展正体现出"制造集中化""研发分散化"和"采购全球化"三大特点。其中，世界著名的波音公司、宝洁公司等由于在产品研发过程中实施了分布式创新的管理体系，不但极大地减少了研发成本，而且明显地缩短了研发周期。

以全球主要民用飞机制造商为例，波音公司已由20世纪50年代波音707约2%的零部件外包生产发展到目前波音787的近90%外包；空客公司关闭了其在欧洲的工厂，把A350客机的生产外包给中国和其他国家，多达60%的生产工作将在欧洲大陆以外进行；巴西航空工业已经采用全球制造系统。图1.3是波音公司787飞机采用的全球性分布式创新网络，其基础是配置了达索（Dassault）系统公司的产品生命周期的管理平台，包括CATIA、ENOVIA和DELMIA。它为787梦想飞机的全球团队优化了ENOVIA协作主体以及DELMIA制造定义工具之间的整合，使团队能更好地实时访问并使用重要的产品信息，在该虚拟环境中，波音及合作伙伴使用V5PLM应用软件，在真正开始生产飞机之前，对787飞机的各个方面以及制造流程进行数字化设计、制造和测试，并通过波音的多层次交易网络来推动虚拟合作，这个网络提供787客机的400万个零部件。因而，波音787客机从发明、定型、转化、融资几乎均通过全球分布式创新网络实现的。波音787的制造和研发涉及美国、日本、法国、英国、意大利、瑞典、加拿大、韩国、澳大利亚等多个国家和地区的供应商，而它们均是世界相关领域的顶级供应商。通过采用全球分布式创新网络，大大减少了波音公司的研发费用和生产周期。据统计，在波音787的开发过程中，波音公司缩短了33%的进入市场的时间，且节省50%的研发费用。分布式创新使得生产效率得到明显改善。通过企业内部与外部在创新链各个重要环节的互动和整合，大幅度地提高了企业的生产效率（如波音公司在2001年开始裁员3万名员工，但目前波音公司的生产率提高了至少25%）。

这些跨国公司为了更好地开拓和服务国际市场，大量在海外建立研究

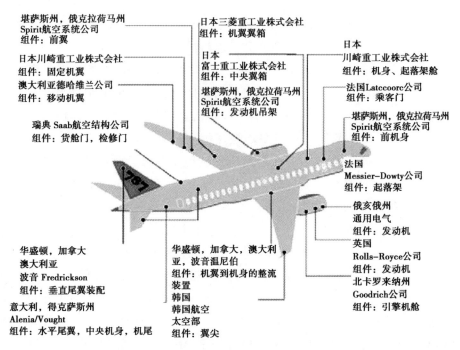

图 1.3   波音 787 客机全球分布式创新网络

资料来源：上海科技发展研究中心（2006）

与开发的分支机构以保持竞争优势。它们一般通过建立国外的研究机构跟踪和学习世界领先技术，或组成战略联盟、合资企业发挥双方的比较优势，实现技术上的突破。

在日益动态的市场环境下，随着研发成本的上升和产品生命周期缩短，越来越多的企业选择以合作开发为本质的分布式创新，以节约交易成本、降低 R&D 成本、分散技术创新风险、弥补创新资源不足、降低过度竞争、获得规模经济等。在这过程中分布式创新主要有三种方式：一是跨国公司 R&D 创新成果的全球化利用；二是充分利用全球范围内的 R&D 资源；三是广泛开展全球范围内的 R&D 合作（表 1.2）。

表 1.2   跨国公司 R&D 全球化的内容与形式

分类	目标	形式
R&D 全球化利用	在全球范围内利用企业的 R&D 优势，追求企业利润	高新技术产品出口；技术出口；专利许可；创新产品的海外生产

续表

分类	目标	形式
R&D 全球化网络	跟踪全球先进技术、利用东道国 R&D 资源	R&D 分散化；海外设立 R&D 机构；以获取技术为目的的跨国并购
R&D 全球化合作	加强全球技术合作与交流，借用"外脑"	企业技术战略联盟；与大学、国立研究机构合作；通过国际市场购买技术

资料来源：本书整理

（三）我国企业亟待破解"分布式创新"黑箱

我国多数企业没有明确地提出"分布式创新"的口号，但是却已经在实施分布式创新并以类似的口号代替，即分布式创新方式也已经开始被一些领先的企业采纳，如海尔集团、联想集团、中集集团等已经通过建立自己的核心能力逐步整合全球的优秀创新资源，积累了分布式创新的经验，同时在各自的行业领域具有了参与国际竞争的强大创新能力。这些企业透过价值链的分布式创新，不但可以削减成本，也能坚守非核心专长委外的原则，快速消除产品化与商业化的瓶颈。不过整体来看，虽然整合全球资源的分布式创新方式正逐渐被我国企业采纳，但是仅仅实施分布式创新活动而不注重核心知识的掌握却给我国企业带来了沉痛的教训，即我国企业亟待破解"分布式创新"的黑箱。

其中一个典型的例子是我国的汽车产业，虽然较早融入国际汽车产业链并进行分布式创新，但却在相当长的时间内不能积累核心竞争力。因为中国汽车工业原有的合资模式基本上不包括在产品开发层次上的技术学习，而没有对自己主要产品的设计确认权，企业就不能自主决定对该产品进行修改及创新，也不能自主决定在相应零部件上的创新。因而，仅仅依靠引进技术或委托设计而不注重对关键技术知识的消化吸收导致合作研发或分布式研发的空心化。如据国家知识产权局 2007 年公布的中国专利中，专利数量（仅涉及汽车专利，不包括摩托车）居前 10 名的汽车企业中有 7 家是跨国公司，其中，本田（3585 项）、丰田（2775 项）、日产（1455 项）、现代（585 项）分别占据前 4 位。这一现象已经引起了我国汽车产业的极大担忧，人们逐渐关注积极利用全球研发资源的过程中，以自有研发人员培养及自主知识产权获取为核心的分布式创新模式，比如：以奇瑞、吉利为代表的内资驱动，从完全模仿升级为整合全球资源的自主创新模式；以一汽为代表的对外合资合作，引进消化吸收再创新模式；以长安、江淮为代表的以我为主，积极利用全球资源进行再创新模式；最后是以上汽集团为代表，通过购买、消化、改进外国成熟的生产、品牌和研发技术，开发自主品牌的模式。这四种模式都证明，创新活动的全球分散化是提升自身技术创新能力的良好途径，而知识产权的获取与自身研发人员的学习与培养是关键。

另一个典型例子是中国国际海运集装箱（集团）股份有限公司（简称：中集集团），作为一家旨在为全球市场提供"现代化交通运输提供装备和服务"的企业集团，主要经营集装箱、道路运输车辆、能源、化工及食品装备、海洋工程、机场设备等装备的制造和服务。但是，就是优秀如中集集团，在其实施分布式创新活动过程中也多次面临知识的获取与保护方面的挑战，如其 20 世纪 90 年代与当时世界最大的登机桥生产商美国 FMC 公司的 3 年合作研发，不但没有获得相应的技术与订单，反而在中止合作后由于在设计上简单模仿合作时的技术，被美国 FMC 公司以技术侵权为由索赔 616.20 万美元，虽然之后中集集团修改设计规避了专利，但这为中集集团实施知识产权战略上了沉痛一课①。因此，如何在全球研发合作的分布式创新中获取和保护相关知识就成了中集集团的战略重点。鉴于该集团四大产业的产品既存在一定的技术关联性，又具有各自的独立性，为了使产品研发既能资源共享与发挥集团优势，又能贴近客户和工厂，中集集团从 1997 年开始实行了"集中管理、分布研发、分布制造"的模式。在这样一种体系架构中，中集集团的研发中心由根据产品和技术分工的 16 个研发中心组成，这些研发中心既贴近客户和市场，又与集团的大型制造基地紧密相连，同时接受总部的集团技术管理部集中管理。为了使 16 个研发中心发挥整体优势，促进研发人员彼此间的交流，避免造成信息孤岛，中集集团实施了研发信息化模式，即用基于 PLM 的研发 IT 系统提供了解决集中管理、资源共享与协同研发的平台，CAD、CAPP 和 CAE 等研发系统提供了高效、准确的产品研发工具。在这样的分布式研发模式下，中集集团首创了具有全球领先水平的安全智能集装箱、罐式储运跟踪检测系统、再生林木地板等产品和技术，初步奠定了交通运输装备的全球技术领先地位，集团研发中心先后被认定为广东省和国家级企业技术中心。而通过知识产权各研发中心共享的优势，形成了申报、实施、维权和防御为主体的专利管理体系，累计申请专利 1300 多件，其中发明专

---

① 这部分资料来自于笔者 2005 年在中集集团的调研。

利申请占35%以上，另外还参与了全球36项标准的制定工作，集团被认定为国家专利试点单位、深圳市知识产权优势企业。

上述两个案例说明，在经济全球化日趋深入、国际市场竞争日趋激烈的时代，为了实现由"中国制造"向"中国创造"的转变，实现由"中国价格"向"中国价值"的转变，企业的自主知识创新和知识产权管理就成为发展必不可少的环节和有效手段。而在此过程中，以获取相关技术知识为目标的分布式创新黑箱亟待我国企业破解，即科学解构其创新要素并分析不同的知识共享方式，从而更好地指导类似的创新活动。

二　理论背景

在20世纪的大部分时间里，R&D（研发）及其他企业核心知识被大多人认为是公司富有战略意义的资源，是公司提高核心竞争力和维持竞争优势的关键所在。长期以来，跨国公司通过建立实验室或研发中心来进行研究开发以取得技术上的先行优势，进而获得产品市场上的垄断地位，或者建立公司内部的知识共享平台，不断在组织内部进行知识积累和知识创造。20世纪末，随着全球经济环境的快速变化，一些公司采用了一种完全不同于封闭式创新的方式，即开放式创新。从知识来源的角度看，这种新的创新方式更依赖于外部知识来源，来获取公司所需要的知识技能［切斯布鲁夫（Chesbrough，2003a）］。

在过去的20多年中，主要的创新模型集中反映在五代创新过程中［罗斯韦尔（Rothwell，1994）］（图1.4）。如20世纪50年代到60年代中期的第一代技术推动模型；20世纪60年代后期至70年代早期的第二代需求拉动模型；20世纪70年代中期至80年代早期的第三代连接模型（亦称交互模型）；20世纪80年代中期至90年代的第四代综合模型（以并行工程为基础的综合创新模型的出现，为分布式创新形成独立的研究领域奠定了基础），其周围实际上是第三代过程表示的外部交互网络。而20世纪90年代至今所推重的是第五代系统综合和网络（SIN）模型，其中完善的电子工具提高了整个创新系统产品开发的速度和有效性（内部职能、供应商、客户、合作），本质上是具有分布式的创新过程。

在上述创新理论研究重点的转变过程中，结合大量出现的分布式创新现实问题，学者们也在思考企业如何通过分布式创新积累全球范围的技术知识以获取竞争优势。尽管企业分布式创新是一种早已存在的现象，但直

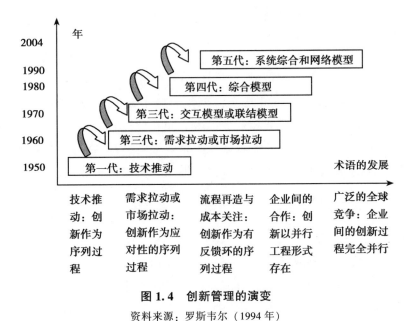

图 1.4　创新管理的演变

资料来源：罗斯韦尔（1994 年）

到 20 世纪 90 年代初，随着知识经济的兴起，这一问题才开始得到学者们的关注［安德森和默尔斯（Andersen & Miles，1999）；库姆斯等（Coombs et al.，2000）；科格特和麦提（Kogut & Metiu，2001）；麦克米金等（McMeekin et al.，2002）；豪威斯等（Howells et al.，2003）；杰格卡等（Joglekar et al.，2004）；波顿等（Bowden et al.，2005）；卡内姆（Karim，2006）；兰姆洛坎（Ramlogan et al.，2007）；耶等（Yoo et al.，2008）］。通过对企业技术创新国际化困境的深入反思，以及在创新理论和知识管理理论等促发下，这些学者［英国的库姆斯和泰勒（Tether）、哈韦（Harvey），美国的冯·希普尔（von Hippel）、卡内姆、索内（Sawhney），德国的安切巴切（Eschenbaecher）以及法国的卡号内尤（Carayol）等］用案例研究及定量研究丰富了分布式创新的研究领域内容。这些学者的研究表明，在全球经济一体化及产业竞争加剧的背景下，企业必须要拥有整合全球资源的能力，而基于知识获取的分布式创新活动是企业获取持续竞争优势的重要来源。

近十几年来，随着 IT 技术的迅猛发展及大量跨国公司全球化分布式创新实践的增多，企业分布式创新现象开始作为一个全新研究课题进入经济和管理学领域，已有部分文献出现在国际顶尖期刊，研究内容涉及企业分布式创新的概念、动机和特征（库姆斯等，2001、2003）、不同产业中的分布式创新机制［安德森和默尔斯，2006；安察和古斯马纳（Acha & Cusmano，2005）；安切巴切，2005；安德森等，2005］、项目团队层面分布式创新的定性定量研究［裴建新，2002；张红，2002；奥莱和卡密斯（O'Leary & Cummings，2007）；罗杰斯基（Lojeski，2006）］、社会网络视角下分布式创新知识共享影响因素的研究［李和纳夫（Lee & Neff，2004）；兰姆洛坎，2007；卡内尤等，2006；罗家德，2005］等。由于分布式创新对企业获取竞争优势具有极大促进作用，它有望成为技术创新研究极具发展前景的重要领域。

然而，企业分布式创新还属于一个新兴的研究领域，现有的理论分析和经验研究都还远未完善，还存在一些问题尚无法从现有文献中找到满意的解答。一方面，现有文献大多通过案例和计量分析，阐述了分布式创新作为一种企业现象所表现出的全球性趋势，并对分布式创新与企业发展的关系进行了大量的经验研究，得出了许多重要的结论。但是，这些研究大多属于案例现象及计量经济的分析，还比较缺乏从管理学层面上研究企业分布式创新，尤其是较少研究企业在分布式创新过程中的知识获取机制和作用路径。比如，众多研究者通过案例分析指出了分布式创新活动对企业的最终竞争能力有促进作用（如安切巴切，2005；安德森等，2005），但却没有揭示在创新过程中知识共享的机制怎样影响企业绩效或竞争优势，即使有学者对分布式创新项目的知识管理进行专门探讨［如格瑞巴兹（Gerybadze，2003）；安察，2004；卡密斯，2007］，他们也只是对分布式创新和企业竞争能力之间的关系作了简单化处理。从现有的文献来看，还基本没有学者研究分布式创新活动的要素构成，以及在此过程中知识共享影响企业创新绩效的作用机制。另一方面，现有企业分布式创新研究的主流学者几乎都来自欧美等发达国家（如库姆斯、泰勒、哈韦、冯·希普尔、卡内姆、索内、安切巴切、卡内尤等），研究样本大多也局限于这些国家的大型企业，在研究方法、变量测量、数据获取等方面都基于这些企业的技术创新实际，所得出的结论是否适用于其他国家企业尚未得到验证。目前十分缺乏以发展中国家企业为样本的理论分析和经验研究，针对我国企业的研究就更少了，我国仅有的少数学者对分布式创新的研究还限于概念介绍阶段（如许庆瑞，2008；黄国群等，2008），高小芹等主要是运用博弈论来进行笼统的分布式创新过程的分析（Gao，2008）。

虽然分布式创新的实践得到了产业界和学术界的极大关注，但其理论方面的研究却比较零散，没有形成系统的理论体系。目前的研究大多涵盖多个领域展开，如开放式创新、创新网络、全球产品开发、虚拟团队、外包与众包的研究等。分布式创新的主要优势是可以获取多种知识来源，而因此知识共享是有效结果的前提。由于项目团队作为分布式创新的主要实现形式，其知识的来源是多元化的，团队成员的分布式认知和专业技能必须在所有成员之间得到共享。实践中的知识共享困境证明，与传统的创新方式不同，分布式创新的时空限制、互动和社交机会的缺失、语言和文化障碍、信任与承诺问题及低层次的协作问题都会阻碍知识共享，从而影响分布式创新的成功。因此，亟待从理论上深入、系统地研究相应的知识共享机制及其管理模式。

由上，总体来看目前还很少有学者从技术创新管理的角度系统探析企业分布式创新过程的知识共享机制，少数学者虽试图从全球化研发过程的决策解析分布式创新过程中的知识共享影响因素，但还未将分布式创新、知识共享及创新绩效实现有机结合，"企业分布式创新→企业创新绩效"尚处于"黑箱"状态。此外，当前经济的全球化及分布式创新活动的大量兴起，也急需将企业分布式创新放在中国背景下进行新的思考，得出符合我国企业发展实际的研究结论，并与国外学者的观点进行对比分析。显然，对企业分布式创新开展进一步的理论分析和实证研究都是非常迫切的。

第二节　研究问题的提出

从现实背景上看，基于核心知识能力积累的发展战略日益成为当代企业获取持续竞争优势的关键。企业在整合全球资源的分布式创新过程中需要吸收来自不同领域的知识，同时要不断扩展"关键核心技术"。分布式创新是企业实施技术创新国际化战略的重要方式，而有效的知识共享机制无疑是其基石。通常，企业的核心技术要通过自身的研发获得，部分也可以通过并购获得。不过无论哪种方式，都需要企业在研发或消化过程中以共享的方式转移给自己的研发人员。对于发展中国家的企业来说，在当前要求所有的企业都自己掌握核心技术知识可能并不太现实，而分布式创新提供了一种可行的技术创新战略。基于这种现实背景，研究企业应该如何通过分布式创新过程来积累不同层次的知识来构筑持续竞争优势，就具有非常重要的现实意义。

从理论背景上看，关于分布式创新本身的构成要素，及怎样影响企业创新绩效等问题，在已有研究中还没有深入涉及。尽管目前大部分学者认为分布式创新对企业发展有正向影响（库姆斯等，2000；豪威斯等，2003；杰格卡等，2004；波顿等，2005；卡内姆，2006；兰姆洛坎等，2007；耶等，2008），但却没有对这一内部过程进行解构，分布式创新本身基本还是一个"黑箱"。另外，由于已有分布式创新研究的结论基于以发达国家企业为样本的实证研究，因此更需要基于中国企业的实际进一步验证。尤其重要的是，绝大多数的研究对于分布式创新过程中的知识共享这个关键问题都没有展开讨论，因而关于企业分布式创新如何促进企业发展、二者的关系受什么因素的影响等问题，也都需要进一步探索。

通过对这些问题的梳理，本书提出了三个基本的研究问题：（1）企业分布式创新构成要素有哪些？对企业创新绩效的作用机制如何？（2）企业分布式创新过程中存在怎样的知识共享机制？（3）企业如何开展基于知识共享的分布式创新战略？

（一）子问题1：企业分布式创新构成要素有哪些？对企业创新绩效的作用机制如何？

此问题分为两个方面：（1）分布式创新构成要素有哪些？与企业绩效是否有关系？如果有关系，是一种什么样的关系？（2）分布式创新各构成要素是否直接影响企业绩效？如果不是直接影响，需要通过何种中介变量？一方面，对分布式创新构成要素的研究，需要进一步完善。主要有两个原因，一是现有研究大多以发达国家大型企业为研究样本，比较缺乏对发展中国家企业的实证分析；二是现有研究大多只考虑了分布式创新的某一个或几个要素，缺乏对其整体考虑。事实上，分布式创新应该有结构维、关系维和支撑维，相互有明显区别。它们对企业创新绩效都有很重要的影响，但影响程度可能存在一定的差异。因此，以我国企业为样本，对企业分布式创新与企业绩效的关系进行新的思考，有助于比较我国企业分布式创新是否具有与发达国家企业类似的发展规律。而且，考虑分布式创新各构成要素分别对企业创新绩效的影响，也能更深入地认识分布式创新对企业发展的价值。另一方面，关于分布式创新如何影响企业绩效，现有文献还没有作出明确回答，多数学者认为分布式创新与企业创新绩效之间的关系是直接的。但从企业实际来看，开展分布式创新活动到企业创新绩效的提高，之间可能没有完全直通的路径，二者的关系需要通过一个中介才能实现，也就是说，可能需要考虑知识共享在其中的影响。

本书认为，研究分布式创新构成要素影响企业绩效的作用机制，必须基于知识的视角，因为无论从实践还是从理论上看，知识与创新都是紧密关联的。忽略知识而单独研究分布式创新对企业发展的作用，在解释和指导企业实践方面存在着较大的局限。但是，谨慎选择知识中介变量是解决研究子问题1的核心，既需要理论分析作保障，也需要考察这些变量所起的作用是否符合企业实际。因此，与深入的理论剖析相伴，探索性的案例分析成为解决本研究子问题1的一个较佳选择。基于此，本书首先对我国三家典型企业进行探索性案例研究，对分布式创新构成要素及知识共享作为各要素影响企业绩效作用机制的构思进行检验，为后续的理论分析和实证检验作铺垫。

（二）子问题2：企业分布式创新过程中存在怎样的知识共享机制？

在现实中，分布式创新构成要素对知识共享的影响并非是固定的。知识共享具体有三种方式：一是编码化的文档资料共享；二是个人化的成员学习共享；三是近期才逐渐出现的各种知识产权的共享。而在这三条途径中，分布式创新要素有可能对这三种知识共享方式的影响产生不同的作用。比如，当分布式创新项目的结构程度不同时，是否对文档资料共享、成员学习与知识产权共享有明显影响？实践中常见的情况是，即便两个企业都开展了相类似的分布式创新活动，但是最后企业的绩效仍然可能有较大差异，因为仅仅分布式创新本身是无法完全影响企业发展的，在这过程中对各种知识的消化吸收才是决定分布式创新成效的关键。

（三）子问题3：企业如何开展基于知识共享的分布式创新战略？

企业如何推进分布式创新战略，是在前两个子问题得到一定程度肯定回答的基础上派生出的另一个子问题，即，如果分布式创新对提高企业绩效确实具有重要促进作用，那么企业应该如何开展分布式创新战略？从战略管理角度看，一方面，必须考虑如何针对分布式创新的不同维度进行资源配置管理；另一方面，要基于不同构成要素的组合来选择适当的知识共享机制。该研究子问题的分析，既是企业实践"落地"的一个重要方面，也是本研究所提出基本问题的逻辑完整性的一个必要补充。在具体研究中，本书计划从合作伙伴及项目选择、关系构建、激励及协同技术等方面进行理论和实证研究。

第三节　相关概念界定

（一）分布式创新

分布式创新是相对于集中式创新而言的，库姆斯等（2002）认为"分布式创新"指创新所需要的技术及其另外能力在一系列企业和其他知识创造机构之间分布，即在地理上分散的员工成功地实施创意、任务及流程（适用于有不同分公司的企业），或企业间不分地理分布的创新合作（部分解释创新集群），因此分布式创新可以是企业内也可以是企业间的合作［凯莉（Kelly，2006）］。冯·希普尔（1988）认为可以从竞争对手间的诀窍交易来理解分布式创新的过程，并研究了对分布式创新过程的管理，即进行创新源的预测和转移，以半导体工艺设备创新的案例说明分布式创新过程是一个系统。黄国群和李佩璘（2008）认为分布式创新是由一家主导公司（如跨国公司）发起，选定创新任务，在研发合作伙伴或者内部分支研发机构之间分配创新任务，最后对研发、创新成果进行集成的研发模式。分布式创新是集成创新的一种模式，也是开放式创新的一种具体表现形式，但其着眼点不同于开放式创新，更接近于集成创新。本研究综合上述各观点尝试对分布式创新定义如下：分布式创新是以跨地域、时区或组织的项目团队为载体，基于分布式结构配置和分布式认知提升并通过相关分布式协同的支撑，以各种知识共享为连接纽带，为完成特定创新任务而在分散项目成员之间进行的顺序或并行的各种创新活动。

（二）知识共享

目前国外学者对知识共享的定义主要有七种观点：（1）知识转移的观点［达文波特和普鲁沙克（Davenport & Prusak，1998）；迪克森（Dixon，2000）；盖瑞斯（Galbraith，1990）］；（2）市场交易的观点［安莎（Ensign；1997）；达文波特和普鲁沙克，1998；肯斯坦特（Constant et al.，1994）］；（3）知识创造的观点［爱瑞克松和迪克松（Eriksson & Dickson，2000）；野中郁次朗（Nonaka，1995）］；（4）组织学习的观点［圣吉（Senge，1998）；南希（Nancy，2000）；吉伯特和海耶丝（Gilbert & Hayes，1996）］；（5）知识转化的观点［野中郁次郎，1994；普拉尼（Polanyi，1975）；爱弗瑞和林格（Ivari & Linger，1999）；野中郁次郎，1995）］；（6）沟通的观点［波丝切（Bostrom，1989）；汉

德内克（Hendriks，1999）；玛格里特（Margaret，1994）]；（7）知识（技术）系统的观点 [尼瓦（Niwa，1990）；阿拉韦和雷纳（Alavi & Lei-dner，2001）]。虽然对于知识共享，至今没有一个准确的界定，只是提出知识共享是知识管理的核心，是知识创新的前提。但是从广义上说，知识共享是指员工彼此之间相互交流知识，使知识由个人的经验扩散到组织的层面。从这个意义上说，知识共享具有四个组成要素，即人、知识、过程和环境，是一个动态的过程（杜海云，2005）。从认识论看，知识共享包括隐含知识和明晰知识及其各种组合和转换；从本体论看，它包括个人层次、团队层次、企业层次、企业间层次及其相互之间的知识共享。综合上述观点，本书认为知识共享是组织或个人基于各种媒介形式，通过互动学习、知识资料交换等行为，不断将内隐知识与外显知识进行互动转化的过程，即将知识从一方（个人、小组或组织）转移或散布到另一方的活动。

（三）分布式领导

乔纳丝（Jones，2002）指出只有改善员工的工作条件，给予员工参与决策的机会，员工才会有分享知识的动机。明兹伯格（Mintzberg，2006）指出分布式领导就是组织的不同成员根据自己的能力和环境条件的变化动态地分享领导角色。李洁芳（2008）总结了分布式领导的两个重要特点：（1）多个成员根据任务的不同特点共同担任领导角色；（2）领导角色随时间的推移而在多个成员间更替。斯普兰（Spillane，2006）把分布式领导视为领导者、下属和情境三者的互动过程，即随着时间的推移，领导和下属的角色可以更替。卡松等（Carson et al.，2007）认为，分享式领导是因领导力分布于多个群体成员之中而自然产生的一种领导模式。本书认为分布式领导是根据任务特点和组织成员能力，由多个组织成员共同承担和动态更替领导角色的集体领导模式。这一概念有几个要点：第一，领导角色由多个组织成员共同承担，但不一定由全体组织成员来承担，只要由一人以上共同承担领导角色，就应该认为相应领导模式是分布式领导模式。第二，领导角色更替的依据是任务特点和成员能力的匹配程度。第三，领导角色是动态更替的：一方面，任务情境的变化会导致新的领导角色的出现，或某种领导角色的暂时消失；另一方面，组织成员会在领导—下属两种角色间动态转换，即组织成员可能在某一时点是领导者，在另一时点则是下属，这种转换要根据任务特点和成员能力水平来定。

第四节　研究的逻辑框架、研究方法与章节安排

一　研究的逻辑框架

本研究通过对分布式创新理论和知识共享理论的研究评述，结合我国三个企业分布式创新知识共享机制的探索性案例分析，系统探究我国企业开展分布式创新过程中的知识共享机制，并提出了企业实施分布式创新知识共享机制的几种途径，以便为企业管理分布式创新从而实现技术创新能力提升及成员成长提供指导。研究将按照提出问题、分析问题、解决问题的思路进行。本书的研究思路如图 1.5 所示。

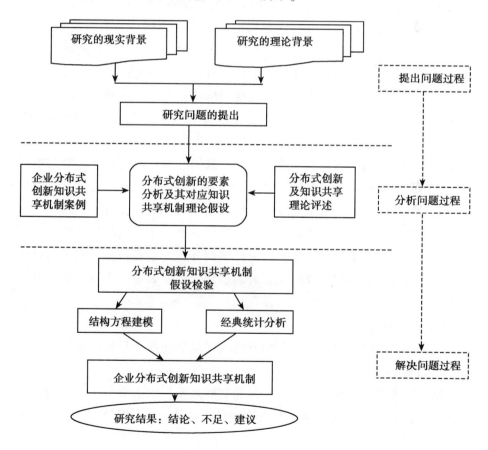

图 1.5　本书研究思路

二　研究方法

本书采取规范分析与实证研究相结合的方法研究前面所提出的三个研究问题。规范分析主要解决"应该怎样"和"是否应该"的问题,为本书提出问题、认识问题和分析问题奠定理论基础;实证研究分析主要回答"是什么"和"能不能"的问题,为进一步剖析问题、验证问题和解决问题提供现实依据。本书总体上沿着"规范分析→访谈研究→探索性案例分析→提出假设→问卷调查→实证分析"等研究逻辑,对前面提出的问题进行理论阐述和实证检验。本书主要运用了以下研究方法:

(一)　规范理论研究方法

为了总体把握分布式创新、知识共享与企业绩效之间的关系,首先需要对相关领域的已有文献进行详细梳理,厘清研究脉络,把握最新进展,在此基础上发现和总结现有研究的不足,以提出本研究的主要问题与分析视角。因而,规范理论研究分析的基础是对以往相关研究文献进行广泛研读。在整个研究过程中,为了尽可能全面地掌握相关领域的最新进展,笔者对国内外多个学术论文数据库进行了长期跟踪检索,包括 EBSCO、JSTOR、PQDD、SDOS、Wiley、Emerald 等,以及国内的学术论文数据库,如清华学术期刊网、维普全文期刊和万方数据库等。同时笔者还对与本研究领域相关性较强的几个权威期刊进行了重点跟踪①,浙江大学丰富的学术论文数据库为本研究的顺利开展提供了坚实的基础。在大量查阅与分析分布式创新理论、知识管理理论、社会网络分析理论、组织学习理论等相关研究文献的基础上,经过 3 个探索性案例分析,笔者初步形成了研究构思,并通过与导师、同学及其他学者的多次交流,确定了本书的最终研究框架。

(二)　实证研究

本书的实证研究主要分为两个方面,即现场访谈和问卷调查。

1. 现场访谈

为了使本书的研究更具有针对性和实践意义,本书进行了大量的现场访谈和问卷调查。得益于导师主持的国家社会科学基金课题和企业委托研

---

① 这些权威期刊包括 *R&D Management*、*Research Policy*、*Academy of Management Journal*、*Strategic Management Journal*、*Administrative Science Quarterly*、*Technovation* 等。

究课题的资助，以及浙江海宁经编产业园区管委会和浙江省台州市经贸委的支持，笔者在2007年8月至2009年4月陆续走访了包括中控集团等在内的22家企业（如表1.3所示），深入了解企业进行分布式创新情况，尤其是企业在分布式创新过程中进行资源配置及知识共享的情况。所有访谈对象均为企业中负责或参与分布式创新活动的技术管理或产品开发的中高层领导及普通工程师，所有访谈均采用半结构化的方式。访谈时间一般为2小时左右，访谈内容主要包括企业内外部合作现状、技术模块化程度、协同技术及激励制度、知识共享方式和实施分布式创新的项目团队绩效等。为了避免内容遗忘与混淆，每次笔者在访谈结束后的24小时内对访谈记录进行总结整理。通过现场访谈，认识到分布式创新具有三个显著的维度，即结构维、关系维和支撑维与知识共享有正向关系，而且知识共享明显提升了项目的创新绩效，但是几种知识共享机制所起作用不同。

表1.3　　　　　　　　　　实地调研和访谈企业一览表

编号	访谈企业			受访人员	时间
	名称	所在地	人数	职务	
1	张家港中集圣达因低温设备有限公司	江苏张家港	2	技术部经理、副经理	2007/8
2	扬州中集通华专用车股份有限公司	江苏扬州	3	总经理技术部经理、副经理	2007/8
3	上海中集冷箱有限公司	上海	3	技术部副经理、工程师	2007/8
4	驻马店中集华骏车辆有限公司	河南驻马店	2	副总经理技术部经理	2007/8
5	中集集团总部	广东深圳	2	技术管理部总经理技术部经理	2007/8
6	海尔集团	山东青岛	1	研发推进本部经理	2007/12
7	杭州信雅达三佳系统工程公司	浙江杭州	1	研发主管	2008/7
8	浙大中控科技集团有限公司	浙江杭州	2	副总裁、总工程师	2008/7
9	中国东港工贸集团公司	浙江台州	2	技术开发部副经理总工程师	2008/7
10	浙江金刚汽车有限公司	浙江台州	2	技术规划部部长工艺科科长	2008/7
11	浙江海翔药业股份有限公司	浙江台州	1	总经理	2008/7
12	浙江永宁药业股份有限公司	浙江台州	3	产品开发部项目主管、研究所正副经理	2009/3
13	浙江亿利达风机有限公司	浙江台州	3	研发工程师	2009/3
14	浙江三鸥机械股份有限公司	浙江台州	1	董事长助理	2009/3

续表

编号	访谈企业		受访人员		时间
	名称	所在地	人数	职务	
15	浙江浩风机电技术中心	浙江台州	1	总经理	2009/3
16	浙江海利得新材料股份有限公司	浙江海宁	2	技术经理、项目主管	2009/4
17	海宁顺龙染整有限公司	浙江海宁	1	总经理	2009/4
18	海宁中龙印染有限公司	浙江海宁	1	副总经理	2009/4
19	浙江天星产业用布有限公司	浙江海宁	1	技术经理	2009/4
20	海宁市豪生经编有限公司	浙江海宁	1	技术经理	2009/4
21	浙江华生经编有限公司	浙江海宁	1	总经理	2009/4
22	海宁市成如旦基布有限公司	浙江海宁	1	副总经理	2009/4

2. 问卷调查

2008 年 5—7 月，在文献研究和部分实地调研的基础上，笔者根据理论分析设计了相应的测量题项。问卷采取 7 点 Likert 量表的形式，大部分题项主要借鉴已有研究中相同变量的测量题项，部分题项则根据变量的特征和结构自行设计。笔者于 2008 年 7 月初在台州和杭州的多家企业进行试调查，根据对试调查数据的分析结果，删去了一些信度系数较低的题项，对问卷题项作了进一步调整。在问卷最终修订完成后，笔者于 2008 年 11 月初至 2009 年 1 月、2009 年 2 月至 5 月底，通过邮寄、电子邮件、现场发放、委托企业界朋友和同学发放等方式，共发放问卷 530 份，最终收回 203 份，剔除 32 份无效问卷后得到实际有效问卷 171 份，有效问卷回收率为 32.26%。在现场访谈和问卷调查获得大量经验数据之后，本书运用了结构方程建模、因子分析等数理统计方法进行了严格的定量分析，检验理论假设。

（三）案例研究

由于分布式创新是个崭新的研究领域，已有的文献研究还不能全面反映其实际应用问题。而基于知识的视角研究其过程还比较零散，因而本书在研究过程中应用了探索性的案例研究方法。通过探索性案例分析，一方面理清了企业分布式创新的构成维度，另外也揭示了在该过程中知识共享的若干机制。这为提出分布式创新知识共享的机制假设及相应的管理措施给予了事实支撑。

三　本书的章节安排

按照研究逻辑框架，本书共安排八章内容，主要内容如图 1.6 所示。

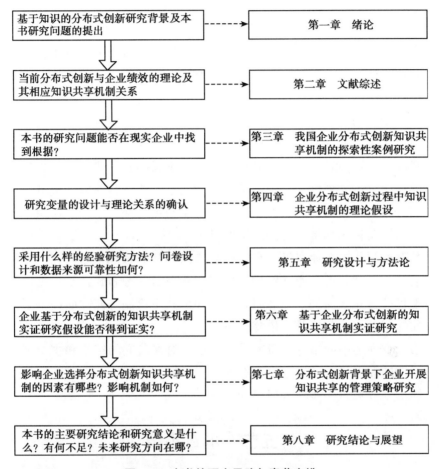

图 1.6　本书的研究思路与章节安排

第一章为绪论，主要阐明本书的现实和理论研究背景，提出所要研究的问题，对研究涉及的主要概念进行说明和界定，对研究的逻辑框架、研究方法和本书的章节安排进行说明。

第二章为相关理论和文献的评述，首先对分布式创新的理论进行了评述辨析；其次对知识管理及知识共享的已有研究做了全面的综述；再次分析了分布式创新与知识共享关系的相关研究；最后指出现有研究的贡献与不足，为本书后续研究提供基础。

　　第三章为我国企业分布式创新知识共享机制的案例研究。分别选取分析了上海中集冷箱有限公司的 CIMS、吉利金刚汽车及海尔卡萨帝法式对开门冰箱的三个创新案例，通过案例发现总结分布式创新的构成维度及该过程中的知识共享机制。

　　第四章为我国企业分布式创新知识共享机制的概念模型和理论假设，重点在借鉴以往研究文献、现场访谈和探索性案例分析的基础上，对企业分布式创新的构成要素进行了归纳，并对相应的知识共享机制作了探索性的全面理论假设。

　　第五章从问卷设计、数据收集过程、数据的初步统计推断、主要分析方法与程序等几方面对本书的研究设计和方法论作了阐述。

　　第六章为我国企业分布式创新知识共享机制的实证研究，首先进行了问卷数据的信度、效度检验及因子分析，通过结构方程建模（SEM）方法对影响分布式创新活动的自变量、中间变量与创新绩效之间的作用机制进行了模拟，验证第四章提出的理论假设。

　　第七章为我国企业实施分布式创新知识共享的管理策略研究。分别从合理设计创新项目的分布式结构、提升创新项目的分布式认知程度、完善创新项目的分布式协同和动态组合三种知识共享机制等四方面提出了分布式创新知识共享的相应管理措施。

　　第八章为本书的结论与研究展望。本章对本研究的结论和主要创新点作一个阐述和总结，并对本书没有涉及或没有深入研究的有关问题作了点评，提出了今后进一步深入研究的方向。

第五节　本章小结

　　本章主要阐述了本书的现实和理论研究背景，从现实背景来看，知识经济已经使知识成为企业重要的竞争要素，而全球及我国领先企业的经验表明，分布式创新对于企业来说是构建全球竞争优势的有效途径，其中知识共享起了关键性的作用。同时，创新理论与知识管理理论的交叉融合发展也逐渐使分布式创新成了一个独立的学术概念，研究重心开始关注知识共享机制的作用。这为本书提供了基本的现实和理论背景。

　　在此基础上，提出了本书基本的研究问题：即在中国产业背景下（1）企业分布式创新构成要素有哪些？对企业创新绩效的作用机制如何？

（2）企业分布式创新过程有怎样的知识共享机制？（3）企业如何开展以知识共享为中心的分布式创新战略？本书试图将这三个问题在一个统一的模型中进行整合和研究。

为了保证研究问题的科学性，本章介绍了本书拟采用的研究方法和逻辑框架，并给出了本书的总体章节安排。

第二章

文献综述

本章内容分为三个部分：首先，对分布式创新的研究文献进行了综述，分析了现有研究的贡献与不足；其次，对知识共享理论进行了简要阐述；最后，对分布式创新因素与相关知识共享机制的研究文献进行综述，分析了现有研究的贡献与不足，这为本书的理论与实证研究奠定了基础。

第一节　分布式创新研究综述

长期以来，为保持在国际竞争中的技术领先优势地位及防止创新技术外溢，各国大型企业普遍将其创新中心环节的 R&D 活动集中于母国并置于公司总部的严格控制之下。然而，自 20 世纪 80 年代以来，随着经济全球化的深入发展与国际竞争的日趋激烈，世界上一些大型跨国公司与科研机构为了适应世界市场的复杂性、产品的多样性以及不同国家消费者偏好，同时也为了充分利用世界各国现有的科技资源，降低产品研制过程中的成本和风险，在生产国际化水平不断提高的基础上，纷纷跨越国界，通过对外直接投资新建海外 R&D 机构、参股控股并购海外 R&D 机构、合作兴办 R&D 机构等，大量实施分布式创新活动。相应地，自 20 世纪 80 年代以来众多欧美学者开始关注企业这种分布式创新现象，国内学者也对此进行了初步研究。虽然目前相关文献还不是太多，但是其研究成果已经出现在部分经济学和管理学国际权威期刊上，形成了初步的理论框架。更重要的是，自从中国加入 WTO 后，我国的一批领先企业如海尔集团、华为公司、中兴集团、海信集团、TCL 集团、中集集团和联想集团等也纷纷积极进行国际化，旨在整合全球资源并拓展国际市场，这些企业已经积累了大量的分布式创新经验。这些都为深入研究企业分布式创新提供了理论与实践基础。本节遵循"研究背景—研究趋势—研究现状—理论研究—研究评述"的逻辑脉络，对已有企业分布式创新研究进行述评。

一　分布式创新的研究背景、趋势及现状

（一）研究背景

从产业实践的背景来看，随着知识经济全球化的迅猛发展，大量跨国公司及中国部分领先公司的分布式创新活动日益明显，已经显示了单独研究这一问题的必要性和紧迫性。而从理论背景来看，技术创新理论五代模型的拓展和知识管理理论的深入发展，尤其是学术界及产业界对技术创新国际化战略成功与失败的探讨，加速了分布式创新理论的发展。

1. 技术创新国际化战略反思

1985 年到 1995 年期间，国际化的生产和贸易迅速地增长，全球经济一体化的趋势日益明显，跨国公司积极展开了全球扩张活动，凭借着国际化的网络，其技术创新活动也扩展到了全球范围，依托世界市场和全球人才，其技术创新活动取得了很大的经济效益和社会效益。与传统的技术创新战略立足于企业内部，利用企业现有资源基础开展创新活动的狭隘视野相比，这种技术创新国际化战略将与企业外部的连接机制以及在更大范围内获取和配置资源纳入创新战略，克服了传统技术创新的封闭与狭隘性。对此，一些学者认为跨国公司是技术创新和 R&D 国际化的主要推动者，技术创新、R&D 国际化日益成为企业加强和提高国际竞争力的重要因素 [帕特和帕维特（Patel & Pavitt, 1991）；坎特威（Cantwell, 1995）；罗伯特（Robert, 1995a、b）]。

这方面成功的跨国公司有欧美的微软公司、3M 公司、宝洁公司、波音公司、西门子公司、ABB 集团、大众汽车公司等。这些跨国公司技术创新国际化呈现如下特点：一是国外 R&D 分支机构数量不断增加；二是国外 R&D 支出占总 R&D 支出的比例不断上升；三是国外 R&D 分支机构的专利日益增多。实践和研究表明，由于技术创新国际化是以创新源的全球性，创新人才多元化，技术创新组织网络化为特征的，它改变了企业单一的从内部获取所需要的技术知识的状况，使企业内部以及企业外部组织之间形成了一个知识交流网络，企业可以更广泛地借助组织外部的知识和信息构建自己的技术和知识结构。在这过程中，最重要的是解构这种分布式创新的维度，以选择合适的知识共享机制达到掌握核心知识产权的目的。

2. 基于知识共享的分布式创新项目兴起

正是基于分布式创新对企业发展的巨大作用，世界各国的领先企业纷纷实施了以项目为载体的分布式创新活动，旨在以共享全球不同的技术知识而增强自身竞争力。典型例子如宝洁公司，目前从分布式创新项目中获取50%的发明，通过经纪公司 yet2. com 特许外部转化者获取公司的闲置知识产权。英国电信（BT），分别在印度、中国、日本、英国和美国硅谷设立经纪公司主导分布式创新项目来发掘当地技术发明，而特许外部转化者享有公司知识产权，同时 BT 还与风险投资公司合作启动非核心发明。

因此，针对上述分布式创新的大量实践背景，在技术创新理论、知识管理理论、组织学习理论、社会网络分析理论等基础上，以发达国家跨国企业为样本的分布式创新研究开始作为一个全新议题出现在各种权威的经济学和管理学国际期刊，其中绝大部分文献都出自欧美等国的研究者。

（二）研究趋势

自 2000 年以来，企业分布式创新的案例分析和定量研究逐渐增多。从笔者目前所掌握的文献来看，目前企业分布式创新研究大致经历了探索阶段、起步阶段和发展阶段（如图 2.1）。

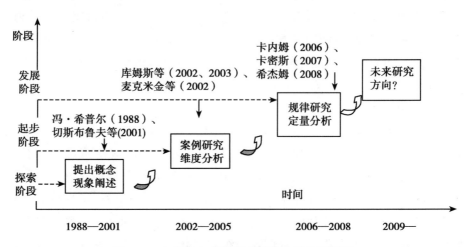

图 2.1　企业分布式创新研究的大致发展阶段

资料来源：笔者整理

1. 探索阶段（1988—2001）

冯·希普尔（1988）认为可以从竞争对手间的诀窍交易来理解分布式创新的过程，并研究了对分布式创新过程的管理，即进行创新源的预测和转移，以半导体工艺设备创新的案例说明分布式创新过程是一个系统。而有学者从跨国公司的角度进一步阐述了这类现象，认为早先有关高度全球化跨国公司的创新和知识管理的研究对于"跨国方案"太乐观，它们高估了全球分散程度及科层控制的减少。如汉德伦德（Hedlund，1993）、巴特乐（Bartlett）和古雪（Ghoshal，1998）提出的跨国公司模型强调了五种趋势：（1）众多地理上分散的学习中心；（2）下属组织的管理自主性；（3）全球分散部门之间开放且非科层式的知识交换；（4）全球项目和团队的强力作用；（5）信息和沟通技术的广泛应用以推动全球创新项目。针对这样的趋势与现象，切斯布鲁夫等（2001）关于对技术和组织治理的组合的研究认为，产品建构陷阱有集成型陷阱和模块型陷阱两种形态，相应的创新可以划分为分布式创新和中心式创新以应对这样的挑战。

　　此阶段这些学者注意到了分布式创新的现象并尝试着用相关的案例说明这样的过程，他们对分布式创新研究还处于现象描述和概念阐述阶段，虽然已经有部分研究涉及分布式创新的分类探索，但还没有深入探究其出现的原因及规律。

　　2. 起步阶段（2002—2005）

　　库姆斯等（2002）认为分布式创新指创新所需要的技术及其另外能力在一系列企业和其他知识创造机构之间分布，即在地理上分散的员工成功地实施创意、任务及流程。继而库姆斯等（2003）又分析了分布式的供应及创新的三个含义：主体间的关系模式、动态过程及创新的等级问题。后续的相关研究绝大多数都引用这两个研究的分布式创新定义。麦克米金等（2002）用案例分析的方法构建了一个分析框架研究某生物信息技术的分布式创新过程。而格瑞夫等（Griffith et al.，2003）则用虚拟度的高低来表征创新合作程度，即用任务时间不重叠的百分比、技术水平高低和物理距离等三个指标来测度。奥苏利凡（O'Sullivan）和康米坎（Cormican，2003）提出了个体创新、项目创新、合作创新和分布式创新四个创新科层，以"创新漏斗"为每个层次的具体实施工具，讨论了建立基于互联网的知识基础设施及合作伙伴之间的关系构建。豪威斯等（2003）把技术外包活动作为企业分布式创新的重要形式，并从短期和长期两个方面划分了三种主要的技术知识外包类型：合同型、所有权型和互惠型。瓦拉丁等（Valentin et al.，2003）从问题定义及问题解决两方面可分解性的差异说明了分布式创新的组织形式变化。劳伦斯等（Laurence et al.，

2004）研究了正式和非正式两种实践社区及其管理措施。同期我国裘建新（2002）和张红（2002）等通过实例研究了分布式协同设计的特点、实施条件及其支撑技术，阐述了分布式团队不受地域限制、时效性、异构性、相对独立性和自组织性等特点。爱凡内斯托等（Evaristo et al., 2004）划分了分布式项目管理中"分布度"的 10 个维度：已有的政策和标准、信任、相关者类型、项目类型、信息系统方法、感知距离、文化差异、复杂度、同步性和分布程度。安德森（2005）以荷兰的近海风力发电产业中 5 个主要企业 LM Glasfiber、Densit、AVN Hydraulics、CC Jensen Filter division 和 VBE 为例，研究了电机涡轮系统性创新中分布式创新的作用，证明创新最成功的组织形式既与产业的性质有关，也与企业采用的战略有很大关系。波顿（2005）通过对英国地方政府及公共服务部门 32 人次的访谈，讨论了分布式创新理论应用于公共服务部门时的政策安排。Joglekar 和 Anderson（2005）用控制理论的方法，即用基于状态空间描述对混有噪声的信号进行滤波的方法，对分布式创新过程中主导企业及供应商之间的外包决策进行了研究。

　　该阶段的研究已经开始对分布式创新尝试进行定义，并主要用案例分析的方法对分布式创新的若干维度进行了划分，总体来说，研究还处于探索阶段，对分布式创新的系统性观念还不强。对企业的发展作用关系也没有直接的涉及，更没有注意到知识的作用。

　　3. 发展阶段（2006—2008）

　　安德森和默尔斯（2006）以音乐行业为例，分析了 3 个版权机构在分布式知识资源的生产、转化、合并及积累等 4 个方面的作用。卡内姆（2006）以创新激励（innocentive）网站和开放源代码社区两个案例分析为基础，对自我管理及分布式创新系统的功能进行了探索，重点关注核心及外围参与者在该分布式创新过程中的不同角色。通过对 287 个开放源代码参与者的问卷调查研究了核心人员的动机，出自于满足感，即参与项目使自己感觉有创造力，另外用户需求、写源代码伴随的产权激励和程序技能的改善也是参与项目的主要动机。凯莉（2006）从 8 个方面对分布式创新的影响因素进行了描述型解释。康索利（Consoli）和保罗（Paolo, 2007）认为分布式创新的顺利开展需要相应的治理结构，即建立技术平台使得技术知识的产生和扩散能促进整个创新系统的发展。奥莱和卡密斯（2007）用具体公司测度了分布式创新团队的三个主要维度：空间、时间及成员配置。罗杰斯基（2006）以虚拟距离表征分布式创新过程中团队成员之间的关系，包括物理上的距离、运作中的距离、亲密度距离，三者对创新成功及团队绩效的影响递增。兰姆洛坎等（2007）以社会网络分析方法，分析了英国传统心脏病及青光眼的创新研究过程，首先以文献数据绘制了两个不同研究领域的知识网络变化过程，进而以分布式的国家、组织及研究者网络来分析这两个领域不同的创新模式。

卡内尤等（2006）以社会计量学为工具，测度了分布式创新的企业网络间的知识流动性，得出了相应 9 种典型网络结构的 δ 值并讨论了其效率。罗家德（2005）以网络密度、群体中心性、结构洞与桥三个因素为变量，测量了对团队知识共享的影响，认为团队成员互动密度太高/太低都有害于信息与知识的传播，此结论与卡内尤的组织间的 δ 值有相似的含义。希杰姆（Hildrum，2008）选取了明尼苏达创新模型中的 12 个创新过程阶段作为基准，同 5 个企业的分布式创新案例作比较分析，发现分布式创新的过程与一般创新过程没有太大的差别，除了分布式创新的成员地理上高度分散及信赖信息技术进行远程沟通，使得不能有效解决复杂技术问题及项目内的权力斗争。许庆瑞（2008）从全面创新管理的角度提出全时空创新概念。耶等（2008）依据创新主体间的控制和协调及创新异质性这两个维度对创新网络进行了概念分类：单体创新，开放源创新，内部市场创新和双分布创新网络。GAO（2007）用罗宾森的议价模型讨论了分布式新产品合作研发的帕累托最优。GAO 和 LIU（2008）认为高新技术的扩散速度是分布式创新首要考虑的问题，即怎样平衡自身能力和扩散速度，他们分析整理了快速成型技术（RP）的用户增长数据库，运用创新扩散 S 曲线理论的最小二乘法拟合，划分了其扩散的 4 个阶段，并找到了其最佳发展点。李佩璘和黄国群（2008）以跨国公司为例，讨论了分布式创新的机制及促进因素。

在这个阶段，学者们运用社会网络分析、计量经济学和博弈论等研究方法对分布式创新的各个方面进行了研究，相关案例研究则探讨了分布式创新的机制、参与者动机等问题，已经开始注重分析了知识在分布式创新过程中的作用。

（三）研究现状

虽然分布式创新并不是企业生产经营活动中的新现象，但是直到 21 世纪初随着经济全球化及知识经济的到来，其重要性才引起经济与管理学者们的注意。通过对过去 20 多年中四代主要创新模型的总结，学者们对创新的研究重点转向了分布式的系统综合和网络模式。而在 21 世纪初，伴随技术创新国际化及大量跨国公司建立海外 R&D 中心热潮的兴起，企业分布式创新开始受到越来越多学者的重视（安德森和默尔斯，1999；库姆斯等，2000；科格特和麦提，2001；麦克米金等，2002；豪威斯等，2003；杰格卡等，2004；波顿等，2005；卡内姆，2006；兰姆洛坎等，2007；耶等，2008）。尽管对于分布式创新的研究只有二十几年时间，但是其研究已经从概念的简单阐述、相关案例分析发展到运用数量模型深入分析分布式创新各主体的关系。研究层面也逐渐从宏观的国家和产业层面转向以企业层面为主，并形成了以美国和欧洲大学研究所学者为主的各种研究流派，这些研究者大多来自商学院和管理学院，他们多数以具体产业为背景，采用案例分析与计量相结合的方法研究分布式创新有关变量之间的关系，已经累积了丰硕的研究成果，丰富了企业技术创新理论及整个企业管理理论的发展。图 2.2 是基于学术合作的分布式创新研究主要学者网络图，泰勒、哈韦、库姆斯、冯·希普尔、卡内姆等是其中的核心人物，以他们为代表的英国曼彻斯特大学创新研究所 CRIC 学派和美国 MIT 斯隆管理学院学派代表了目前企业分布式创新研究的主要方向。当然，其他欧美学者与我国部分学者也开始加大对分布式创新的相关研究，下面分别就这些研究的主要内容进行简要阐述。

1. 英国曼彻斯特大学创新研究所 CRIC 学派

该学派主要从中观及宏观层次研究分布式创新主体及其治理结构，主要方法是案例研究。如库姆斯等（2002）认为"分布式创新"指创新所需要的技术及其另外能力在一系列企业和其他知识创造机构之间分布，即在地理上分散的员工成功地实施创意、任务及流程（适用于有不同分公司的企业），或企业间不分地理分布的创新合作（部分解释创新集群），因此分布式创新可以是企业内也可以是企业间（凯莉，2006）。继而在提出这样的概念后，库姆斯等（2003）又在分析国家创新系统、产业（或部门）创新系统及技术创新系统的研究基础上，阐述了分布式的供应及创新的三个含义，即（1）不同行为主体间的关系模式，包括促使这些主体进行经济方面的合作协调、竞争及各个层面的规范，影响关系模式的因素；（2）该关系模式形成、稳定及变化的动态过程；（3）分布式关系的等级及与创新相关的等级问题。库姆斯等（2003）重点分析了分布式创新以

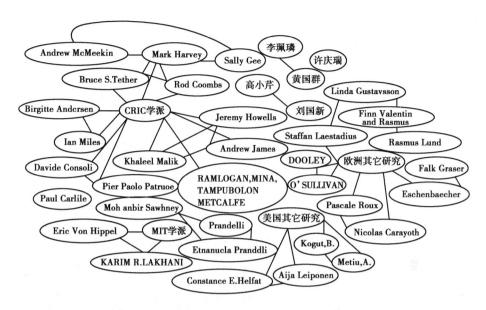

图 2.2　基于学术合作的有关分布式创新研究网络

资料来源：本书作者整理

下两种主要的模式：环状模式和中心或轮辐式（图 2.3）。这两种模式虽然都有 5 个不同专长的组织主体，但是却有不同的"分布度"，如左边环状模式中的 A 和 B 具有相同的地位（平等的权力和回报）；右边的中心或轮辐式则说明 B 居于中心地位，起着"系统集成者"的作用［布鲁索尼和普瑞丝帕（Brusoni 和 Prencipe，2001）］。

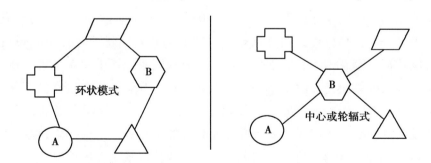

图 2.3　分布式创新主体组合

而对于分布式创新的动态变化及等级问题，库姆斯（2003）等进一步用现有主体之间的关系变化及创新类型来说明，具体见图 2.4。

	无创新	分散的创新	多米诺式创新	创新综合
已有主体和 已有关系	本例	01	02	03 　等级
已有主体和 变化的关系	10	11	12	13
变化的主体和 变化的关系	20	21	22	23
全新的组合 等级	30	31	32	33

非创新引起的变化（如监管变化）

图 2.4　创新等级及分布式过程

资料来源：主体关系类型和创新类型（库姆斯等，2003）

在图 2.4 中，16 个格子并不是进行严格的分类，而是展示一个分析框架，关注的重点在于已有主体间的关系和创新等级不同而引起的变化方向。分散的创新指仅有微小的影响并不能带来后续创新，而多米诺式创新顾名思义指能引起后续创新。创新的等级从无创新到创新综合，这仅仅是相对的分析。因为如果我们把分析的周期或范围加长或加大，那么原来属于分散的创新也会变为多米诺式创新，甚至成为创新综合。为了说明这种关系及创新之间的变化，库姆斯等（2003）进行了两个实证案例的研究，第一个是法兰克福机场案例（从单个分散的创新到创新综合），面对拥挤的机场跑道，刚开始只有航空公司、机场和控制系统提供商这三个主体进行单个分散的创新，如改变单一上升航道为双上升航道。在这样的创新过程中，这三个主体是平等的关系（属于环状模式）。但是随着监管政策的变化及引进新的主体如运筹专家和专业软件提供商等，这种创新过程又会向创新综合转变，相应的，航空公司、机场和控制系统提供商这三个主体会轮流成为"系统集成者"（形成了中心或轮辐式）。第二个是品牌变化案例（从生产商主导到超市主导），原来是大型生产商拥有所有品牌并主导大量小型超市，逐渐地转变为大型超市拥有所有品牌并主导大量生产商。

康索利等（2007）认为分布式创新的顺利开展需要相应的治理结构，即建立技术平台使得技术知识的产生和扩散能促进整个创新系统的发展。因为技术变革是由分布于大量主体间能力的集体合作而产生，此过程能力信赖于创新基础设施的建立以应对不同活动之间动态相互关系，以及根植于它们中间的专业性。正是看到了不同组织之间协调的重要性，技术平台被大量应用于分布式创新活动中。作者用英国健康创新系统与意大利都灵FIAT分布式汽车创新网络分别说明了该类技术平台的构建及特点：英国健康创新系统构建了运行于9个地方创新中心的全国性技术平台，整合了大量医疗机构的创新需求，同时寻求各专业医疗研究组织的最新研究成果或产品及服务；而意大利都灵FIAT分布式汽车创新网络展示了汽车的生产过程怎样从垂直一体化转变到分布式的创新网络，制度性的技术平台协调了OEM厂商和专业供应商在新车型和零件的技术设计过程中的创新活动（表2.1）。

表2.1　　　　　　　　　　　FIAT汽车创新协调治理结构变化

阶段	创新协调	特点
第一阶段	企业	生产垂直一体化、内部研发积累、内部积累汽车模型的设计能力、创新与外部孤立
第二阶段	中心式网络	外包零部件生产、汽车模型及零部件的事前和从上而下设计、对供应商活动进行中心协调、排斥小型供应商的供应、创新在企业内部进行
第三阶段	分布式技术创新平台	供应商受益于专业化及学习、第一级供应商在当地及全球范围内成为创新者（外包研发、外包零部件生产、同时外包零部件及模型的设计）、企业内部进行生产和系统结构设计、整合企业从上而下及供应商从下而上的创新流程（共同设计、共同研发）

资料来源：康索利等（2007）

对于不同产业的分布式创新研究，帕尔和德内贾（Poul和Drejer，2005）以荷兰的近海风力发电产业中5个主要企业LM Glasfiber、Densit、AVN Hydraulics、CC Jensen Filter division和VBE为例，研究了电机涡轮系统性创新中分布式创新的作用，证明创新最成功的组织形式既与产业的性质有关，也与企业采用的战略有很大关系。切斯布鲁夫等（2001）认为产品建构陷阱有集成型陷阱和模块型陷阱两种形态。由于产品建构是可变的而企业倾向于根据对前者变化方向的预期来设计组织形态。在产品建构变化后的形态与企业组织形态之间存在匹配性的时候，企业可以获得利润（图2.5）；但是，产品建构变化的方向与企业组织形态之间不存在匹配性的时候企业将陷入陷阱。譬如，在企业预期产品建构将向模块型变化并将组织形态设定为模块型的情况下，如果产品建构却向集成型变化，那么企业将陷入模块化陷阱。同样的逻辑可以用来解释集成型陷阱的成因。而帕尔和德内贾（2005）却颠覆了这一观点，他们认为技术和市场不是同质的，单个企业参与网络型组织的能力或获益在于动态地贡献知识及获得学习效应。荷兰近海风力发电产业中5个主要企业的案例研究数据表明，虽然绝大多数被访谈者认为风电机涡轮系统是系统性集成的，它们却能分布式地参与这集成过程而获益。原因在于它们清楚参与的技术界面及互相信赖关系，在网络学习效应中能动态组合各自的知识，并应用于其他的产业。

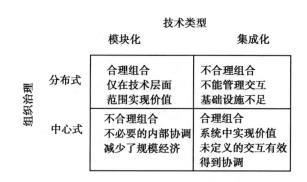

图 2.5　技术与组织治理分类

资料来源：切斯布鲁夫等（2001）

安德森和默尔斯（2006）以音乐行业为例，从分布式知识资源的生产、转化、合并及积累等四个方面，阐述了分布式创新过程（DIP）或分布式创新系统（DIS）的运行机制（见图 2.6），说明在给定的制度环境下，社会、文化和经济等因素的影响。作者通过英国音乐行业中各创新主体的相互作用，分析了三家版权收取机构 PRS（The Performing Right Society）、MCPS（The Mechanical-Copyright Protection Society Limited）和 VPL（Video Performance Limited）在音乐行业分布式创新过程中的关键地位，即在音乐行业供应链中把不同的性质的知识集合一起：如文化知识（有关音乐消费的欣赏、市场及亚文化等方面的实践或美学，使消费者认同）、社会知识（在动态变化的世界中认识版权收取机构的复杂管理过程、法律及会计方面的技术框架）、科技知识（即版权收取机构本身的技术使用，新技术出现后给音乐的创造、流通和未来应用带来的变化）。具体来说，版权收取机构从四方面推动整个分布式创新过程：一是加强和改善整个音乐行业的知识产权系统，影响未来公共政策；二是提供教育及音乐行业各主体的协调，帮助它们应对技术和经济变化带来的挑战；三是为音乐行业的客户提供信息资源以帮助它们进一步加工包装；四是影响它们的客户使用新 IT 技术进行流程创新。最后作者扩展该音乐行业的案例分析，认为知识密集型服务业由于知识边界的广泛性，分布式创新系统的分析框架比较适合，但与传统制造业不同，应该开发新的测试指标。

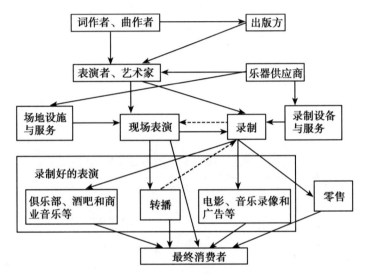

图 2.6　音乐行业供应链的分布式创新过程

资料来源：本书修改自安德森和默尔斯（2006）

　　豪威斯等（2003）研究了企业的战略性技术知识外包，尤其是新技术知识，而不仅仅通过技术授权。他们研究的技术知识涵盖从基础研究到应用性的开发、设计和原型工作，并不仅限于基于研发的知识。当企业认识到它们不能再单独依靠内部技术和知识能力去创造新产品、工艺和服务时，技术知识外包就成了重要的途径。因而企业日益面临哪些技术知识需要外包、哪些要内部开发的问题，表现为外部资助研发的增长、外部技术合作扩展、与其他企业和组织的联盟。

　　他们的研究运用决策支持框架模型（DSF）为企业的上述决策建立标准。通过核心企业的深入案例研究加上 20 个知识及技术项目的调研，判断在技术知识外包的关键点上的决策过程。因而，影响内部—外部知识平衡的因素有：研发和技术工作的性质（复杂性和风险）；职能性研究、技术市场和创新的新型合作和制度性组合的出现；与技术和产业生命周期有关的宏观创新任务环境。

技术知识外包的战略研究大部分是基于静态的分析模式，虽然在给定的时期内能提供重要的考察，但是却忽略了时间的影响。因而豪威斯等（2003）从短期和长期两个方面对此影响进行了分析（详见表2.2），并依据这些影响划分了三种主要的技术知识外包类型：合同型、所有权型和互惠型（见图2.7），不过这三种类型之间并不是相互完全分隔，组织间的技术活动经常会同时涉及几种类型。合同型的技术知识外包主要通过周期性合同和许可授权，最直接最快速的是通过许可授权，而以解决问题为中心的短期合同型研究更经常采用；互惠型的技术知识外包主要通过组织之间的非正式交流，尤其是员工的流动或其他形式的关系性合作；所有权型的技术知识外包主要通过设立合资企业或原来企业的分离初创企业，达到长期合作的目的。

表 2.2　　　　　　　　　　技术知识外包和时间范围

	技术知识外包特性	短期	长期
1	关系目标（期望）	新型或改善过的产品、工艺	a. 结合未来技术与未来市场 b. 开发新业务和相关活动
2	关系类型	合同型、正式	a. 互惠、非正式；b. 基于所有权
3	涉及的知识类型	高度编码化	高度隐性
4	理想的伙伴特点	可靠	探索性、灵活
5	组织责任和职能焦点	开发、生产	研究、市场营销
6	企业内部专业焦点	开发、生产	研究、市场营销
7	不确定性程度	低	高
8	风险程度	高、中等	低、中等
9	技术特征	渐近式	不连续、颠覆式
10	市场前景	可预测	投机性
11	绩效度量		相对竞争对手的定位
12	联系中知识产权的重要性	高	中等、低

资料来源：豪威斯等（2003）

上述这些技术知识外包和合作的动态维度使得企业的知识边界朝向分布式网络，相应地企业的决策也由顺序式向平行式或同步式变化。要在分布式创新系统中合理地进行企业内外部的技术知识获取和共享，第一，要

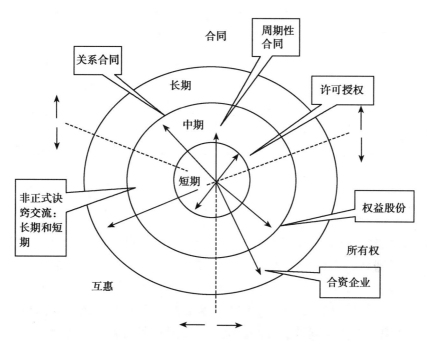

图 2.7 技术知识外包和合作的动态维度

资料来源：豪威斯等（2003）

注重时间范围因素，短期与长期的技术知识外包或开发有不同的形式；第二，该过程是重复并动态变化的，因而要借鉴以往的经验并考虑与其他组织的关系；第三，技术知识外包极大地改变企业的知识边界，要关注网络效应；第四，在进行技术知识外包的同时，注意与企业发展的匹配及在分布式创新网络中的作用位置。

2. 美国 MIT 斯隆管理学院学派

基于对开放源代码及互联网分布式创新现象的理解，该学派主要聚焦于领先用户和普通参与者的动机及角色。如冯·希普尔（1988）从创新源的角度对分布式创新进行了研究：第一，他认为可以从竞争对手间的诀窍交易来理解分布式创新的过程。第二，他研究了对分布式创新过程的管理，即进行创新源的预测和转移。第三，他把分布式创新过程作为一个系统，即以一种系统的方式理解创新行为。

卡内姆（2006）在其博士论文《分布式及自我管理创新系统的核心和边缘》中认为，互联网已经使得大规模的个体能在正式的组织之外自我管理与创新。他通过两个案例研究对这样自我管理及分布式创新系统的功能进行了探索，重点关注核心及外围参与者在该分布式创新过程中的不同角色。第一个案例研究企业所采用的"问题—方案"模式。即发布企业内部的研发问题以吸引众多外部方案解决者。作者发现不同学科领域的外部专家能有效提供创新解决方案，其核心特点就是成功吸引这些专家的兴趣。如创新激励网站等。第二个案例研究的是开放源代码社区，研究发现核心小组之外的外部参与者负责开发了大部分可行的全新软件功能，而与之相反，核心小组成员只开发了绩效相关的部分。外部参与者甚至提出了绝大多数的开发活动并贡献了关键的技术解决过程的成果。核心小组与外部参与者之间持续的互动是共同解决问题的促进因素。最后作者用287个开放源代码参与者的问卷调查研究了核心人员的动机出自于满足感，即参与项目使自己感觉有创造力，另外用户需求、写源代码伴随的产权激励和程序技能的改善也是参与项目的主要动机。

卡内姆（2007）进一步拓展研究了分布式创新模式及动机。他认为知识呈现爆炸的趋势，很多组织都难以适应这种趋势，也很难识别并抓住关键知识源以赢得竞争优势。传统的封闭式和私有独占式的创新模式，很难完成知识密集型领域的任务。分布式（开放式）创新改变了这种窘境。它的主要特征是分散解决问题、自我选择参与、自我组织协调与合作、免费知识披露以及各种组织模式的混合等，这些都是企业取得成功的关键。他认为分布式创新有三种模式：一是自我组织型社区，如 Linux 公司的操作系统以及其他开源软件（Open Source Software，OSS）的成功开发，是分布式创新模式的典型代表。二是社区和商业融合，如在线 T 恤衫厂商 Threadless，它通过全球客户社区解决了两个重要的挑战是：在适当的时候吸引适当的天才设计师，不断创造流行热潮；并能预测销售，以更好地衔接生产周期和消费周期。客户社区承担了创新、新产品开发、销售预测和市场营销等核心功能，这已经成为商业和社区模式双赢的典范。三是让局外人参与，如2000年从美国礼来公司（Eli Lilly and Company）的互联网孵化器中诞生并分离出来的创新激励网，其"专家库"包括全球12万多名专家，而50多家企业提交了400多个其研发实验室不能解决的问题。创新激励网则充当中间人，如果有最合适的解决方案被企业选用，问题解决者可以获得相应的奖金，并拥有该方案的知识产权。

卡内姆（2007）通过对 OSS 社区的研究发现，个体参与者的动机可以分为两类：第一类是外在动机，即为了获取直接或间接奖励；第二类是内在动机，即把 OSS 社区中的任务当作自己的任务来重视，动力来源于自身的需求。具体来说，一是获取现金奖励，当贡献者并不想拥有其成果时，现金奖励就非常重要。二是传递工作信号，培养技能和建立声誉。分布式创新社区提供了一个相对开放和透明的平台，人们可以在潜在雇主面前尽情展示自己的才能和天赋，社区也能帮助他们提高技艺，并提供反馈信息，以便提高技能。三是参与工作的乐趣，对于某些参与者来说，编写代码、设计图形要素、解决高端技术难题的主要目的并不是获得报酬，而是获得满足感，分享团队协作带来的乐趣。四是强烈的认同感以及社区归属感，积极参与社区工作的人都倾向于按社区规定的方式行事，自己也因此真正融入集体。

针对这四个动机，为使有限的参与发挥最大的作用，分布式创新系统的组织原则一是调动参与者的积极性，其关键是参与者能够自己选择任务，而他们的参与架构是由特定背景下任务的分块和多样性来推动的。二是低成本的创新工具，进一步强化分布式创新系统中的任务分块和多样性。OSS 社区就是一个理想的分布式创新系统，因为软件生产所必需的工具，如文字编辑器、编译器、调试器以及源码库等随处可得，也相当便宜（有时甚至免费）。

3. 其他欧美学者研究主题

在分布式创新的宏观政策方面，马特和马洛里（Mothe 和 Mallory，2006）从城市层面分析了国家或经济体内"分布式创新"形成的原因，他们运用 2001 年加拿大"先进技术联盟"（CATA）与毕马威（KPMG）共同实施的一系列"技术行动市议会"调查结果，从人员、基础设施、资金、领导和创新等方面评价美国和加拿大的城市竞争力，并提供了行动蓝图。他们认为与传统资源禀赋及区位理论不同，国家的"建设性优势"（Constructive Advantage）在于城市，关键是指知识创造（来自大学或实验室），服务业上升（在 OECD 国家占 70%多就业增长）及知识交换（通过研究者、实验室和企业之间的研究流动），而城市及其管理是中心议题并导致了"分布式创新"，即协调地方与国家之间的政策安排，吸引了外来投资及各种人才，形成了类似硅谷及 128 公路这样的产业集群。Kelly（2006）从 8 个方面对分布式创新进行了描述型解释：第一，什么是分布式创新？他总结了卡密斯（2005）、古拉提（Gulati，2000）和库姆斯等（2003）对分布式创新的描述，认为每种都有不同的后果及政策含义，如有学者认为分布式创新是"通过不同地理场所上员工进行创意、任务或过程的成功实施"（能应用于在一国内具有许多物理场所的企业）（库姆斯，2003）；而另外的研究则认为分布式创新是企业之间的合作，不考虑它们的物理场所（可用于部分解释集群理论，卡密斯，2004）。分布式创新聚焦于合作是因为这源于世界经济朝向知识经济过程中的全球化。创新网络的研究与分布式创新有众多重叠的地方，演化经济学的分析总是从单个企业开始，但是现在对企业参与其中的网络配置的研究却日渐重要（古拉提等，2000）。库姆斯等（2003）进一步研究了从更广泛的从上而下的视角理解单个分布式创新的过程，而从下至上的单个企业的分布式创新过程则能弥补微观的创新本质。第二，知识经济是促进分布式创新最重要的因素，知识成为企业最重要的资产且应不断吸收外部的知识以丰富知识库。第三，分布式创新是全球化和外包的自然选择，其中跨国公司推动了这一趋势。第四，沟通技术使得创新主体之间的交流变得容易，知识可以快速进行共享。第五，交通技术的发展让全球的人员流动更加便捷，更好进行分布式创新。第六，区位因素在分布式创新中以不同的方式起作用，企业在正确的地方分配适当的创新工作，而不是单个企业存在于最好的区位。第七，网络依赖性催使企业要与其他企业共享关键知识与技术，但是同时要处理好共享与保护之间的关系，最好的方法是建立长期的信任机制。第八，创新的驱动力是分布式创新要考虑的重要问题，即怎样开始一个创新或在已有网络内怎样更好协调各创新全体，其中政府的政策设计有重要影响。

在对分布式创新进行了描述性解释后，凯莉（2006）又对与分布式创新相近的几个创新模型进行了政策兼容性的比较，一是区域和国家创新系统，它们一般针对本地企业的创新活动设计并鼓励边界内企业之间的合作，要与分布式创新活动兼容，最好的政策设计是鼓励边界内外企业的知识交流及在全球范围内配置资源。二是部门创新和技术系统，由于这两个系统都是基于产业分类，其政策设计特别针对不同的产业或技术系统，但是产业和技术变化很快，实践中政策设计总是不能及时应对这些变化，与分布式创新活动兼容性较差。三是集群可以被看作高度本地化的分布式创新系统，其政策鼓励企业之间的合作，强调本地化与专业化，与分布式创新的兼容性最好。四是开放源活动，其超越了软件行业的范畴而泛指企业自由参与全球知识分工，它与分布式创新最相近。

上述这些政策设计对于企业尤其是对于承担分布式创新的跨国企业来说，针对它们创新活动而设计的政策能促进分布式创新的发展；而对于企业网络，政策的设计引起企业网络模式的变化，这会导致企业创新活动的变化；国家和地区以往的政策都是针对发展本地化的专业性能力，这会引发技术锁定的问题，一旦失去领先地位，就会产生竞争力下降的问题，最好的政策是既鼓励全球化的跨国公司发展，同时又鼓励本地化的大量中小企业专业化创新。

波顿（2005）把分布式创新看作是进行新产品/服务开发的一种新出现的框架，其中来自组织内外的知识以一种进化的对话而共享，这持续地产生了高质量的结果。开放源软件开发及新产品开发的文献中涉及的"领先用户"是引发用户潜在创造力的主要讨论来源。他提出了分布式创新理论应用于公共服务部门时引发的两个问题：一是分布式创新能提供一种学习的源泉吗？如果可以，这种知识是免费的吗？作者通过对英国地方政府及公共服务部门32人次的访谈，得到他们对分布式创新应用于公共服务的200多条意见，这些意见根据性质分为积极和负面（按照出现频率的主要结果见表2.3），说明在公共服务部门应用分布式创新能带来明显的效果，但是同时也要平衡资源投入与提供更好服务之间的关系。

表 2.3　　　　　　　　　分布式创新应用于公共服务部门调查表

积极意见	出现频率	负面意见	出现频率
更适合使用者需求，更高效	57	投入资源大	35
学习	22	缺乏控制	18
民主	15	不能满足期望——对于双方都是	10
建立了使用者自主权	14	带给组织和个体的挑战	8
改变了观点	14	对其他利益相关者有影响	5
创造了新方法	13		
带来了组织变革	8		

资料来源：波顿（2005）

菲恩等（Finn等，2003）以生物技术产业为例分析了产业分布式创新组织，由于生命科学高度复杂且其 R&D 具有高可分解性，因而过去30多年来许多大型的美国生物技术公司大量分解 R&D 活动在企业外进行，即实施了分布式创新活动。其结果是催生了 1000 多家专注型生物技术公司（Dedicated Biotechnology Firms, DBF），它们凭借与大型公司的合作或风险资金及发明者的企业家精神，获得了快速发展，其模式无形中成了生物技术产业标杆。不过这种分布式创新活动不仅是带动了大量的 DBF，同时它也使得众多公共研究组织（PRO）成了"准企业"，它们一方面为企业主导的分布式创新贡献知识与技术并分享专利，另一方面它们也主导组织间的分布式创新并获取专利。这种分布式创新组织的变化是因为大型企业采取了不同的创新战略：即与专注型技术公司合作以获取早期发现，与大学或实验室合作以保持对基础研究的把握。这两种战略的采用受问题定义及问题解决两方面可分解性的影响。作者以食品行业有关乳酸菌的 180个专利的数据为基础，用文本挖掘技术对其标题及摘要进行分析，从问题定义及问题解决两方面可分解性的差异说明了分布式创新的组织形式变化。此研究说明了在分布式创新过程中知识或技术可模块化分解的重要性。

　　生物信息学由于涉及生物技术、信息技术及数学方法的研究，这种学科会聚的特点决定了参与的人员背景多样性及知识的多样性。基于这样的特点，生物信息技术的发展过程被众多学者认为是典型的分布式创新过程，麦克米金等（2002）沿用库姆斯等（2001）关于分布式创新过程的定义，用案例分析的方法构建了一个分析框架研究某生物信息技术的分布式创新过程。该案例主要涉及欧洲生物测序技术从基础研究到市场应用的过程，围绕主导公司 LION 的是另外 6 家公共研究机构及生物专注型技术公司，LION 公司的技术来自于欧洲细胞生物实验室的 GeneQuiz 软件，在此基础上 LION 公司开发了独立的 BioScout 技术，为行业内的其他公司或研究人员提供生物测序技术的前端平台及数据库，而另外 5 家公司负责后续的主导发现、主导验证、临床前实验及临床应用（分布式创新过程见图2.8）。LION 先后通过兼并、联盟和合作等形式与这 5 家公司形成了创新分工，如与 Bayer 共同成立的公司 LIBR 扩展了公司在美国的市场并在主导发现、主导验证方面的能力得到了提升；而对 Trega 的兼并则进一步增加了临床方面的知识；与 MDL 的技术联盟使得公司从生物信息扩展到了生命科学的整个研发价值链；参股 GMD 获得了全球领先的临床医学知识；对 NetGenics 的收购则使公司少了一个直接的竞争对手并增强了信息整合方面的能力。在此分布式创新过程中，一个重要的特征就是创新的组合动态变化，非常重要的连接纽带是知识产权，通过共享不同的知识产权，各创新主体不但在各自的知识领域更加专业，同时增加了全球获取知识的能力，更加灵活应对动态的环境变化。

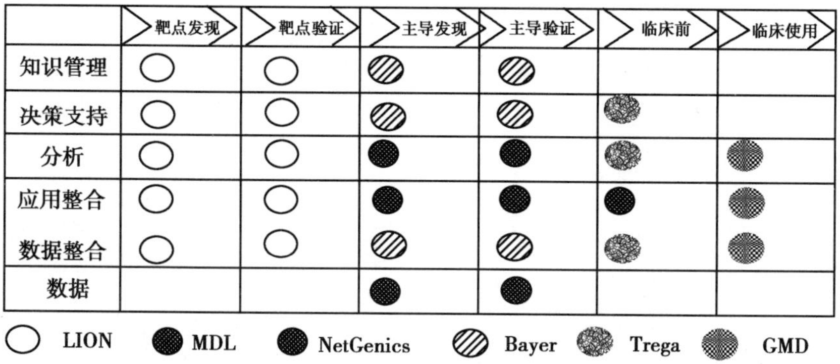

	靶点发现	靶点验证	主导发现	主导验证	临床前	临床使用
知识管理	○	○	◍	◍		
决策支持	○	○	◍	◍	●	
分析	○	○	●	●		●
应用整合	○	○	●	●	●	●
数据整合	○	○	◍	◍	●	●
数据			●	●		

○ LION　● MDL　● NetGenics　◍ Bayer　● Trega　● GMD

图 2.8　LION 公司生物测序技术分布式创新过程

资料来源：本书据麦克米金等（2002）修改整理

　　面对日益明显的分布式创新过程，布鲁索尼等（2001）认为企业之间的合作网络治理就显得非常重要，尤其是其中的"系统集成者"的作用十分关键。安察等（2005）整合了技术和市场的治理观点，以北海石油产业的勘探及生产的研发合作为案例，通过获取 INFOIL/SESAME 有关海洋石油和天然气、碳氢化合物技术及其他石油相关领域研究项目的数据库资料，用社会网络分析理论详细分析了 76 个从 1980—1997 年的共同研究项目，涉及 156 个组织。研究认为"连接代理人"（nexus agents）对于分布式创新过程的治理和演变至关重要，它们共同协调并整合技术进步，在不同创新主体和广泛定义的技术领域之间起着知识翻译者的作用。市场诱因的作用和制度本质、知识和技术可分解性的认知及技术限制与分布式创新紧密相关。为了确定"连接代理人"，该研究用社会网络中三种不同类型的中心点如 Degree Centrality、Betweenness Centrality、Closeness Centrality。Degree Centrality 又称 Hub 节点，是指具有最大度的节点，它一般是社交圈中的领导或专家，很多成员需要与他进行联系。Betweenness Centrality 又称桥接点，是该社会网络中关键路径上的点，一般可连接两个不同的社区，离开它一些节点就不能与圈中的其他成员进行交互，它一般是经纪人。Closeness Centrality 是指节点与其他节点的距离总和最短，它虽不处于网络的中心位置，但具有网络中的最佳视野，能够观察到网络中的所有流通的信息。分析结果表明，石油运营商、石油服务和供应商及研究机构在网络中起着不同的互补性作用。由于技术外包的非核心性，从中心节点来看石油服务和供应商处于中心位置，它们有着很强的技术专业性；从桥接点来看，研究机构起着"连接代理人"作用；作为传统上最重要的石油运营商，它们处于网络的战略位置。因而，要治理好这样的合作网络，必须动态地确定这些"连接代理人"，运用市场诱因的作用和制度本质调节分布式创新过程。

另外，美国国家科学基金会资助了两项分布式创新的研究，其中一个是 2004 年开始的"职业：通过地理上分散的团队和网络促进组织中的创新"（Career：Fostering Innovation in Organizations Through Geographically Dispersed Teams and Networks．批准号：0347705），研究的代表人物是杜克大学的卡密斯等。

另一个是 2006 年开始的"双分布的社会—技术系统中的分布式创新：建筑和工程产业中数字信息基础设施的作用"（Distributed Innovation in Doubly Distributed Socio-Technical Systems：The Role of Digital Information Infrastructure in Architecture，Engineering and Construction Industries．批准号：0621262），研究的代表人物是天普大学（Temple University）的耶等。数字技术的迅猛发展给创新带来了新的挑战，它减少了沟通的成本并使得之前互不相干的创新活动能整合在一起，同时也加强了数字技术的汇集。这使得创新向两个维度延展：一方面，参与创新网络的各个主体间的控制和协调越来越分散化；另一方面，在创新过程中汇集起来的知识资源也越来越异质化。而且，创新过程中知识的转化同时包含认知性和社会性的翻译，即不同创新主体运用不同的知识体系需要转化为统一的标准或平台，运用不同的社会性沟通方式。耶（2008）以建筑和工程产业及 IT 行业的案例调查结果，依据上述这两个维度对创新网络进行了概念分类（见表 2.4）：单体创新；开放源创新；内部市场创新和双分布创新网络。

表 2.4　　根据创新的异质性及其协调和控制分布划分的创新类型

		创新协调和控制的分布	
		中心式	分布式
创新的异质性	同质的	类型 A：单体创新	类型 B：开放源创新
	异质的	类型 C：内部市场创新	类型 D：双分布创新网络

资料来源：耶等（2008）

类型 A 的单体创新，如企业内部的全面质量管理或 ISO 9000 活动，创新的认知和社会化翻译过程均处于单个组织的情境和控制当中，数字技术对认知的翻译作用更为突出。类型 B 的开放源创新，参与主体基于他们自身的兴趣或技术领域，自愿参加某项工作，基本不受中心式的控制，由于他们的技术大部分是同质或同一个平台，因而追求互补式的社会性翻译。类型 C 的内部市场创新的突出表现是众多创新主体基于单个组织的中心式控制，但是却在其内部存在大量由掌握异质知识的员工正式或非正式组成的社区，目标是完成统一的解决方案或产品。代表的企业如 IBM，自从转型为"IT 服务供应商"后，它要整合内部的硬件、软件、通信、设计和研究等知识社区。类型 D 的双分布创新网络则是四种创新类型中最复杂的，其创新协调和控制是分布式的，而知识是异质的。基于项目的团队经常以这种类型运作，如建筑和工程产业中，建筑设计、工程和施工方面的专家依据图纸会融合入各自领域的知识，自从图纸数据化后，包含于图纸的知识在由设计向工程和施工转移时产生认知性和社会性方面的翻译问题。

希杰姆（2008）对企业分布式创新过程管理进行了研究，认为分布式创新并不是一个全新的创新现象，通过对以往创新理论的简要回顾，他探讨了分布式创新的内容，特别强调分布式创新最重要的两个特点是跨组织与地理上分散，并定义其为分布在两个或两个以上地点的两个或两个以上组织成功实施新产品、工艺或服务的过程。为说明分布式创新的特点，他选取了明尼苏达创新模型中的 12 个创新过程阶段作为基准，同以挪威、德国和希腊 5 个企业组成的分布式创新案例作比较分析（见表 2.5）。他的案例研究发现分布式创新的过程与一般创新过程没有太大的差别，除了分布式创新的成员地理上高度分散及信赖信息技术进行远程沟通，使得不能有效解决复杂技术问题及项目内的权力斗争。

而针对虚拟企业在经济发展中的大量出现，安切巴切（2005）认为分布式创新管理是其较好的治理结构。分布式创新管理被定义为管理一群组织内或跨组织间的创新过程，这些组织参与共同设计、共同生产及共同服务顾客的需求，它们的暂时性、灵活性和动态性能支持快速融合不同的企业以实现共同的商业目标。他认为在这过程中最重要的影响因素有 5 个：一是各合作企业组织内依据自身特点进行的创新管理状况；二是合作项目的人员选择；三是对创新过程的清晰定义；四是支撑分布式创新的信息沟通技术（ICT）；五是合理界定共享与保护的知识及知识产权（见图

2.9）。而通过有 55 个企业组织参与的案例研究，安切巴切（2005）认为构建基于互联网的分布式创新管理系统是有效的具体操作形式。

表 2.5   MIRP 模型和分布式 LinCo 项目的比较

阶段	MIRP 过程特点	LinCo 项目特点
初始	（1）酝酿 通过长时间的酝酿得到创意	LinCo 项目通过各合作组织的互补式技术搜寻活动进行了长时间的构思
	（2）资源获取 主办人努力获取创新资助，计划通常夸大项目进程及不足的经费	主办人准备了向欧盟的创新资助申请，夸大了项目进程及不足的经费状况
	（3）激发 启动创新项目通常受到来自组织内外部激发因素的影响	各合作组织内的资源控制者支持 LinCo 项目是因为当时对基于互联网的技术有极大的研发需求
发展	（4）分解扩散 初始的创新构思分解为用不同方法处理的众多问题	在发展阶段，初始的创意就被各合作方分解为具体可执行的方案
	（5）挫折 因为计划偏离或不能预料的事件改变了创新的预期基础，经常会出现挫折与错误	出现大量的技术挫折，一些是因为初始阶段未解决的技术问题，另一些与内部采用及放弃那些创意的权力斗争有关
	（6）不同的绩效标准 随时间变化的相关利益者的绩效标准引发内外部的权力斗争	项目成员的创新成功标准在发展阶段变化并多样化，引发了项目小组的权力斗争。但外部的投资者和高层管理者并没有直接涉及
	（7）流动性工作 创新成员趋向于兼职工作并有高度的转换率	有高度的人员转换率，只有项目管理者是全职的
	（8）外部者参与 投资者和高层管理者经常介入解决创新发展问题过程	投资者和高层管理者没有直接介入解决创新发展问题过程，项目小组有极大的自由来决定创新过程的战略
	（9）关系构建 创新者与外部组织发展关系并把创新团队锁定到特定的创新活动	LinCo 项目与两个外部组织发展了合作关系。其中一个合作者中止了与外部的授权协议，这对项目进程有重大的影响
	（10）基础设施发展 创新者渴望建立社会基础设施以支持其创新活动	没有集中的努力去发展产业或社区基础设施活动以支持创新进程
实施	（11）连接和融合 当成员与内部环境连接并融合时，实施的适应出现	一个合作组织及另一个组织的溢出企业连接并把创新与内部技术进行融合。其他合作组织的连接与融合却有限
	（12）成功或失败的判断 高层管理者对创新成功或失败的不同判断对创新采纳与项目成员的职业生涯有重大影响	合作组织对创新项目的判断不同，有些积极，而有些却不那么积极

资料来源：希杰姆（2008）

同样，面对不断变化的技术和市场需求，企业通过与市场/用户、合作伙伴等合作组成了"竞争—合作/协同"的敏捷企业网络（smart business network），该网络基于对产品和市场的综合分析，快速响应市场/用户的需要，使产品设计、开发、生产等各项工作并行进行，不断改进老产品，迅速设计和制造能灵活改变结构的高质量的新产品，以满足市场/用户不断提高

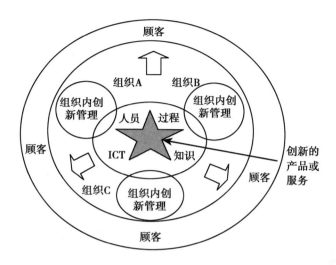

图2.9　合作网络内的分布式创新管理

资料来源：安切巴切（2005）

的要求。从而在网络中的企业能够以最快的速度、最好的质量和最低的成本，迅速、灵活地响应市场/用户需求。网络采用灵活多变的动态组织结构，改变了过去以固定专业部门为基础的静态不变的组织结构，以最快的速度从各企业内部某些部门和其他企业中选出设计、制造该产品的优势部分，组成动态的网络结构。应对这样的敏捷企业网络，安切巴切等（2005）特别提出了基于互联网的分布式创新管理方法（见图2.10）。

在右边的孕育环境部分，第一阶段主要是初始界定一个敏捷企业网络。主要是建立合作伙伴间最大限度的信任。第二阶段是计划草案，主要是为网络伙伴减少不确定性。第三个阶段是组合，即进行伙伴的选择，通过互动准备及沟通以建立网络中任何形式的共同进程。

在左边的创新产品及服务的实现部分，聚焦于成功实施分布式创新过程。详细的计划是网络中任何实现活动的前提。所有网络伙伴的互惠及承诺保证所有的伙伴共享目标与愿景。在运营阶段知识交换和能力公开保证整个网络投资于最好的可能方案。最后敏捷企业网络的中止阶段再次要求建立承诺与责任。这样，图2.10就描述了敏捷企业网络的完整生命周期及为了有效实施分布式创新管理的要求。总结此类分布式创新管理主要有三个特点：一是通过应用来协调，即透明的责任构架，定义好的控制机制，权力结构，组织及治理阶段模型，虚拟团队组织形式

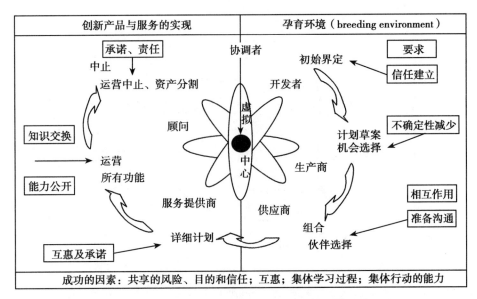

图2.10 敏捷企业网络中分布式创新管理的要求

资料来源：本书据安切巴切等（2005）整理

的定义，指导委员会作为团队控制而顾问及非团队成员作为外部支持。二是通过应用来交流，设计的入口结构支持文档资料、邮件、进程、通告、快速连接及项目状态的保存、开放及修改。三是随时的订阅及基于互联网的浏览。

4. 我国学者对分布式创新的初步探索

我国国家自然科学基金会2008年资助了一项分布式创新的研究，该研究是武汉理工大学管理学院刘国新教授主持的《企业分布式创新的机理及效应研究》（批准号为70772074），目前为止，已经在相关国际会议上发表了两篇论文。GAO（2007）认为作为分布式创新过程中的重要环节，合作研发的管理往往涉及博弈活动，因而作者用罗宾森的议价模型来讨论新产品合作研发的帕累托最优。通过分析，作者发现：（1）在同时行动的不合作博弈中，企业1与企业2的研发投入都与它们的边际回报正相关；（2）在顺序不合作的博弈中，假如企业1的边际回报比企业2高，企业1会给企业2补偿，补偿比例与企业1的边际回报正相关而与企业2负相关。假如企业1的边际回报比企业2低，企业1不会给企业2补偿，但是企业1会通过它的研发投入和补贴鼓励或诱使企业2增加零部件的研发投入；（3）企业顺序行动的博弈往往比共同行动的博弈获得的最优利润大，企业因而倾向于顺序行动的博弈；（4）存在可行的有效研发帕累托最优，但是企业1和企业2会通过议价来决定超额利润和补贴政策的分配；（5）企业1和企业2获得的超额利润分别与它们的风险厌恶度和谈判成本负相关，但是却与核心竞争力正相关。这些结论能帮助企业选择参与全球竞争的分布式创新过程的方式。在另外一项研究中，GAO & LIU（2008）在简要回顾分布式创新理论的基础上，认为高新技术的扩散速度是分布式创新首要考虑的问题，即怎样平衡自身能力和扩散速度，他们分析整理了快速成型技术（RP）的用户增长数据，运用创新扩散S曲线理论的最小二乘法拟合，划分了其扩散的四个阶段，并找到了其最佳发展点。

许庆瑞（2008）从全面创新管理的角度（图2.11），与分布式创新作了简要的对比，并论述了全时空创新的含义，即指企业在信息网络技术平台上，实现创新时空观的全面扩展，力求做到全时、全地域创新。其中，全时创新要求企业适应日益激烈市场竞争和快速响应顾客个性化需求的要求，使创新时时刻刻地进行，永不停歇，并尽量做到24/7创新（即每周7天、每天24小时都在创新），充分提高创新对顾客所创造的价值。全地域创新要求企业不仅要关注组织内部资源，还必须对组织外部乃至全球资源进行有效整合，实现处处创新。

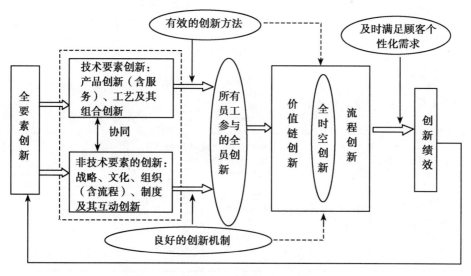

图2.11　全要素、全员和全时空创新图

资料来源：许庆瑞（2008）

　　表 2.6 是对已有分布式创新的研究内容、主要结论和主要贡献作的简要总结。

表 2.6　　　　　　　　　分布式创新研究文献观点内容总结表

学者	研究问题	主要结论	主要贡献
库姆斯和麦特夫（2002）	分布式创新概念及创新主体关系变化	分布式创新指在地理上分散的员工成功地实施创意、任务及流程	分析了分布式创新的特点，用以解释企业内及企业间的创新合作
库姆斯等（2003）	分布式创新的动态变化	不同行为主体间的关系模式会动态变化，主要基于创新性质	阐述了分布式创新的3个含义，拓展了国家创新系统、产业（或部门）创新系统及技术创新系统的研究
麦克米金等（2002）	生物信息技术产业的分布式创新过程	各创新主体在分布式创新过程的组合动态变化，连接纽带是知识产权	构建了一个分布式创新过程的分析框架
格瑞夫等（2003）	虚拟团队的分布式创新合作程度	可以用虚拟度的高低来表征创新合作程度	构建了测试虚拟度的3个指标：任务时间不重叠的百分比、技术水平高低和物理距离
奥苏利凡和康米坎（2003）	组织供应链内分布式创新合作伙伴之间的关系	基于互联网的知识基础设施可以使"创新漏斗"成为每个层次的具体实施工具	提出了个体创新、项目创新、合作创新和分布式创新4个创新科层
豪威斯等（2003）	分布式创新过程中企业技术知识外包决策	企业技术外包有合同型、所有权型和互惠型三类，决策按时间长短而不同	按照时间长短划分了技术知识外包类型，提供了关键点上的决策过程
凡拉丁等（2003）	生物产业中分布式创新的组织形式变化	企业采取战略受问题定义及问题解决两方面可分解性的影响，这导致了分布式创新组织形式变化	用问题定义及问题解决两方面可分解性的差异解释分布式创新组织形式变化
劳伦丝等（2004）	实践社区的管理	实践社区是企业进行分布式创新最主要的形式，有正式和非正式两种形式	对正式和非正式的实践社区提供了不同的管理措施
爱凡瑞丝特等（2004）	分布式项目管理中的"分布度"	"分布度"的维度：已有的政策和标准、信任、相关者类型、项目类型、信息系统方法、感知距离、文化差异、复杂度和分布程度	提供了"分布度"的10个测度指标

续表

学者	研究问题	主要结论	主要贡献
安德森和德内贾（2005）	电机涡轮系统性创新中分布式创新的作用	分布式创新的组织形式既与产业的性质有关，也与企业采用的战略有很大关系	颠覆了切斯布鲁夫等（2001）关于对技术和组织治理的组合的观点，单个企业参与网络型分布式创新组织的能力或获益在于动态地贡献知识及获得学习效应
杰格卡和安德森（2005）	分布式创新过程中主导企业及供应商之间的外包决策	嘈杂信息的水平不同能显著影响绩效，控制嘈杂信息的水平就成为管理者外包任务时需要重点考虑的问题	用基于状态空间描述对混有噪声的信号进行滤波的方法，制定外包决策
安德森和默尔森（2006）	英国音乐行业的分布式创新机制	版权机构在该分布式创新系统中起关键作用	阐述了英国音乐行业的分布式创新运行机制及知识转移
卡内姆（2006）	分布式创新参与者的动机及角色	参与者动机出自于满足感，而用户需求、产权激励和程序技能的改善也是参与项目的主要动机	以案例和问卷调查的方法分析了分布式参与者的动机与角色
奥利和卡密斯（2007）	地理距离对分布式创新团队的影响	分布式创新团队的分布度可以用空间、时间及成员配置三个维度来测定	提供了定量测度分布度的具体公式
凯莉（2006）	分布式创新的影响因素	知识经济、全球化和外包、沟通技术、区位因素、技术依赖性及创新的驱动力是分布式创新重要影响因素	较全面地阐述了分布式创新的8个影响因素
康索利和保罗（2007）	分布式创新的治理结构	制度性的技术平台协调了分布式创新的治理结构	首次提出了技术平台在分布式创新活动中的重要作用
罗杰斯基（2006）	分布式创新团队成员之间的虚拟距离	可用物理距离、运营距离、亲密度距离表征虚拟距离，上述三个距离对创新成功及团队绩效影响递增	首次提出了虚拟距离的概念并阐述了不同因素的重要程度
兰姆洛坎（2007）	英国传统心脏病及青光眼的创新研究过程	该两个领域不同的创新模式受知识网络变化影响，包括国家、组织及研究者网络	以社会网络分析方法解释了分布式创新过程中的主体关系
（罗家德，2005）	创新网络的结构对知识共享的影响	团队成员互动密度太高/太低都有害于信息与知识的传播	以网络密度、群体中心性、结构洞与桥三个因素为变量，测量了对团队知识共享的影响

续表

学者	研究问题	主要结论	主要贡献
尼克拉斯和洛克丝（2006）	分布式创新的企业网络间的知识流动	当δ值低时，网络倾向于当地集群化，慢慢增加δ值会使网络的密度增加，但是当δ值增加到一定程度时，与远距离的联系就逐渐增加，因而找到适当的δ值区域是选择分布式创新中合适网络形式的关键	得出了相应9种典型网络结构的δ值并讨论了其效率
希杰姆（2008）	分布式创新与传统创新的对比	分布式创新的成员地理上高度分散及信赖信息技术进行远距沟通，使得其不能有效解决复杂技术问题及项目内的权力斗争	以创新过程的不同阶段为基准进行了详细的对比
许庆瑞（2008）	全时空创新过程	全时空创新指企业在信息网络技术平台上，实现创新时空观的全面扩展，做到全时、全地域创新	从全面创新管理的角度解析了全时空创新的含义
耶等（2008）	创新网络的分类	创新网络的概念分类：单体创新；开放源创新；内部市场创新和双分布创新网络	用创新的异质性和创新协调及控制的分布划分了四类创新
高晓琴（GAO Xiao-qin，2007）	分布式创新过程中的博弈活动	企业1和企业2获得的超额利润分别与它们的风险厌恶度和谈判成本负相关，但是却与核心竞争力正相关	用罗宾森的议价模型讨论了分布式新产品合作研发的帕累托最优
高和刘（GAO和LIU，2008）	高新技术的扩散速度	技术扩散速度是分布式创新首要考虑的问题，即怎样平衡自身能力和扩散速度	运用创新扩散S曲线理论的最小二乘法拟合，划分了其扩散的四个阶段，并找到了其最佳发展点
李佩璘和黄国群（2008）	分布式创新机制	由一家主导性跨国公司发起，选定创新任务，在创新合作伙伴或内部分支创新机构之间分配创新任务，最后对创新成果进行集成	讨论了分布式创新的机制及促进因素
裘建新（2002）、张红（2002）	分布式协同设计特点	分布式团队具有不受地域限制、时效性、异构性、相对独立性和自组织性等特点	解构了分布式创新团队的5个特性
波顿（2005）	分布式创新理论应用于公共服务部门时的政策安排	分布式创新能提供一种学习的源泉，但是政府要平衡资源投入与提供更好服务之间的关系	从政策角度提供了促进分布式创新发展的途径

资料来源：本书作者整理

二　分布式创新的内涵、动机与管理挑战

（一）企业分布式创新的内涵

从上述这些研究可以看出，分布式创新是由跨越空间、时间及组织界限的成员所组成的利用现代信息技术密切协作以完成虚拟工作的一种组织形式，其成员可能来自不同部门、不同组织甚至不同国家，长期或者临时存续，成员会随着项目任务的始终而聚散。这是因为任务的高度复杂性使掌握不同技能的员工之间的依赖性与日俱增，企业完成工作越来越需要相互协作，而信息技术为人们跨越时间与空间的阻隔进行跨时间和跨空间的协作提供了条件。分布式创新虚拟化这一特性得到了众多学者的认同，如贾文帕（Javenpaa，1999）认为跨国虚拟团队是一群分散于不同地点的人员借通信网路组合成一团队。而 Schweiger（2003）描述此类团队的特点是为达成一特定任务通过科技将这群人结合在一起，完成某种工作，其结合无须费用，团员组成与重组也无任何困难。一些学者对虚拟团队的定义则倾向地理区域分散，成员从未见过面，且存有文化差异的全球化虚拟团队［葛非纳瑞贾（Govinarajan，2001）；达飞松和沃特（Davison & Ward，1999）；贾文帕，1999］。或虚拟团队成员以突破时间和空间的限制，共同协力合作以完成特定的团队目标［利帕纳克和斯坦普丝（Lipnack & Stamps，1997）］。

早期来自于对开放源软件开发的研究关注了分布式创新的这一现象，即关注新出现的项目本质及高度熟练的用户—开发者自我选择及自我组织的本质（那些用户在分布式创新过程中临时成了开发者）［瑞蒙德（Raymond，2001）；莱纳和提洛（Lerner & Tirole，2002）；李和克洛（Lee & Cole，2003）；韦伯，2004］；而基于对领先用户创新的观察，有学者认为企业要关注与具有创新公司及其系统最好的优先知识的用户一起提出的新产品/服务开发，这些用户对于创新的新产品有着最急切的要求［冯·希普尔等，1999；汤姆克（Thomnke）和冯·希普尔，2002；冯·希普尔和卡兹（Katz，2002）；汤姆克，2003］。

因而，这些学者认为分布式创新的本质是，新产品或服务开发的过程是生产者和用户的紧密共同创造，即利用超越组织边界的知识和创造力。如索内（Sawhney）和普拉德利（Prandelli，2000）所描述的"创造型社区"是个渗透性的系统，有着不断变化的边界，它处于封闭科层式创新模

式及开放的基于市场的模式之间。社区由一个中心企业管理，其充当支持者的角色并定义了参与的基本原则。基于上述这一结论，有三种观点解释了创新为什么发生于创造型社区。第一个与"黏着信息"的概念有关（冯·希普尔，1994），实质上这可以应用于隐性知识［野中郁次郎和竹内弘高（Nonaka & Takeuchi，1995）］及信息寻求者或提供者的特征（冯·希普尔，1994）。在真实的世界里生产者对特定的产品和服务有着广泛的知识，但对于用户需求的知识却有限。因此它们就有动机把解决问题的活动转向较少参照的黏着信息即用户那里［富兰克（Franke）和冯·希普尔，2003］。

李和克洛（2003）提出了知识创造第二种更动态的模式，称为"基于社区的模式"。他们同意"黏着信息"模式并且认为与终端用户一起紧密合作能获得极大的优势，但强调这个过程的进化本质。支撑基于社区的模式有5个原则：知识是公共的并促进了信任和知识共享；成员资格是开放的因而社区的规模没有限制；社区的成员是志愿者并有着相关的动机；知识的分布跨越了组织及地理边界；多对多的知识沟通平台引发了增加的自由。

安杰尼（Andriani，2001）提出了第三种观点，认为知识不仅存在于个体中，实际上分布于社会系统中。那些系统可能超越了组织的边界因而得以接触更多的知识和潜力去创新。这与索利和普拉德利（2000）的观点相关，即认为新知识是个体贡献与社会互动之间协作的结果。

分布式创新的这些特点正如冯·希普尔和卡兹（2002）所描述的"试错循环"，即提出创意后，其他使用者和开发者进行评价，这样改善的过程就循环进行。相应地，杰普森和莫林（2003）称这过程为低层次学习，即通过社区中的交互，顾客解决技术问题并学会掌握工具包从而产生更好的设计。李和克洛（2003）认为是分布式创新中知识创造的主要方式，即整个分布式创新的基本过程是挑剔性的并促进了质量改善。这种观点基于两个事实：一是分布式创新时刻把不同人员及他们的创意作为新颖性的来源（内蒙德，2001；李和克洛，2003）。二是选择机制，即把潜在的创意或创新提交给小组讨论，挑剔的结果是进行进一步的开发或取消潜在创新，这样平均质量就得到了改善（李和克洛，2003）。

不过分布式创新的真正效果在于这过程的长期循环，通过广泛的同行评论，使用者—开发者要求更多的技能和知识以至于他们改变已经设定的标准。这种更高层次的学习可能会带来突破性创新（杰普森和莫林，2003）。

由于已有的研究对于分布式创新多从零散的角度分别展开，如只关注地理上创新主体分散（库姆斯等，2002；凯莉，2006；库姆斯等，2003），只研究知识来源（冯·希普尔，1988），只利用案例进行分布式创新比较研究（麦克米金等，2002；安德森和德内贾，2005），或研究单一维度（格瑞夫等，2003；裘建新，2002；张红，2002；Evaristo等，2004）。另外的研究讨论了分布式创新的管理（奥苏里凡和康米坎，2003；豪威斯等，2003；凡拉丁等，2003）。

本书在归纳上述已有研究的基础上，对分布式创新尝试定义如下：分布式创新是以跨地域、时区或组织的项目团队为载体，基于分布式结构配置和分布式认知提升并通过相关分布式协同的支撑，以各种知识共享为连接纽带，为完成特定创新任务而在分散项目成员之间进行的顺序或并行的各种创新活动。结合定义其内涵具有下列主要特点：

1. 分布式创新的要素呈现明显的多维度特征

如罗伯特等（2004）指出，对于地理上分散的项目，协调和沟通是决定其效率和效果的重要因素。他通过美国、欧洲和日本五个大公司（Fujitsu、US West、Training Corp、Baxter、Hughes）的案例研究，阐述了分布式项目管理中的"分布度"的维度（见图2.12）。该案例研究基于交易费用理论和代理理论，把已有研究中"分布度"这一简单名词进行了解构，从10个维度进行了研究：（1）已有的政策和标准，如范围控制、预测技术、沟通标准、时序安排技术和规划标准；（2）信任，项目团队成员以往的合作经历及相互熟悉程度；（3）相关者类型，指参与项目的不同成员对项目目标及问题的不同理解；（4）项目类型，如生产和设计项目、硬件和软件项目、混合项目的相应管理方法是不一样的；（5）信息系统方法，不同的信息系统方法能增加相应的管理复杂性，如顺序信息技术和目标导向技术分别对应了不同的工具组合；（6）感知距离（perceived distance），指项目成员能良好沟通交流的可能性（从最有可能到没有可能），其中媒体富裕度、社会理论及新媒介技术选择是关键因素；（7）文化差异，即项目成员不同文化背景造成的沟通及解决问题的视角冲突；（8）复杂度，指项目规模、技术高低程度及项目目标等；（9）同步性（synchronicity），项目成员怎样在地理距离及时区差异的约束下实现同步工作，及如何检查关键进度；（10）分布程度，项目及成员的分散组合程度，除了物理距离上的空间分布，还有感知距离方面的虚拟分布，这增加了领导管理监督的难度。

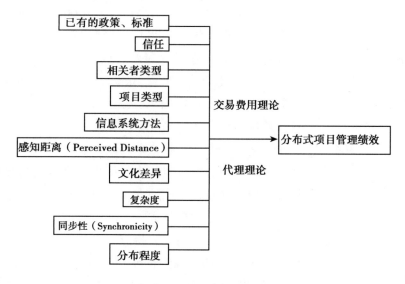

图 2.12 分布度的维度图

资料来源：罗伯特等（2004）

而罗杰斯基（2006）以虚拟距离表征分布式创新过程中团队成员之间的关系（图 2.13），包括物理上的距离（physical distance）、运营距离（operational distance）、亲密度距离（affinity distance），三者对创新成功及团队绩效的影响递增。这三个维度很好地阐述了分布式创新中的影响因素，物理上的距离最容易改变，但是这种改变对团队的绩效影响最小；运营距离较难改变，但是此类改变对团队的绩效有较大的影响；而亲密度距离最难改变，不过实践证明对它的改变可以极大地影响团队绩效。

格瑞夫等（2003）则定义了分布式创新活动中的虚拟度（图 2.14），认为虚拟度高的团队，共同的任务时间很少且地理上相隔较远，在他们的沟通与工作中运用大量的技术。他们更有可能信赖显性知识并努力把隐性知识转变为显性知识从而方便通过电子媒介技术传递。而与此相反，虚拟度低的团队通常在一起办公，有大量面对面交流的机会，因而在他们的沟通与工作中较少信赖技术。相应地他们更多地通过社会交流及紧密工作来传递隐性知识。这表明所应用的技术是区分团队虚拟度的一个重要因素。而因为使用了信息与通信技术，团队成员即使在地理上及时区上分散也能毫无困难地组合在一起（杰文帕，1999），并且个人的贡献会很方便地融

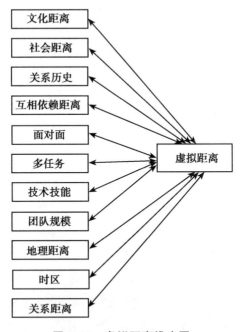

图 2.13　虚拟距离维度图

资料来源：罗杰斯基（2006）

合进团队，从而促进组织间及组织内的知识扩散，甚至在某种程度上使虚拟团队成为面对面工作的可行选择［皮卡利（Piccoli 等，2003）；格瑞夫（Griffith 等，2003）］。

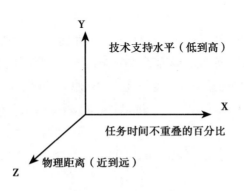

图 2.14　虚拟度示意图

资料来源：格瑞夫等（2003）

具体来说，分布式创新的多维度特征有下列几方面的内容：

一是分布式创新的成员多元化。例如美国西北大学 Kellogg 管理学院的 Sawheny 教授等提出"创造社区"（community of creation）的概念较好地说明了这一点（Sawheny 与 Prandelli，2000）。"创造社区"有别于传统阶层式研发与厂商内部分散化的研发，属于介乎封闭的层级创新和开放市场创新模式，强调结合交易伙伴与顾客协同创造知识，是一种跨组织、分布式创新：创新与其成果（知识产权）由全部的社区成员所拥有。而社群是由扮演赞助者与参与定义基础规则的中心企业来统理，强调在社群内共同研发与学习新知，新知识是经由关系的形成而产生。而当知识可被分享和扩散时，其价值会增加 [多兹等（Doz et al.，2000）；索尼和普拉德利，2000]。哈佛商学院的卡内姆（2007）也提出了类似的研究结论，他通过开放源代码及生物产业的发展过程，提出了分布式创新的原则，认为要把商业或技术问题的解决方案交由不同领域的人们共同协作完成。现实世界中，开源软件的研发、创新激励这类公司的运营就是很好的例子。

二是分布式创新强调模块化。分布式创新过程的概念旨在强调创新活动场所变化的重要性，即从主要围绕企业内转变到跨企业及其他组织的分布式网络活动。它一方面描述了更好的专业分工；另一方面它分析了更显著的系统性相互信赖，这两点成了更加分布式创新的驱动力（库姆斯和麦特卡夫，2000；库姆斯等，2003）。技术伙伴的日益重要性因而形成了一个看似矛盾的趋势，即日益增加的能力专业性与日益增加的系统复杂性，后者通常被认为是日益对补充性知识资源及技术进步的依赖。斯特莫勒（Steinmueller，2003）认为现代技术受亚当·斯密提出劳动分工理论的影响正日益增强。而产品与企业都日益基于多元化的技术获取（帕维特，1998）。模块化理论被当作是应对日益复杂性的"斯密式"答案，即模块化能把复杂的系统分解为次级而不太复杂的自组织部件，然后通过标准的接口与标准的结构把它们连接一起 [汉德松和克拉克（Henderson & Clark，1990）；先利和斯提马（Schilling & Steensma，2001）；兰格洛斯（Langlois，2002）]。最初模块化只是应用于产品设计战略，逐渐地应用于组织设计战略。西蒙尼（Simoni，1996）认为分布式的创新活动源自于它们的"可分解性"。

桂彬旺（2006）认为模块化创新有助于技术与知识共享、降低 CoPS 创新资源的投入。随着科学技术研究的不断发展，各个领域知识和技术的难度与深度都日益加剧，新技术的研究与开发不断的复杂化，各个技术学科和领域之间的技术与知识共享日益重要，在这一背景中一般的企业尤其是高科技产业中的企业，很难依靠自身的资源（包括资金、具有专门技能的员工、暗默性的知识和生产能力）来实现所有的创新目标。通过模块化创新模式，集成开发商与模块分包商建立合作关系以获取所需技术、信息等资源是比普通的市场交易更为有效而且更具操作性的方式。桂彬旺（2006）认为模块分解的标准基本有三个：（1）划分得到的模块也最终体现为一定的物理实体，所以可以把结构看作模块分解的载体。（2）根据开发所应用的技术类别划分。（3）按照所需满足的系统功能进行划分。因此 CoPS 项目模块化分解模式如图 2.15 所示。

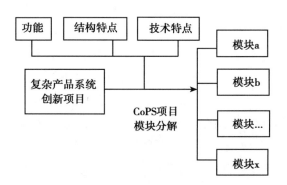

图 2.15　CoPS 模块分解模式图

资料来源：桂彬旺（2006）

　　三是分布式创新的绩效受成员之间的关系模式影响。如库姆斯等（2003）分析了分布式的供应及创新主体间的关系模式、动态过程及创新的等级问题。而罗杰斯基（2006）以虚拟距离表征分布式创新过程中团队成员之间的关系，包括物理上的距离、运作中的距离、亲密度距离，三者对创新成功及团队绩效的影响递增。兰姆洛坎（2007）等以社会网络分析方法，分析了英国传统心脏病及青光眼的创新研究过程中知识网络变化过程，并进而以分布式的国家、组织及研究者网络来分析这两个领域不同的创新模式。卡内尤等（2006）以社会计量学为工具，测度了分布式创新的企业网络间的知识流动性，得出了相应 9 种典型网络结构的 δ 值并讨论了其效率。罗家德（2005）以网络密度、群体中心性、结构洞与桥三个因素为变量，测量了对团队知识共享的影响，认为团队成员互动密度太高/太低都有害于信息与知识的传播，此结论与卡内尤的组织间的 δ 值有相似的含义。明兹伯格（2006）指出组织应该将以个人为中心的集权式领导转变为分布式领导,而所谓的分布式领导就是组织的不同成员根据自己的能力和环境条件的变化动态地分享领导角色。琼斯(2002)研究了改善员工工作条件、员工参与决策和员工分享知识意愿之间的关系。指出只有改善员工的工作条件,给予员工参与决策的机会,员工才会有分享知识的动机。李洁芳(2008)总结了分布式领导的两个重要特点:(1)多个成员根据任务的不同特点共同担任领导角色;(2)领导角色随时间的推移而在多个成员间更替。

四是分布式创新信赖于协同技术及相关制度的支撑。康索利和保罗(2007)认为分布式创新的顺利开展需要相应的治理结构,即建立技术平台使得技术知识的产生和扩散能促进整个创新系统的发展。如英国健康创新系统构建了运行于9个地方创新中心的全国性技术平台,整合了大量医疗机构的创新需求,同时寻求各专业医疗研究组织的最新研究成果或产品及服务;而意大利都灵 FIAT 分布式汽车创新网络展示了汽车的生产过程怎样从垂直一体化转变到分布式的创新网络,制度性的技术平台协调了OEM 厂商和专业供应商在新车型和零件的技术设计过程中的创新活动。汉德伦德(1993)及巴特勒和古雪(1998)提出的跨国公司模型强调了信息和沟通技术的广泛应用以推动全球创新项目。

2. 分布式创新的活动重点是知识共享

汉德伦德(1993)及巴特勒和古雪(1998)认为跨国公司的分布式创新主要趋势有:连接众多地理上分散的学习中心;全球分散部门之间开放且非科层式的知识交换;全球项目和团队的强力知识创造的作用。McMeekin等(2002)用案例分析的方法构建了一个分析框架研究某生物信息技术的分布式创新过程,认为此分布式创新过程中非常重要的连接纽带是知识产权,通过共享不同的知识产权,各创新主体不但在各自的知识领域更加专业,同时增加了全球获取知识的能力,更加灵活应对动态的环境变化。

3. 分布式创新活动的项目载体特征非常明显

(1)以项目为基础。分布式创新围绕特定项目,旨在发挥各项目成员的专业分工优势,低成本高质量地完成任务,随项目结束而解散。由主导企业负责整个项目的规划、分解和控制,其他项目成员协同主导企业完成任务,随项目需求的变动而弹性调整组织组成,因此具有动态、弹性的特点。(2)强调项目成员专业分工和整合。这是分布式创新最大的优势,即由主导企业挑选和指派若干成员负责完成项目中某特定任务,将整个项目进行最优的分解，最后对所有成员的任务进行整合。（3）跨时空的协同合作。分布式创新依赖于信息技术的发展，正是信息技术、互联网的普及使得空间不再成为限制，通过快捷及时的信息沟通和知识共享，项目成员可分散在全球进行协同合作，即项目成员分工在空间上是分布的，在时间上却可以是并行及连续的。另外，由于分布式创新项目成员所属的专业领域、组织文化、企业类型、工作流程都可能相差很大，这给协同管理带来很大的难度，还必须具备一套整合机制，以避免不同的企业环境造成对项目的阻碍。（4）分布式创新活动的开展信赖成员之间的信任。如蒙特亚和麦西（Montoya & Massey，2001）指出，由于分布式虚拟团队异步沟通和时空隔离的性质，其实时互动很难实现，因此，在这样的团队中，努力创造一种社会规范来实现任务协调变得更为关键。而行为取向的虚拟团队研究认为，在主要通过电子方式实现沟通的虚拟团队条件下，人际关系行为和互动行为对于虚拟团队的绩效发展与建立团队成员间的信任关系，比传统团队条件下显得更为重要。可以看出，以项目为载体的分布式创新与传统集中式、科层式的创新有明显的不同（见表2.7），灵活的合作方式将使企业能够更加高效、便捷地整合内部与外部的创新资源。

表2.7　　　　　　　　　企业传统创新途径与分布式创新的比较

	传统创新模式	分布式创新
企业文化	没有严格的要求	最好的来自四面八方
客户角色	被动的发明接受者	活跃的创新合作者
核心竞争力	产品和服务的设计与递送过程使用垂直整合的方式	重点关注协作管理过程中的核心竞争性差异
创新焦点	规模经济——围绕核心竞争力经营产品与服务	范围经济——以个性化的解决方案使终端客户实现价值最大化
创新成功指标	收益或利润增加，产品投放市场时间缩短，现有市场份额增加	网络效率、对需求的反应以及新市场开发
对知识产权的态度	拥有并保护	保护核心知识产权的同时，强调知识产权的共享和合作
研发与其他程序的功能	设计、开发、营销、内部发明	使内部和外部的"发明—创新"途径中的资产实现绩效最优化

资料来源：本书作者整理

（二）企业分布式创新的动机

早期对跨国公司设立海外研发机构动因的已有研究表明，它们的动因有两类：一是市场（需求）因素，包括开发设计适合当地市场的产品；

为当地市场开发新产品；支持母公司在东道国的生产、销售或服务机构等。二是技术（供给）因素，包括挖掘研发人才；发展新科学和新技术；为更广泛的顾客开发新产品；监控国外的技术发展；参与合资或合作研究等［大顿和赛内比（Dalton & Serapio, 1999）］。早期的研究强调成本要素和适应当地市场需要，即跨国公司进行海外研发投资的主要目的是促使产品更好地适应区位市场，并支持区位生产性企业的生产［提丝（Teece, 1976）；麦斯菲尔德等（Mansfield et al., 1979）］。

但是近年来的研究强调，一些跨国公司海外研发投资是为了获取新知识和技术创新，另一个更为重要的原因在于企业获取新知识和能力的需要［库莫拉（Kuemmerle, 1997、1998）］。

因而，跨国公司建立海外 R&D 分支机构的目的、规模和影响跨国公司研究开发活动区位决定因素都会随着拟获取的技术而改变（见表 2.8）。

基于对分布式创新的观察，越来越多的研究认为组织的知识库是极有价值的财产，扩大并改善它的使用能为组织带来竞争力［野中郁次郎和竹内弘高，1995；克洛，1998；克拉（Klein, 1998）；麦特卡夫和杰姆斯（Metcalfe & James, 2000）；卡夫丝基等（Cavusgil et al. 2003）］。

表 2.8　　　　　　影响海外 R&D 分支机构的目的、规模等因素

目标	规模	开发母国或东道国优势	主要区位决定因素
调整产品、工艺和原材料以适应国外市场，为海外生产性分支机构提供技术支持	小	公司优势在母国	东道国市场规模
跟踪监视国外科技发展动态	小	公司在母国存在优势，东道国也具有优势	母国、东道国科技水平
在母国之外创新核心产品及关键技术	大	公司在母国不具有技术优势，东道国存在技术优势	母国和东道国科学技术质量与规模、成本优势

资料来源：本书作者整理

许多有关组织知识的管理研究都只关注企业内知识的管理和测量，而另外的研究已经寻求探索企业怎样能够从组织外部得到诀窍和经验并有效地引进且吸收该技术知识（巴顿，1995）。

知识缺口已经成为企业分布式创新的主要动机。近期的研究从不同角度强调了企业潜在的开放性以吸收外部知识并能使企业增加其创造突破性新知识的可能性，重要的是，不少企业日益增加使用这些外部关系以获取新知识时，它们也需要开发怎样及学习什么的能力［库姆斯和胡尔

（Hull，1998）］。许多成功的企业同时增加它们内部创新能力及买进更多外部技术和知识，因为内部良好的研发、工程和设计知识库对于提供有效吸收及学习来自外部的知识获取能力是必需的［克汗和乐维沙（Cohen & Levinthal，1990）］。

而在分布式创新活动的具体形式方面，一般认为企业合作研发是分布式创新的重要表现形式之一，骆品亮等（2002）认为合作开发可以降低成本、减少风险，通过相互之间的优势互补提高技术创新的成功率，同时高额的研发费用也迫使企业之间通过联合来进行开发，通过合作可以内部化研究开发的外部性。张远征等（2005）认为合作研发组织在某种意义上可被看作成员进行知识转移的工具。有效的知识转移促进了任务协作和成果共享，减少了研发成果的平均成本，提高了研发利润。组织的知识转移过程可以被描述为高度环境依赖的隐性知识与显性信息间的相互转化、螺旋上升和不断积累。郑金娥（2005）认为合作研发指企业、科研院所、高等院校、行业基金会和政府等组织机构，为了克服研发中的高额投入和不确定性，规避风险，缩短产品的研发周期，应对紧急事件的威胁，节约交易成本而组成的伙伴关系。它以合作创新为目的，以组织成员的共同利益为基础，以优势资源互补为前提，通过契约或者隐形契约的约束联合行动而自愿形成的研发组织体。而陈劲和陈钰芬（2006）认为应对知识经济的挑战，要形成以创新利益相关者（全体员工、领先用户、供应商、技术合作者、知识产权工作者），充分利用和整合企业内外知识和为基准的多主体创新模式。

因而综合上述研究，本书认为企业进行分布式创新的主要动机是弥补自身的知识缺口，即企业通过分析竞争环境和评估自身的竞争力及资源，判断在竞争环境中它们所要取得的知识绩效目标与它们依靠自有资源和能力所能达到的目标之间存在着一个知识缺口，此知识缺口的存在限制了企业依靠自有资源和能力自我发展，这就在客观上要求企业进行分布式创新。企业的知识缺口越大，进行分布式创新的动力越大。企业就会积极地寻找合适的合作伙伴建立某种合作关系。这样的活动有助于企业汲取外部知识，有助于学习另外企业的专业能力，有助于企业间的专业能力优势互补，并创造企业间的交叉知识。这样通过分布式创新学习合作者的特长知识，包括对方的关键技术、相关的信息技能等，并将其内在化，最终创造出新的知识，从而最终提高企业的技术创新能力。如图 2.16 所示为企业分布式创新动机产生的过程。

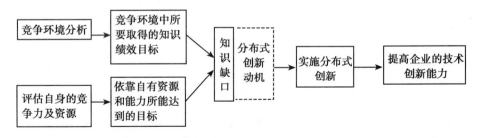

图 2.16   企业分布式创新的动机

资料来源：本书作者整理

（三）分布式创新的管理挑战

分布式创新的管理挑战来自于个体和项目团队两个层面：

1. 怎样管理参与分布式创新的个体？

已有的大多数企业把创新当作一项专有活动，在其内部按照严格部署的步骤来进行。然而，随着信息技术的发展，一些消费品、时尚和科技行业的企业逐渐将它们的产品开发过程向外界的新创意开放，比如来自供应商、独立发明人和大学实验室的新创意。这种企业和消费者组成的网上社区进行知识、产品及服务的创新被称为"分布式共同创造"。驱使越来越多的企业采用这种创新方式的因素是对发掘更多好的产品创意以及更快更好地利用这些创意的不断加剧的竞争需求。目前，企业一般通过采取三种途径来取得"分布式共同创造"的成功。第一，通过推广从网络上收集到的好创意，从共同创造的产品或服务本身获取价值。第二，通过提供互补性的产品或服务来获取价值。第三，企业可以间接地从共同创造的过程中获益，比如，通过共同创造来增强品牌地位或公司战略地位。从已有实践经验来看，实施"分布式共同创造"等各种开放式创新模式的挑战主要表现在以下六个方面：一是要如何吸引和激励共同创造者，即必须向合适的参与者提供合适的激励（物质激励或认同感之类的机制）；二是如何分解问题以便这些创造者参与，必须将问题加以分解，使贡献者能够平行地处理一个问题的不同部分；三是如何优化促进共同创造的治理机制，如果有明确的规则、明确的领导以及关于制定目标和解决成员间冲突的透明流程，这样的社区就能够出成果；四是保持质量，挖掘"群体"相对个体的潜力以创造出更好的产品；五是如何利用已有网上社区进行共同创造的经验，关注参与式传媒及信任和亲和力；六是如何进行渐进式共同创造，当企业无须重新构造其业务体系时，第一步是找出企业内"分布式共同创造"的萌芽在何处［邦希（Bughin，2008）］。

卡内姆（2007）针对基于互联网的分布式创新研究，很好地阐述了管理参与分布式创新个体的挑战与建议。他认为基于互联网的分布式创新管理挑战主要有四点：一是失败率相对较高。虽然 Linux 操作系统、Apache 网络服务器以及 Firefox 网络浏览器等分布式创新都取得了惊人的成功，但许多OSS 项目却流产了。Sourceforge. net 是一家在线 OSS 项目库网站，其软件项目超过 10 万个，吸引用户达到 140 多万，却很少在代码装载量和活跃型开发社区的培养项目上取得重大进展。Threadless 和 InnoCentive 的数据也显示，大量设计尝试和解决方案都以失败告终。每周至少有 800 件新 T 恤衫设计提交到 Threadless 上，但被选中发布的只有 6—10 个；在 InnoCentive 上，对每个问题所提交的 10 个解决方案中，只有大约 1 个是成功的，所有问题的解决率也只有 30%。二是存在非确定性要素。分布式创新不能应用到传统的研发组织中，按需或根据年度计划来及时创新。在 OSS 社区里，没有严格的计划指导方针和里程碑式的创新，贡献者并不是其雇员，他们没有期望压力，也不会在意自己是否能够根据主办方的方法来行事。三是来自传统组织的内部抵制。许多组织都会通过吸收外部知识来实现内部消化，却很少有组织乐意让需要解决的内部事情和问题公开化。在企业中提及分布式创新，商业秘密和知识产权保护的问题立马变得很敏感。员工们往往认为，披露内部发展信息会使组织置身于危险之中，也可能会向竞争者泄露未来计划。许多内部人士也认为，他们对相关知识享有专利权，与外部专家也有着密切的联系，让他们与组织外的人互动只会浪费时间。还有一些人害怕会因此失去工作，他们认为创建分布式创新系统是将其工作外包的第一步，因此往往会一起抵制管理者的尝试。四是开放共享和知识产权保护的平衡。传统的创新方法是绝对保密，严防竞争者和客户参与，强调积累大量的知识产权。但在分布式创新环境中，个人特别是组织都必须习惯创新过程的开放，并随时调整知识产权政策以鼓励资源共享、知识和专家技能的重复利用。对于如何发展开放式创新，并没有标准方法可循。知识产权所允许的开放和创造程度，取决于社区的运作和规范情况、行业环境以及商业模式。卡内姆（2007）同时也提供了应对这些挑战的建议：一是调动积极性，让参与者能够自己选择任务，而他们的参与架构是由特定背景下任务的分块和多样性来推动的。任务越大、种类越多，潜在的参与者就越多。二是提供低成本的创新工具，由于大多数任务都要进行信息处理，因此还需要一些低成本、简便易拿的创新工具，这进一步强化了分布式创新系统中的任务分块和多样性。建立分布式创新系统是为了降低贡献者的参与成本。门槛的降低或消除，使得自主加入社区的人不断增多。通过引入任务分块，将每块任务分配给独立的个人，然后将具有类似能力的人聚集起来，协同工作，取得更大的成就。协同创作不仅有效地控制了每个人的成本，而且在创作过程中聚集了更加宽广的知识基础和视角，从而有可能产生更强大、更持久的创新成果。

2. 怎样管理分布式创新项目？

由于分布式创新所需要的专业知识在成员之间的存在是不对称的，这种不对称性表现在两个方面：一是每个成员的知识背景差异；二是每个成员对特定专业知识的掌握程度不尽相同，而且往往差别很大。这样，为了完成创新目标，需要每个成员完成自己所擅长的工作，最后将所有成员的工作整合在一起形成完整的创新成果。因此在分布式创新过程中项目团队成员之间的知识共享和信息沟通就变得十分重要。因而，分布式创新往往采用虚拟化管理方法，即有多个项目小组或企业，各自专门负责整个项目的一个子任务块，在自己的优势领域独立运作并通过彼此间的协调和合作以达到整个项目的实现（钱光荣，1999）。具体形式就是企业为快速响应市场需求，充分利用计算机技术和互联网技术打破传统的空间概念，组建管理扁平化、竞争与合作相互结合的动态联盟，并围绕各自的核心竞争力开展生产活动的模式。

李爱平（2001）认为分布式创新对企业尤其是制造型企业的知识管理提出了更高的要求，传统企业强调专业化分工和等级制度，其中的工作小组也是以固定的业务职能为中心。而网络联盟企业将以工作团队取代传统的、以个人作为分工基本单位的工作形式。团队化以人为中心，有良好的互补作用和协作精神，实现组织、人员和技术的有效集成。这样，知识管理结构就会由目前制造业逐渐向未来的制造业转变，即由控制知识产权向控制和共享知识产权转变；由层次的权利结构转变为共享地做出决策；由奖励个人的贡献转变为奖励个人和小组的成功；由生产实践的核心技术转变为控制知识的核心能力；由忠诚于你的单位转变为多重忠诚（见图2.17）。

喻红阳等（2005）对传统团队与全球团队的挑战进行了比较（见表

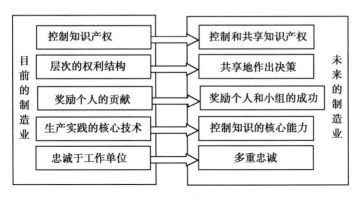

图 2.17 制造业知识管理结构变化

资料来源：李爱平（2001）

2.9），为了解决这些挑战，可以采取的措施：一是在项目开始时碰面，从而可以设定项目目标、制订项目开展计划，并明确每一位项目团队成员的角色和责任；二是创造各种机会让全球团队成员发展信任（建立关系和有效沟通）；三是增加沟通的数量和质量；四是举行项目进展会议，让团队以项目目标为中心，保持对项目和目标的投入，增强激励并保持关系。

表 2.9 全球产品开发团队面临的挑战的比较

传统的团队	全球团队
建立信任、按计划工作、满足预算	建立信任、按计划工作、满足预算、文化的多样性、语言障碍、地理距离、技术基础设施不兼容、面对面的会议很少、不同的工作规范、不同的沟通规范、不同的决策标准

资料来源：喻红阳等（2005）

同样据商业周刊调查服务公司（2006）的调查显示，分布式全球产品开发的挑战主要有以下七点（图 2.18）：

一是协同方面的挑战，工程人员没有工具、能力和/或动力去快速而高效地与企业内外的远程设计小组共享思想和处理产品；二是知识产权（IP）保护的挑战，在与外界分享思想、发明、商业机密、流程、规划、数据、公式等专利时会受损害；三是学习和知识管理的挑战，不同地域的团队成员不知道如何查找然后使用集合的，却分散的产品开发知识，这些知识镶嵌在企业的系统、流程和人员中（例如，设计方法、材料适用性、供应商表现等）；四是工程生产率的挑战，工程师们需要停机，等待远程小组制定/沟通决策，和/或完成工作，或者不得不返工，以便纠正由于信

图 2.18　全球产品开发框架及挑战

资料来源：《商业周刊》调查服务公司（2006）

息不完整而造成的错误假设；五是创新与质量挑战，工程师们将努力奋斗，力求在严格的流程/标准、需要保证质量、灵活的、快速的和反复的实践（需要进行创新）之间找出合理的平衡；六是管理组织变更的挑战，工程师们可能会抵制能够解决全球产品开发的地域距离、时区差异、语言障碍等问题的所需新流程和系统；七是管理控制的挑战，工程经理缺乏密切监视和控制产品开发流程的关键驱动因素的能力，诸如：变更请求和批准、里程碑完成情况，设计评审，以及其他辅助的产品讨论。

（四）分布式创新与其他创新模式的比较

1. 开放式创新

切斯布鲁夫（2003a）提出开放式创新模式，认为有价值的创意可以从公司的外部和内部同时获得，其商业化路径可以从公司内部进行，也可以从公司外部进行。在此模式下，企业边界是可渗透的。企业内部的创新思想会在研究或发展的任何阶段通过知识的流动、人员的流动或专利权转让扩散到企业外部。有些暂时不适合企业当前经营业务的研究项目会在新的市场实现其巨大价值，也可能通过外部途径进行商业化。除了核心技术，公司不再锁定其知识产权，而是通过多种许可协议、短期合伙和其他安排，设法让其他公司利用这一技术，并使自己从中获利（切斯布鲁夫，2003b）。

切斯布鲁夫（2003a）还通过与封闭式创新模式对比，总结了开放式创新的基本特点：即通过合作整合企业内外部人才的工作；分享外部研发的巨大价值；建立一个能利用一切研究成果的模式；通过授权别人对我们的知识产权的使用而获利，同时也可以购买别人的知识产权增强自身技术能力。

陈钰芬（2005）结合我国的产业实践，认为开放式创新模式是指企业在技术创新过程中，同时利用内部和外部相互补充的创新资源实现创新，企业内部技术的商业化路径可以从内部进行，也可以通过外部途径实现，在创新链的各个阶段与多种合作伙伴多角度的动态合作的一类创新模式。

开放式创新与分布式创新有许多相似性，都是随着经济全球化和知识经济的发展而出现的一种新的创新组织模式。开放式创新和分布式创新都体现了创新过程的非线性特征，在创新活动过程中都强调企业对外部创新资源的利用，只不过两者的侧重点不同。分布式创新强调创新活动发生的地理位置在不同区域分布的特点，其对立面是把创新企业作为创新过程的唯一地点，主要区别于传统的层级结构组织形式。分布式创新可以发生在企业内部，也可以发生在企业间，主要强调创新活动在不同地域发生的分布式的特点。因特网的发展使得分布式创新成为可能并日益体现出其优越性。开放式创新强调跨越组织界限，强调企业向外部组织开放合作，通过外部创新资源和外部营销渠道的利用提高创新效率，主要区别于传统的完全依赖自身力量实现创新的封闭式创新模式。

2. 创新网络

弗里曼（Freeman，1991）最早使用了"创新网络"和"创新者网络"等概念，认为创新网络是应付系统性创新的一种基本制度安排，主要连接机制是企业间的创新合作关系。并进而把"创新视野中的网络类型"分为合资企业和研究公司、合作 R&D 协议、技术交流协议、由技术因素推动的直接投资、许可证协议、分包、生产分工和供应商网络、研究协会和政府资助的联合研究项目等。创新网络有多种类型，如以日本汽车制造企业创新网络为代表的具有高度协调的供应商协作体系，以"硅谷"创新网络为代表的具有较低程度的协调和较高频率非正式的横向合作网络，还有"马歇尔工业区"和"第三意大利工业区"等创新网络。Dyer& Nobeoka（2000）重点研究了日本丰田公司的创新网络及其治理，发现丰田公司设计有效的治理结构实现了网络治理：第一，开发了网络水平的知识共享常规；第二，制定了网络"规则"，使知识产权属于网络而非特定的企业，防止网络中企业的搭便车行为；第三，创造多重的知识共享和一系列子网络，促进网络知识尤其是隐性知识的共享。

从企业技术创新过程的活动阶段出发，企业创新网络可划分为植根于研究开发系统的创新网络、植根于生产系统的创新网络、植根于营销系统的创新网络三个子网络。植根于研究开发系统的创新网络，可以帮助企业接触和获得企业外部的互补性技术资源，降低企业内部研发活动的沉淀成本，扩大学习和掌握新技术的机会和能力，影响甚至控制技术标准的制定和技术的进化。植根于生产系统的创新网络，可以帮助企业改善对资产的配置能力，能够在保证企业弹性的情况下，通过有效地控制投资成本和对一般资产的最大利用来避免交易成本的增加，从而获得比较竞争优势。植根于营销系统的创新网络，可以赋予企业更快的市场反应速度和更大的灵活性，可以促进企业向消费者学习，通过与领先用户的信息交流，从中提炼新的产品概念和创新构思，从而推动企业进一步的技术创新。创新网络发展演化呈现出三种趋势：一是企业创新网络的知识化，促进和提高知识的获取、共享和利用成为企业创新网络构建的重要目标。二是企业创新网络的虚拟化，通过共享使命、共享远景，特别是共享信息技术平台来协调活动。三是企业创新网络的国际化，自 20 世纪 80 年代后期以来，组建国际化的创新网络，成为许多国外企业，尤其是跨国公司越来越普遍的现象（吴永忠，2005）。

分布式创新是创新网络的一种具体形式，即主要以项目为载体，比创新网络更具有操作性。从治理的结构来看，介于传统科层式与市场开放式之间。其特点一是要素呈现明显的多维度特征，如成员多元化，强调模块化，创新绩效受成员之间的关系模式影响；创新活动信赖于协同技术及相关制度的支撑；二是分布式创新的活动重点是知识共享；三是分布式创新活动的项目载体特征非常明显。而创新网络相比分布式创新，这些特征都不太明显，而且由于比较松散的关系，不太利于企业的管理，不确定性比分布式创新要大。

3. 集成创新

意西提（Iansiti，1998）最早提出了"集成创新"的概念，即认为通过组织过程把好的资源、工具和解决问题的方法进行应用称为技术集成，它同时提出了管理 R&D 的两种模型：技术的转化过程连接的模型和通过集成方法连接的模型。

陈劲（2002）提出企业集成创新分析的新框架包括战略集成层面、知识集成层面、组织集成层面。即加强企业的战略集成，以提升企业的技术创新层次、把握正确的方向；开展知识集成，以增强企业的快速创新能力；不断实施组织集成，以提高企业的创新速度与效率。慕玲和路风

（2003）认为集成创新的前提应该是从技术应用的关联环境出发形成产品概念，以开放的产品建构来选择和整合各种技术，开发出在市场上具有竞争优势的产品。

所以，集成创新关注产品建构，强调技术及其应用关联环境之间的匹配，通过对产品的市场概念及产品的可供技术资源的比较来确定集成创造匹配性。

集成创新和分布式创新产生的背景相似，都是面临科学研究的日益交叉融合、技术变化加快、竞争加剧的产业环境下出现的一种新型的创新模式，两者都强调要整合丰富的全球技术知识。集成创新和分布式创新都强调要充分利用全球创新资源，以克服单一组织的资源能力限制，联合内外部能力解决复杂的创新问题。但集成创新侧重于对资源和能力的评估、选择和整合，强调被动的技术供需之间的匹配。而分布式创新的重要特征是以项目为载体，采取多种形式的创新合作，并在创新过程中积累相应的技术知识，少了预先的条件限制，拓宽了创新资源的范围，因而分布式创新和集成创新有着本质的区别。

三 企业分布式创新与企业绩效的理论分析及经验检验

冯·希普尔（1988）就认为通过拓展创新源，即从用户或供应商那里可以进行创新源的预测和转移，成功的案例如半导体工艺设备的创新，集合分散的知识可以带来创新绩效的提升。汉德伦德（1993）及巴特勒和古雪（1998）认为跨国公司普遍呈现符合分布式创新特征的五种趋势：建立众多地理上分散的学习中心；给予下属组织的管理自主性；鼓励全球分散部门之间开放且非科层式的知识交换；重视全球项目和团队的强力作用；提供信息和沟通技术的广泛应用以推动全球创新项目。这些跨国公司的快速发展从表面上印证了分布式创新可以极大地促进创新绩效。切斯布鲁夫（2001）提出为应对创新过程中的产品建构陷阱（集成型陷阱和模块型陷阱），相应的创新可以划分为分布式创新和中心式创新，安德森和德内贾（2005）则颠覆了这样被动的做法，它们以荷兰的近海风力发电产业中电机涡轮系统性创新和分布式创新的作用，证明企业采用分布式创新战略，可以参与系统性的创新项目却不用担心陷入集成型陷阱，因为基于自身的模块化，可以把在创新活动中共享的知识应用于其他的产业。

库姆斯等（2003）以法兰克福机场案例和品牌变化案例，说明创新过程中"系统集成者"会随着不同阶段而改变，其实质是从单个分散的创新到创新综合，背后的动力是分布式的供应及创新即主体间的关系模式、动态过程及创新的等级。他的研究证明分布式创新这种形式由于较好地应对了不同创新组合的要求，因而已经在经济发展中发挥了重要作用。麦克米金等（2002）用案例分析的方法构建了一个分析框架研究某生物信息技术的分布式创新过程，证明该过程中的模块化技术划分及各创新参与主体之间认知与信任关系的稳定，极大地加快了相应生物技术创新发展。豪威斯等（2003）把技术外包活动作为企业分布式创新的重要形式，并从短期和长期两个方面划分为合同型、所有权型和互惠型三种主要类型，认为通过动态组合这三种外包形式可以促进企业的创新绩效。安德森和默尔斯（2006）以音乐行业为例，分析了通过三个版权机构的连接，分布式知识资源的生产、转化、合并及积累等四个方面的作用保障了音乐行业的持续创新。卡内姆（2006）分析了创新激励网站和开放源代码社区这两个分布式创新模式案例，这两个案例中的前一个彻底改变了软件开发的传统方式，使全球 IT 业出现了群体程序员参与创新发展高潮；而后一个则打破了大型公司对技术研发的垄断地位，任何一个小公司也可以动员数以千计的聪明科学家为自己工作。这更进一步证明了这样的分布式创新系统突破了组织的知识限制，相关的创新活动效率更高、产出更多。接着卡内姆（2007）进一步以基于互联网的在线创新证明了分布式创新模式的广泛应用及对创新绩效的巨大作用。

康索利和保罗（2007）用英国健康创新系统与意大利都灵 FIAT 分布式汽车创新网络的案例分析，分别说明这两个成功的分布式创新信赖于创新技术平台的构建，即协同技术的支撑使得技术知识的产生和扩散促进整个创新系统的发展。奥利和卡密斯（2007）用分布式创新团队的三个主要维度：空间、时间及成员配置具体测度其对创新绩效的影响，证明了不同的组合对创新绩效有不同的正向和负向的影响。罗杰斯基（2006）以虚拟距离表征分布式创新过程中团队成员之间的关系，包括物理上的距离、运作中的距离、亲密度距离，通过调节这三个关系可以改变企业的创新绩效，不过上述距离对创新成功及团队绩效的影响递增。

辛（Singh，2008）探讨了公司地域分散的研发活动对高质量创新产出的影响。利用来自 1127 家公司超过 50 万专利的数据，他认为地理上的分布式研发本身对企业创新的质量没有提升。事实上，分布式的研发似乎与创新的平均价值负相关。这表明，要从不同的地点获得各种不同想法和专门知识的潜在收益，可能会因实现横跨多个地点知识一体化的困难而抵消。为调查创新团队是否管理好了来自不同地点的丰富思想就能实现更有价值的创新，所分析的创新过程中有证据显示，这种知识交叉包含下列其中一项：知识来源于遥远的研发单位，拥有至少一个发明者有跨区域的关系，并至少有一个发明者最近来自另一区域。三个方面的分析都揭示了跨区域的知识集成和创新质量间的积极关系。此研究从更一般的意义上来说，为集团公司跨部门一体化的知识共享机制及实现优越性能间关系的研究提供了新证据。

库克特等（1993）认为，公司是专门从事知识创造和内部知识转移的社会团体。跨国公司的产生并非由于知识购销的市场失灵，而是产生于其作为一种组织工具能更有效地进行跨组织边界的知识转移。他们通过实证研究，调查了那些专门从事内部诀窍知识转移的公司及它们如何做出向全资子公司或其他部分转移制造新产品知识的决策。实证研究的结果显示，是技术的难以编码性和难以传授性，使得公司更可能向全资子公司进行知识转移。这个结果意味着，转移方式的选择取决于跨国公司在知识转移方面相对于其他公司的效率，而非由于抽象的市场交易成本。公司是专门从事知识转移和知识组合的概念构成了跨国公司演化理论的基础。

崔（Choo，1996）描述了一个"知识型组织"的概念。在这个"知识型组织"中有三种过程，这些过程把各种嵌套在一起的信息活动连接成一个连续统一体，该模型从人们是如何解读信息以面对环境不确定性的角度，展开描述组织对周围环境改变的理解过程。

杰格卡等（2005）用控制理论的方法，即用基于状态空间描述对混有噪声的信号进行滤波的方法，对分布式创新过程中主导企业及供应商之间的外包决策进行了研究。他们认为在要求和过程状态数据不确定的情况下，成本结构不对称对主导企业及供应商之间任务外包的影响较大。因而他们运用卡尔曼滤波法改善对过程状态数据的不完善度量，通过适当的控制规则，达到优化任务外包的目的（见图 2.19）。其中 $X_i(t)$ 表示在 t 时间主导企业所进行的任务，$X_o(t)$ 表示在 t 时间供应商所进行的任务。从图中可以看出，如果外包过程状态信息是完善的，就不会产生失控的项目。但是如果过程状态信息是不完善的，就要估计出卡尔曼滤波值。结果他们发现嘈杂信息的水平不同能显著影响绩效。控制嘈杂信息的水平就成为管理者外包任务时需要重点考虑的问题。不过这种方法的缺点是针对线性决策问题，而且现实中管理者怎样确定控制规则没有统一的标准。

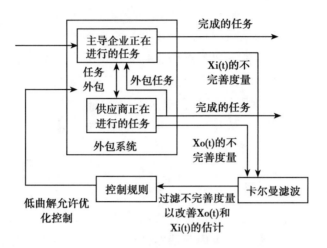

图 2.19 不完善信息下的闭环控制

资料来源：杰格卡等（2005）

奥苏利凡和康米坎（2003）提出了创新管理的四层次模型结构（图 2.20）。Y 轴代表不同的团队结构而 X 轴代表合作的形式。低阶的创新科层如合作、项目及个体创新包含了分布式的思想。个体创新在过去是众多研究的重点，主要涉及脑力图谱及 TRIZ 等工具的开发以支持个体或小型团队的创新。

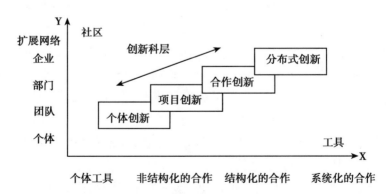

图 2.20 创新层次

资料来源：奥苏利凡和康米坎（2003）

项目创新代表了支持项目团队尤其是虚拟团队的工具。主要是软件工具如 MS 项目工具及合作环境建设以支持内部网或互联网上小团队之间的信息共享。

合作创新指的是在一个大型团队中共享一系列的项目（而不是一个项目）。此类创新中部门目标代替了项目目标。应用于合作创新环境的已有工具被典型地称为"非结构化合作"工具。这些类型的工具提供信息框架使得组织能构建它们的合作环境以共享并交换任何形式的信息，包括组织目标、行动、团队及结果等。此类创新管理已经成熟。分布式创新在一个组织供应链或虚拟组织内部跨某一特定的网络。这个层次的创新可以通过低阶科层的"合作""项目"及"个体"创新来定义，它通过减少单个组织的自我中心观念及寻求更为动态的以网络为中心的观念，整合了企业、供应商及顾客去促进增强跨供应链的创新。

分析这些已有的理论和实证研究，大部分研究的结论是分布式创新能促进企业创新绩效，而如果单个分析某一维度的影响，则可能会对创新绩效有负面影响，如奥利和卡密斯（2007）和罗杰斯基（2006）的研究，但是，从分布式创新的全部维度或影响因素综合考虑，只要合理组合这些维度或因素，则可以使分布式创新对创新绩效产生正向影响。而且，基本所有的研究都对知识创造和知识共享在分布式创新中的作用给予了正向影响的评价。

四　企业分布式创新研究评述

（一）已有研究的主要进展

从已有文献（主要出自欧美学者）来看，现有研究主要取得了三个方面的进展。

1. 将分布式创新作为完整的一个学术概念单独进行研究，丰富了技术创新理论

在 20 世纪 90 年代以前的技术创新研究文献中，有关企业分散化的创新问题往往分别作为合作研发或合作创新现象进行研究，关注的是企业之间或产业之间的创新合作现象。在传统的技术创新文献中，最关心的创新研究视角从线性到并行再到集成，并没有对分布式创新进行足够的研究。这基于两点原因，一是全球化的经济现象在 20 世纪 90 年代才开始明显；二是 IT 技术的迅猛发展才使分布式创新成为可能。因而，直到随着人们

对技术创新国际化战略的深入反思，以及知识资源在企业竞争中的地位越来越重要，企业分布式创新现象开始得到更多的关注。来自英国 CRIC、美国 MIT、哈佛大学及其他欧美大学的学者们，以案例研究、社会网络或计量方法开拓了这一令人兴奋的领域。他们开创性地将分布式创新作为一个完整的学术概念进行了单独研究，研究内容涉及分布式创新的概念界定、动机、过程特征、管理措施、政策安排，以及分布式创新与其他创新类型的关系、分布式创新与企业发展的关系，分布式创新过程中的知识作用等，这些研究极大地丰富和完善了技术创新理论。

2. 通过计量方法、案例研究、问卷调查等方法，以发达国家的企业为研究样本开展了大量的企业分布式创新经验研究，并进行了若干产业层面的对比分析

随着国外学者对创新研究的不断增多，对于分布式创新的研究方法也开始多样化，一般采用案例方法居多，主要以网络系统分析的视角研究各主体之间的关系。如有用社会网络分析方法（兰姆洛坎，2007）和计量方法（卡内尤等，2006）。还有采用案例比较和问卷调查的方法，如奥利和卡密斯（2007）、安德森和德内贾（2005）等，并且以音乐产业、风电产业和石油产业的分布式创新过程进行了比较。虽然目前对企业分布式创新的研究方法没有较统一的共识，但不可否认，这些多样化的研究方法提供了定量分析和经验研究的基础，有助于后续探索和总结分布式创新的发展规律，并进行国家或产业间的对比分析。

3. 分析了发达国家的企业分布式创新与企业发展的关系，显示了分布式创新的研究价值

企业分布式创新的研究价值主要体现在它是否以及如何影响企业绩效和竞争优势。来自发达国家的研究者们，通过各种方法定性定量地分析了发达国家企业的分布式创新与企业发展的关系，得出了许多极有见解和价值的结论与建议。大多数学者都指出，分布式创新能提高企业的创新能力并缩短创新周期，是企业获取全球资源的一条根本性途径，生物技术产业是个典型的例子（麦克米金等，2002），而参与分布式创新过程能突破集成技术与分散创新的矛盾，使企业获得技术知识并在多个领域获益（安德森和德内贾，2005），通过实践社区能使企业有效利用各种新兴的技术机会，要比那些只在很窄的范围内进行技术创新的企业增长得更快（安察，2003），基于分布式创新的企业比其他企业能获得更持续的竞争优势［凯

莉，2006；希杰姆（Hildrum，2008）］。这些研究结论，对于企业提高技术创新能力、开展分布式创新都具有重要的理论和实践意义，彰显了分布式创新的研究价值。在知识经济时代，企业分布式创新战略有望被越来越多的企业采纳。

（二）已有研究的主要结论

总结已有研究，有三个结论得到了普遍共识。

1. 分布式创新已经逐渐成为企业普遍的发展现象，有利于企业获取全球资源和知识

在以冯·希普尔、库姆斯、麦克米金、卡内姆、卡密斯、希杰姆等为代表的学者的努力下，20 世纪末期以来企业分布式创新的研究趋势日益明朗。尽管部分学者对分布式创新带来的成本和风险有些担忧，但是大量的理论研究和企业实践都表明，分布式创新在总体上对企业发展具有重要价值，创新过程中知识获取能力的差异，对回答企业间的绩效表现差别具有较大的解释力［亚历山大（Alexander，2003）］。尤其是跨国企业在 20 世纪 80 年代后的成功全球化创新经验，更是突显了分布式创新战略的重要性。卡内姆（2006）和卡密斯（2007）的研究为这一论点提供了强有力的证据。

2. 分布式创新需要有效的组织与管理措施，分布式项目团队是重要的实施载体

研究表明，分布式创新管理是异常困难的（卡内姆等，2007），分布式创新并不会自动地导致绩效的自动增长，需要有效的战略规划及组织管理，尤其是有效管理分布式创新团队卡密斯（2007）。分布式创新管理主要有三个特点：一是通过应用来协调，即透明的责任构架，定义好的控制机制，权力结构，组织及治理阶段模型，虚拟团队组织形式的定义。二是通过应用来交流，设计的共享数据库入口结构支持文档资料、邮件、进程、通告、快速联结及项目状态的保存、开放及修改。三是成员随时的订阅及基于互联网的浏览（安切巴切，2005a）。这一过程中最重要的影响因素有 5 个：一是各合作企业组织内依据自身特点进行的创新管理状况；二是合作项目的人员选择；三是对创新过程的清晰定义；四是支撑分布式创新的信息沟通技术（ICT）；五是合理界定共享与保护的知识及知识产权（安切巴切，2005b）。正是基于上述这些原因，分布式创新对企业的管理能力提出了更高的要求，在如何有效开展分布式创新活动、如何使分

布式创新提高企业绩效方面，企业的知识战略管理和组织能力至关重要。

3. 分布式创新的成功与知识共享密切相关

要构建并维持竞争优势，重要的是企业应该能整合并应用组织成员的专业知识［格兰特（Grant，1996b）］。对于那些全球分布或通过全球分布的结构（团队）来运营的企业来说，这个要求变得更为重要。因为组织成员是在空间和时间上隔离的，整合单个成员拥有的知识就成了一个挑战性的任务。任务专有的知识除了单个成员拥有外，还内嵌于内容中。对于分布式或虚拟团队来说，为了有效的结果而共享任务相关的知识是必须的。在现实的企业中，分布式创新只是一种创新形式，它的成功很大程度上取决于有效的知识共享。亚历山大（2003）清楚地表达了这样一种观点：企业在进行分布式全球研发时，必须首先要保证良好的知识管理，不然该分布式创新活动的效果就会背离预期的目标。企业除了应该进行编码化的文档资料共享及个人化的成员学习共享，还应该注意进行不同主体之间的知识产权共享。关于这点，陈劲（2003）在创新全球化的研究中就明确指出：无论何种类型的创新资源全球流动模式中，知识产权总是居于中心位置。国内外产业实践也证明，分布式创新过程其实就是这三种知识共享活动的过程。尽管这些论点仅仅是理论上的阐述，尚缺乏系统性，但却为本研究的开展提供了很好的思路，可以说，本研究的部分内容就是试图对这些观点进行系统的理论分析和实证，并期望得出更新的结论。

（三）已有研究尚须改善之处

到目前为止，企业分布式创新仍然是一个新兴的研究领域，现有研究还远未成熟，主要存在着三个不足。

1. 以往的理论研究以揭示现象和描述状态为主，案例分析的居多，从管理学层面上进行研究的比较少

由于当前研究企业分布式创新的学者主要集中在信息技术和经济地理领域中，因此大部分学者以案例分析方法为主，而采用社会网络和计量分析的研究成果又只是揭示和描述分布式创新的网络。尽管案例分析具有简单直观的特点，能说明单个或多个企业开展分布式创新的情况，不过遗憾的是已有的研究只有少数进行了分布式创新运行机制的说明。所以虽然这些研究在很大程度推动了分布式创新研究的深入开展，对分布式创新成为国际学术界的流行议题起到了关键作用，但是很多管理方面的行为变量（如模块化、信任、认知、激励、协同、知识共享等）都是影响分布式创

新及其与企业发展关系的重要因素，而这些变量在已有研究中都很少涉及。纵观已有研究的内容，它们对"企业分布式创新是什么"、"企业分布式创新的发展趋势如何"等问题已有了较好的阐述，但对"分布式创新影响企业绩效和竞争优势的机制是什么""企业如何推进开展分布式创新"等问题的关注还非常不够，仅有的少量研究也大多是理论阐述，既缺乏系统性也缺乏实证性。

2. 已有研究没有系统解构分布式创新的要素维度，导致研究结论不能完全反映企业分布式创新实际

通过对已有研究内容的分析，随着发达国家企业分布式创新活动的日益增多，个体案例的分析是主要的研究方法。尽管一些学者也采用了诸如计量分析、社会网络和问卷调查等方法，但它们都存在一个共同的问题，对于分布式创新本身没有进行系统的要素维度解构。这使得很大程度上分布式创新经常混同于创新网络、合作创新或开放式创新，不能很好地界定其特征。而且案例方法最大的问题是：产业和案例企业本身的差异会导致研究结论适用性的限制。已有的国外学者基于数据获取方便的考虑，专注于对具体案例企业的分析，而对分布式创新本身这个"黑箱"并没有进行深入剖析。而从理论分析来看，打开这个"黑箱"已经具有了一定的理论基础，从产业实践来看，从更具体的维度来分析分布式创新也有迫切的要求。

3. 以往的研究主要局限于发达国家企业，缺乏对发展中国家企业分布式创新的系统分析

目前的企业分布式创新研究基本来自欧美学者，研究样本也局限于这些国家的跨国企业。这是由于大型企业特别是发达国家跨国企业较早全球化，因而分布式创新现象在大型企业中往往比较明显。但是这并不表明分布式创新仅仅存在于发达国家大型企业中。我国大批领先企业的发展实践已经展示了分布式创新在我国的广泛性。既然分布式创新是一种获取全球资源的良好途径，在日益强调技术创新的今天，它就应该成为寄望获取持续竞争优势的所有类型和规模的企业（包括高新技术企业和传统制造业）可以考虑的一类创新战略。尤其对于寄望于增强自主创新能力的中国企业来说，分布式创新战略比纯自主研究战略具有更重要的意义。由于存在着社会制度、产业环境、文化观念等因素的影响，以及企业本身发展程度的差别，因此对我国企业分布式创新的理论和经验研究不能完全照搬国外学

者的方法，而是要在充分借鉴已有成果的基础上进行适当的创新，以使研究程序和结论符合我国企业的技术创新实际。

早期学者们的研究成果为本书提供了基础平台，而这些研究不足之处正为本书的研究留出了空白地带。

第二节　知识共享理论研究综述

一　知识的内涵及分类

早期西方哲学家用经验知识和理论知识来区分知识来源，而现在最为普遍的分类方法为普兰尼（1966）以知识的显现程度提出的内隐和外显两类：内隐知识存在于个人的经验与行动中，难以向其他人具体表达；外显知识以符号或语言编辑从而容易模仿。此后的众多学者大多以此分类方法或将其作为基础。1998年3月，国家科技领导小组办公室在《关于知识经济与国家知识基础设施的研究报告》中，对"知识"做出如下定义："经过人的思维整理过的信息、数据、形象、意象、价值标准以及社会的其他符号产物，不仅包括科学技术知识中最重要的部分，还包括人文社会科学的知识、商业活动、日常生活和工作中的经验和知识，人们获取、运用和创造知识的知识，以及面临问题做出判断和提出解决方法的知识。"

基于对知识的不同理解，众多学者尝试进行了不同的定义，如：

韦格（Wigg，1994）认为知识由下列的元素组成：事实与信念、观点与概念、评断与期望、方法论与实际技能。

野中郁次郎（1995）将知识定义为"充分证实的真实信仰"（justified true belief）；认为知识是包括了结构化的经验、价值及经过了文字化的资讯，其具有流动的性质。此外亦包括了专家独特的见解，为新的经验提供评估、整合与资讯的架构。知识起源于智者的思想。在组织内，知识不仅存在于文件与储存于系统中，也蕴含在日常例行工作、过程、执行与规范当中。并将知识区分为内隐知识（tacit knowledge）与外显知识（explicit knowledge）。内隐知识存在于个人中，不易表达与沟通；外显知识是正式、经过编译与表达的知识。而人类的知识系借由内隐和外显知识的社会互动而创造出来并发扬光大。

奎恩（Quinn等，1996）将专业知识分为四个层次，分别为：（1）认知性知识（cognitive knowledge）：专业人员所具备的某特定领域的基本知识，也就是"知道该做什么"（know-what）；（2）高级技能（advanced skills）：将从书本上所学到的知识应用到复杂的现实问题上，并创造出实用价值，也就是"知道如何做"（know-how）；（3）系统认知（systems understanding）：对特定专业领域的因果关系有深入的了解，并能进一步解决更大、更复杂的问题，展现受过高度训练的直觉，也就是"知道为何如此做"（know-why）；（4）自发性的创意（self-motivated creativity）：包括追求成功的意志、动机与调适能力，此种知识可使专业人员在面临外在快速变动的环境时，拥有更高的适应能力，也就是"在乎为何如此做"（care-why），此为最高层次的知识。

OECD（经合组织）（1996）在其《以知识为基础的经济》中也将知识分为四类：知道是什么的知识（know-what）、知道为什么的知识（know-why）、知道怎么做的知识（know-how）、知道是谁的知识（know-who），前两种知识可看作是显性知识，后两种知识可看作是隐性知识。

斯派克（Spek等，1997）认为知识是一整套被评估为是正确与真实的，因此用来引导人类思想、行为及沟通的洞察能力、经验以及流程。

达文波特和普鲁沙克（1998）指出了知识的六大构成要素：（1）经验，指的是过去曾经做过或是曾经经历的事情。经验最大的好处是鉴往知来。自经验获取的知识，能够帮助人们认出熟悉的模式，并找出当前发生的事和过去有什么关联。（2）有根据的事实，能让人们知道哪些行得通，哪些行不通。透过有根据的事实，叙述在现实状况中所获取的丰富经验。（3）复杂性，经验与事实根据所占的重要性，凸显出知识能够处理复杂事物的事实。知识并非排除异己的僵硬结构，它能够以复杂的形式来处理复杂的事物。（4）判断，有别于数据与信息，知识本身包括了判断的成分。知识不但能够透过以往的经验来判断新状况和信息，也能够自我审视与琢磨，因应新状况的发生。（5）经验法则与直觉，当新问题与前人所处理过的旧问题相似时，经验法则就能协助找出解决方法的途径。（6）价值观与信念，人们的价值观与信念，对组织的知识具有极大的冲击。组织毕竟是由人所组成的，其想法与行动，难免会受到组成人员的价值观和信念的影响。

希丁（Hidding等，1998）指出，若从组织层级的角度而言，可以区分为正式化知识、经验性知识与浮现性知识等三种：（1）正式化知识：

系指经过精练的、一般化的组织知识，这种知识通常表现于操作手册、工作训练的教材、行政程序等文件里面，是一种外显与正式化程度较高的知识，属于外显知识。（2）经验性知识：系指个人所拥有的技能与知识，此种知识的内隐程度比较高，属于内隐知识。（3）浮现性知识：系介于内隐与外显程度或者正式化与经验化知识之间，此种知识不是个人所拥有，通常为某个团队（team）里的成员都知晓的知识，但又不能用文件的形式将其完整地记录下来，譬如文化、价值观、规范等。这种知识为经验性与正式化知识间转换的桥梁，组织中个人的经验性知识透过团队中不断地互动以达成的共识（即浮现性知识），并在适当的条件下将该知识发展、扩散成为组织所拥有的例规，成为正式化知识。

2001 年，阿拉维和雷德在《管理信息系统季刊》（*MIS Quarterly*）上发表《知识管理和知识管理系统：概念基础和研究问题》一文，系统地总结了 IT 领域、战略管理和组织理论领域的学者对知识的定义，并将这些定义角度归纳为六种：（1）从数据—信息—知识比较的角度来定义知识；（2）心智状态：将知识定义为一种知晓（knowing）和理解的状态；（3）实体视角：将知识定义为一种可以被存储和操作的实体；（4）过程视角：将知识定义为一种应用经验或技巧的过程；（5）信息获取视角：将知识定义为可获取的信息；（6）能力视角：将知识定义为影响行动的潜在能力。详细比较见表 2.10。

表 2.10　　　　　　　　　　知识定义总结

角度	定义	知识管理的侧重点	知识管理系统的侧重点
数据—信息—知识比较角度	数据是事实、原始数字；信息是经过处理或解释的数据；知识是个性化的信息	使个人接触潜在有用的信息，并促进信息的吸收	知识管理系统与信息系统并没有本质的差别，但更加强调支持用户吸收信息
心智状态	知识是一种知晓和理解的状态	通过信息提供来增强个体的学习能力和理解能力	IT 的作用是支持个体获取知识源，而不是知识本身
实体	知识是被存储或操作的实体	建立和管理知识库	IT 的作用包括收集、存储和转移知识
过程	知识是应用经验或技巧的过程	知识的流动和知识创造、共享和扩散	IT 的作用是在各种知识源间建立联系以扩展知识流动的深度和广度

续表

角度	定义	知识管理的侧重点	知识管理系统的侧重点
信息获取	知识是获取信息的状态	有组织地获取和检索信息内容	IT 的作用是为定位相关的信息提供有效的检索机制
能力	知识是影响行为的潜在能力	建立核心能力和理解战略性专门知识和技巧	IT 的作用是通过支持个人能力和组织能力的发展来增强智力资本

资料来源：阿拉维（2001）

因而，知识是对某个主题确信的认识，并且这些认识拥有潜在的能力为特定目的而使用：它是对一个事实的熟悉（acquaintance with a fact）；一种知觉（awareness）；一种理解（understanding）；都要经过个体心智（mind）的认知（perceived）与学习才能获得；心智所累积的一些事实与原则等。知识通常被某些人的群体所共享，在这种情况下，知识可以通过不同的方式来操作和管理。

二　知识管理理论框架中的知识共享研究

随着人类社会从工业经济时代进入知识经济时代，西方传统的企业管理模式与管理理念越来越不能控制和解释许多企业的兴衰。知识管理（knowledge management）是自20世纪泰勒科学管理后最重要的管理发展，它为21世纪知识经济时代的企业组织提供了必需的管理基础。20世纪以来，出现了多种具有不同程度影响的管理技术，比如全面质量管理，企业流程再造、目标管理，X、Y、Z 管理，团队管理等，都为知识管理的发展奠定了坚实的基础，使知识管理成为现代知识经济下最具代表性的管理理论和方法，它是针对个人及社群所拥有的显性知识和隐性知识的确认、创造、掌握、使用、分享及传播进行积极与有效的管理。以知识管理为核心的企业管理和发展战略已成为理论界与企业管理界的共识，成为西方企业管理的热点和重点。许多国际著名企业和跨国公司，如微软、IBM、英特尔、波音、摩托罗拉、施乐、惠普和福特公司等，为保证企业稳定发展，都将知识管理理念、方法引入自己的企业，建立了自己的知识管理战略，并设立知识主管（chief knowledge officer，CKO）。世界500强大企业中已经有一半以上建立了知识管理体系，推行知识管理。知识管理的任务是对企业的显性知识和隐性知识进行处理，并把这些知识用一种适合于用户及商业环境的方式表示出来，提供给企业员工分享、吸收、利用。知识管理的两个直接目标是知识共享与知识创新。个人的价值并不在于他掌握了别人不懂的技术，而在于他能在多大程度上与别人共享并革新这一技术。只有在知识充分共享的基础上，才能促使显性知识和隐性知识之间以及二者内部的转化与创新，从而形成一个良性发展的知识链，并最终将企业再造成一个具有竞争力的知识型组织。

（一）知识管理定义：从知识共享的视角

在知识管理理论的发展过程中，有众多的学者提出了重要的研究观点，其中代表性研究有 Polanyi（1958、1966）、德鲁克（Drucker，1988）、库克特等（1992）、野中郁次郎（1994）、野中郁次郎和竹内弘高（1995）、格兰特和罗伯特（1996）、斯维比（1997）、达文波特和普鲁沙克（1998）、汉森等（1999）、阿拉维等（2001），表 2.11 按时间顺序简要罗列了他们的贡献。近期的研究开始关注企业外部，跨越组织的边界将企业外部资源视为知识的重要来源。据夏敬华和金昕（2003）总结，仅国外关于知识管理的概念就有 20 种以上。概括起来主要有两大类：一方面，知识是一种加工的对象，可以在信息系统中被标识和处理，这是一种以信息为本的知识管理，它聚集于将显性知识组织化及隐性知识显性化；另一方面，知识本质上是一种认知过程，这是一种以人为本的知识管理，它创建和谐的知识交流和分享的环境，鼓励和方便人们进行知识的分享、应用以及创新。本书基于后者即从知识共享的视角对有代表性的知识管理定义进行研究分析。

表 2.11   **知识管理理论的代表性研究**

时间	学者	代表作	主要贡献
1958 1966	波兰尼（Polanyi）	著作 *Personal Knowledge: Towards a Post-critical Philosophy* 和 *The Tacit Dimension*	对隐性知识进行了深入的阐释，并提出了著名的论断 "We know more than we can say"
1988	德鲁克	在《哈佛商业评论》上发表 "The Coming of the New Organization"	首次提出了 "知识管理" 的概念，认为 "未来的典型企业以知识为基础，由各种各样的专家组成，这些专家根据来自同事、客户和上级的大量信息，自主决策和自我管理"
1992	库古特等	在《组织科学》上发表 "Knowledge of the Firm, Combinative Capabilities and the Replication of Technology"	正式提出了 "结合能力"（combinative capabilities）的概念，指组织综合与应用现有及新取得知识的能力

续表

时间	学者	代表作	主要贡献
1994	野中郁次郎（Nonaka）	在《组织科学》上发表 "A Dynamic Theory of Organizational Knowledge Creation"	提出了知识转换的 SECI 模型（社会化—Socialization，外化—Externalization，组合化—Combination 和内化—Internalization）
1995	野中郁次郎（Nonaka）和竹内弘高（Takeuchi）	著作 The Knowledge-Creating Company：How Japanese Companies Create the Dynamics of Innovation	系统阐述了知识创造的 SECI 模型，提出了利于知识创造的"超文本"式组织结构
1996	格兰特和罗伯特（Grant，Robert）	《战略管理杂志》上发表《Toward a Knowledge-Based Theory of the Firm》	认为公司是知识整合的机构，并阐述了知识学派（知识管理理论）的基本观点并确立了知识学派在企业理论中的地位
1997	斯维比（Sveiby）	著作 The New Organizational Wealth：Managing and Measuring Knowledge-based Assets	将知识资本分为：雇员能力、内部结构和外部结构三部分，并开发了三个评价指标：增长和创新指标、效率指标、稳定性（风险）指标
1998	达文波特和普鲁沙克（Davenport，Prusak）	著作 Working Knowledge：How Organizations Manage What they Know	深入的阐述了知识的定义、知识市场的特征、知识活动（包括知识的产生、编码与协调、传递）、知识的职务与技能、知识管理技术等
1999	汉森等（Hansen，Nohria，Tierney）	在《哈佛商业评论》上发表 "What's Your Strategy for Managing Knowledge?"	将知识管理战略归纳为个性化（Personalization）和编码化（Codification）两种战略
2001	阿拉维等	在《管理信息系统季刊》上发表 "Review：Knowledge Management and Knowledge management Systems：Conceptual Foundations and Research issues"	系统地总结了 IT 领域、战略管理和组织理论领域的学者对知识的定义，并将这些定义角度归纳为 6 种及相应的知识管理重点和知识管理系统的侧重点

资料来源：本书作者整理

　　野中郁次郎（1994）认为组织可被视为一个累积丰富知识的机构，在提供产品与服务的过程中，整合了许多个人与群体的知识，通过组织的制度、规范与分享过程产生作用。同时由于知识本身有难以模仿的特性（西蒙尼，1999），促使组织内部的知识创造、分享与整合流程成为近年来众多学者竞相研究的热门主题（格兰特，1996）。从不同的侧面，目前对知识管理的定义很多，IT 咨询顾问公司（Gartner Group）认为知识管理是通过对企业组织能力的提升，成功地达到对企业信息的掌握、鉴别、检索、分享与评价。这些信息不仅包括数据、文档，还应包括企业成员头脑中从未被重视过的隐性知识及专业经验。斯卡莫（Skyrme，1997）认为知识管理是对重要知识（vital knowledge）及其创造、收集、组织、使用等一系列过程的显性的、系统化的管理。它注重于将个人的知识转化为组织的知识并使之得到广泛共享和适当地运用。富兰普洛（Frapproo，1998）认为知识管理就是运用集体的智慧提高应变和创新能力，是为企业实现显性知识和隐性知识共享提供的新途径。他还指出知识管理应有外部化、内部化、中介化和认知化四种功能。外部化是指从外部获取知识并按一定分类进行组织；内部化是指知识的转移，即从外部知识库中筛选、提取人们想得到的与特定用户有关的知识；中介化是指为知识寻找者找到知识的最佳来源；认知化则是将以上三种功能获得的知识加以应用的过程。

比尔·盖茨在《未来时速》一书中谈到的知识管理时说："知识管理始于商务目标、过程和对共享信息的需要的认识。知识管理只不过是管理信息流，把正确的信息传送给需要它的人，好让他们迅速地就这种信息采取行动。"

韦格（Wigg，1994）指出知识管理是一种包括所有可促使组织在足够基础上产生智慧性行为（intelligent-acting）的行动和观点的概念性架构（framework）。

维娜·艾利对知识管理的定义是，"帮助人们对拥有的知识进行反思，帮助和发展支持人们进行知识交流的技术和企业内部结构，并帮助人们获得知识来源，促进他们之间进行知识的交流"。

达文波特（1998）认为知识管理的关键含义在于：在充分肯定知识对企业价值的基础上，通过特定的信息技术，创造一种环境让每位职员能获取、共享、使用组织内部和外部的知识信息以形成个人知识，并支持、鼓励个人将知识应用、整合到组织产品和服务中去，最终提高企业创新能力和对市场反应速度的管理理论及实践。

上述西方学者的研究表明，目前知识管理虽然还没有居于主导地位的理论范式和逻辑结构，但是根据对知识特性的假设和研究焦点的不同可以将其知识管理研究划分为四个学派：工程学派、过程学派、实体学派和系统学派（各学派基本假设、研究重点与研究层面见表2.12）。工程学派知识管理研究的重点集中于技术的层面，认为知识可以通过计算机和网络进行编码、存储和传播，因而重视计算机信息管理系统、人工智能、群件、知识库等软件的设计开发等，代表人物是达文波特。过程学派的知识管理认为知识等于过程，侧重关注发挥人的能动性，热衷于对个体能力的学习、管理和组织方面进行研究，主要代表人物是瑞典的卡尔·斯威比和日本的野中郁次郎。实体学派认为知识管理其实只是观察商业世界的一种方式，帮助认识谁和什么是公司真正的资源，主要代表人物是托马斯·A.斯图尔特。系统学派的知识管理关注不同的组织面向、不同的战略性目标。

表 2.12 知识管理的理论流派

流派	基本假设	研究重点	研究层面
工程学派	知识是一种智力状态	知识管理工具、系统	操作层
过程学派	知识是一个过程	知识活动和知识流	战术层
实体学派	知识是实体	智力资本及其管理	战术层和战略层
系统学派	知识是一种能力	系统的知识管理	战略层

资料来源：彭锐、刘冀生（2005）

在知识管理实践的推动下和国外知识管理理论的引导下，近年来，国内知识管理领域的理论研究也取得了显著的进展，积累了比较丰富的研究成果。比较有代表性的观点有：

林东清（2005）将知识管理定义为，为了提高组织的绩效，对于存在于组织内部、外部及员工本身的内隐和外显重要的、相关的知识，做有系统的收集、创造、储存、传递、分享和利用的过程与管理。

刘常勇（1999）对于知识管理的定义是关于组织内的知识清点、评估、监督、规划、取得、学习、流通、整合、保护、创新活动，并将知识视同资产进行管理，凡是能有效增进知识资产价值的活动，皆是知识的管理；以及结合个体与团体，将个体知识团体化，将内隐知识外显化；结合内部与外部，将外部知识内部化，将组织知识产品化等的管理过程。乌家培（1999）认为"信息管理是知识管理的基础，知识管理是信息管理的延伸和发展"。邱均平（1999）从知识活动的各个环节及相关因素出发，认为"对知识管理的概念可从狭义和广义角度理解：所谓狭义的知识管理主要针对知识本身进行管理，包括对知识的创新、获取、加工、存储、传播和应用的管理；广义上的知识管理不仅是对知识进行管理，而且还包括与知识有关的各种资源和无形资产的管理，涉及知识组织、知识设施、知识资产、知识活动、知识人员的全方位和全过程的管理"。王众托

（2004）从知识系统工程角度，芮明杰（2001）和刘冀生等（2002）从分析企业核心能力构成的角度，郁义鸿（2001）从组织记忆的角度，陈国权（2000）从组织学习的角度，赵曙明（2000）从企业知识及其组织间的传递与合作的角度等对企业知识管理所进行的研究，都在不同程度上涉及默会知识转化与共享问题；吴贵生和王毅（2001）对黏滞知识的成因与转移机制进行了研究。在本体论研究方面，高济（1996）和李飞（2003）给出了一个基于本体论的知识管理系统框架（OKMF），阐述了将本体翻译为元知识结构、基于本体的知识检索以及人与机器的连接机制；李生琦和徐福缘（2004）提出了一种基于企业组织层次和业务流程获取本体的方法，依此支持企业知识共享。在知识创新的研究上，耿新提出了具有创新观点的 "IDE-SECI" 模型。耿新（2003）认为：野中郁次郎的 SECI 模型虽然对知识在企业内的动态演化有很好的解释力，但忽略了外部环境的力量，因此，作者从知识的分类与分布角度出发，以 SECI 模型为基础，引入了外部知识输入的因素，提出了知识创造的 IDE-SECI 模型。I（introduction）代表外部引入知识；D（dissemination）代表传播共享知识；E（explanation）代表知识的解释内化。樊治平等（2002）认为，由于企业的优势和弱点、机会和威胁都源自知识，因此，运用 SWOT 分析工具必须对企业的知识需求、知识供给和知识缺口做出判断，并按照知识缺口和知识吻合做出相应的战略选择。企业的知识缺口包括两种类型：一是表示企业适应外部环境所需要的知识自身不具备；二是表示企业具有的知识对企业适应外部环境无关紧要。知识吻合是指企业进一步适应外部环境所需要的一些知识正是其自身所具备的。

从上述研究可以看出，首先，目前对知识管理没有形成一个统一的定义，原因可能是由于知识这个概念本身内涵丰富，难以定义。其次，目前知识管理出现两种研究路径：一条路径强调个人的知识，研究对象是个人的知识、技能和经验，其发展方向是人力资本理论；另一条路径强调知识本身即企业的知识基础。从而使当前知识管理的研究与实践主要集中在 "基于 IT 的知识管理" 和 "基于激励系统的知识管理" 两个方面（席旭东，2005）。最后，知识管理研究在提出隐性知识与显性知识的转化问题后，实践中并没有取得显著进展，二者的互换需要对技术和人两方面的研究。总结上述知识管理近 30 年来的研究和基础理论，可以归纳知识管理的 8 个侧重方向（见表 2.13）。

表 2.13　　　　　　　　　知识管理理论研究方向综合特点

方向/特色	学术观	重点关注	目标
系统导向	知识编码/分类/搜索	信息技术	建立庞大的知识库以迅速找到所需
地图导向	知识目录/链接	知识地图	建立有效的分类知识地图
工程导向	知识流程化	流程知识的管理	建立有实用意义的知识流
资本导向	知识的商业价值	知识价值评估	无形智力资产管理
战略导向	知识的意义	组织核心能力	提升企业核心竞争力
组织导向	知识的协同	知识网络	建立岗位/角色知识库
互动导向	知识的互动交流	知识交流、交换平台	建立知识交流、交换空间
人本导向	知识的创造者和使用者	知识中的人	发挥每个人的知识作用

资料来源：彭锐、刘冀生（2005）

因而，综合这八大侧重方向可以较完整地理解知识管理的本质，即组织必须重视知识资本，结合企业的战略设计，精心分析规划整个组织知识生产与知识应用，通过 IT 系统实现知识的存储、流程化、互动、分类知识地图、个人的积极参与等多种应用需求，从而达到知识管理的终极目的——为组织进行利润增值。

（二）基于知识共享的知识管理模型

知识管理模型分为三大类，即知识分类模型、智力资本模型和社会结构模型。在这些模型中，知识共享居于基础地位。如知识分类模型以 SECI 模型为代表，显性知识和隐性知识不仅可以相互转化，而且可以转移到其他主体。智力资本模型以斯堪第亚模型为代表，它假设知识管理可以分为人力资本和结构资本两大类，并假设知识管理可以通过科学方法进行度量并资本化。社会结构模型主要是描述学习型组织和组织学习，Demerest 模型就是一个代表。这个模型强调组织内部的知识构造。与此相类似，由乔丹和琼斯（Jordan & Jones）提出的模型包括知识的获取、扩散、所有权和存储。

野中郁次郎等（Nonaka & Takeuchi，1995）以波兰尼的知识两分法为基础，跟踪观察日本企业的创新过程，利用日本式的模糊思维，进行了显性知识和隐性知识之间的转换研究，并建立了创造知识的"SECI 模型"，提出了"知识创造螺旋"的动态概念。在确定知识创造过程的同时，野中对促进知识创造的组织环境加以分析，提出了促成知识创造的五个条件和知识创造的五个过程。为了推进知识创造，野中构建一个关于知识创造的通用组织模式，进而提出了"承上启下"的管理方法新构思和"超文本"式组织新结构。在 SECI 模型中，野中郁次郎认为知识的创造是经由内隐与外显知识互动而得，可得出下列四种不同的知识创造模式，如图2.21 所示：（1）社会化：由内隐到内隐，借由分享经验而达到创造内隐知识的过程。（2）表出化：由内隐到外显，内隐知识透过引喻、类比、观念、假设或模式表现出来，在四种模式中，表出化可说是知识创造的关键。（3）连接化：由外显到外显，将观念加以系统化而形成知识体系的过程，牵涉到结合不同的外显知识体系。（4）内在化：由外显到内隐，以语言、故事传达知识，或将其制作成文件手册，均有助于将外显知识转换成内隐知识。

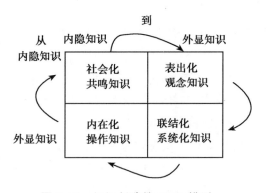

图 2.21　知识创造的 SECI 模型

资料来源：野中郁次郎和竹内弘高（1995）

　　野中郁次郎提出的组织知识创造过程的模式中包含五个阶段：（1）分享内隐知识，主要是透过经验所获得，较难诉诸语言，因此要与他人沟通或传递给他人也较为困难。因此，由背景、动机及观点不同的许多个体分享内隐知识，成为组织知识创造关键性的第一步。（2）创造观念，内隐与外显知识最强烈的互动发生在此一阶段。一旦共享的心智模式在互动的范围内形成，便可通过组成小组与进一步的持续性会谈，将其表达得更为明确。（3）证明观念的适当性，个人或小组所创造出的新观念必须在某一个阶段加以确认，包括决定创新观念对于组织及社会而言是否值得，这与过滤的过程相当类似，在此过程中，个人似乎不断地、下意识地在确认或过滤资讯、观念与知识。（4）建立原型，在此一阶段中，已经确认的观念将被转化为较为具体的原型。在新产品发展过程中，产品模式即可视为原型。（5）跨层次的知识转移与扩展，组织知识创造是一个不断自我提升的过程，并非建立原型就结束。新的观念经过创造、确认及模型化后会继续进行，而在其他的层次上发展成知识创造的新循环。在跨层次知识扩展的互动及螺旋过程中，知识的扩展会发生于组织内部以及组织之间（图2.22、2.23）。

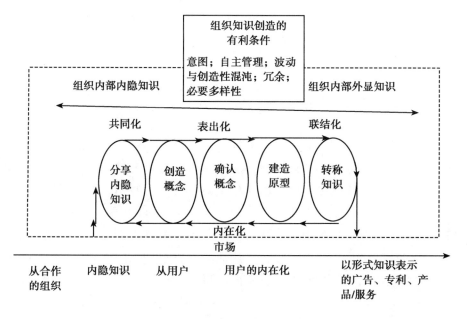

图2.22　组织知识创造过程的五阶段模型

资料来源：竹内弘高、野中郁次郎（2006）

野中郁次郎（1995）主张知识创造的范围绝不应只限于企业周边，还应包括上下游厂商、顾客、其他研发单位，以及组织内部。若以知识的内隐或外显为一轴，而以知识的层次为另一轴，可以清楚地显示出知识螺旋在不同层次上的移动，野中郁次郎提出五种利于知识创造的环境：（1）让员工有创造知识的意图（intention）；（2）创造具创新性的混沌/波动（fluctuation/creative chaos），但不要使员工环境过于安稳；（3）让员工有创造知识的自主性（autonomy）；（4）给员工冗余（redundancy）、充裕、足够而多余的资源；（5）给员工充分而必要的多样性环境（requisite variety）。

野中郁次郎还认为知识创造的组织设计，最基本的要求是能提供处理

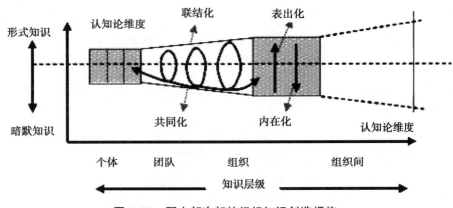

图 2.23　野中郁次郎的组织知识创造螺旋

资料来源：野中郁次郎和竹内弘高（1995）

组织资讯的基本结构，使成员得以持续且重复地获得、创造、探索及累积新的知识。适当的知识创造的组织设计应包括三个部分：一是知识库，包括与组织文化、程序有关的内隐知识，以及文件、归档系统、电脑资料库等外显知识。二是企业系统，此为日常业务运作的功能，系透过正式化、科层组织来达成。三是项目系统，根据公司的愿景来创造知识的自我组织团队，团队间进行松散的连接，以达成联合创造知识的效果。因此，创造知识的组织依据不同的观点而有不同的形式。组织创造知识的过程，首先依据公司使命选择跨功能团队成员，然后通过自我组织团队进行项目开发，待完成项目任务后，将项目成果分类、文件化，再制成索引储存至公司的知识库，项目成员则回归日常层级式的任务编组执行日常业务，直到另一次项目团队形成时，再重复以上的循环。

　　因而从上述研究可以看出，SECI 模型指出了知识转换的四种模式，即"隐性—隐性""隐性—显性""显性—显性"和"显性—隐性"，并相应地描述了每种模式所对应的具体过程和方法，即高度个人化的隐性知识，通过共享化、概念化和系统化，向组织隐性知识的转化过程，它创造了一个全面评估企业知识管理绩效的工具。不过在实际应用过程中 SECI 也有一些不足，它所阐释的仅仅是知识转化的一个常规过程而已，但并没有揭示企业如何通过知识管理拥有竞争优势，它对来自于企业外部的社会知识也没有进行阐述。

　　作为智力资本模型理论的代表，雷伯韦兹和怀特（Leibowitz &

Wright，1999）认为，知识价值可分为四类：人力资本、顾客资本、流程资本和创新资本。而衡量的指标应包含财务和非财务两种面向。Skandia是全球第一个尝试针对内部的智慧资本进行测量的大企业，雷伯韦兹（2000）把对它的研究结果称为斯堪地亚（Skandia）智慧资本导航者（skandia navigator）。研究目的是希望提供一个管理架构，将组织内部的智能资产可以被分类被测量。研究结果是将智慧资本分成两大类，一为人力资本（human capital）、二为结构资本（structural capital），其中结构资本包含顾客资本（customer capital）和组织资本（organization capital），组织资本包含创新资本（innovation capital）和流程资本（process capital）（图2.24）。而后又修正为三项：人力资本、结构资本和顾客资本三项。（1）人力资本：融合了知识、技术、革新和公司个别员工掌握自己任务的能力，也包括了公司的价值、文化和哲学。如专业的知识技能、管理与领导能力、创意思考等，都属于这一类。组织内部的人员是否不断的试图提高自己的知识技能，以及组织内部的知识是否有良好的流通跟共享，都会影响组织的人力资本。（2）结构资本：软硬件、数据库、组织结构、专利、商标等支持员工生产力的组织化能力。可以说结构资本是人力资本的具体化、权力化以及支持性的基础结构。包括专利、著作权等用以创新的资本以及基础建设、信息系统、企业流程等维系组织运作流程正常的资本。（3）顾客资本：原始的 Skandia 模式中，顾客资本是包含在结构资本之中的，基于它的独特性与重要性，学者认为组织在处理与顾客的互动时，不应该跟面对合作伙伴或者员工的态度相同，而且这种关系的重要性，可以说是组织最主要获利的来源。内容包括顾客关系、品牌商誉、市场定位等。

而在社会结构模型理论方面，德莫瑞丝特（1997）强调了组织内部的知识构造不仅需要科学性的投入，还包括知识的社会性构造。这些结构性知识通过显性的程序和社会化交换容纳于组织内部，然后在整个组织内部扩散，最后用于组织的产出。该模型给出了一个整体的知识构造方法，引进了社会方法和科学方法。与此相类似，乔丹和琼斯（1997）的模型包括知识的获取、解决问题、扩散、所有权和存储；而克鲁兹格（Kruizinga 等，1997）的模型则包括知识政策、设施和文化。

另外，伊尔（Earl，1997）从 Skandia 和 Shorko 国际公司的知识管理经验中整理出知识管理的模式，其认为有效的知识管理模式应包括四项要

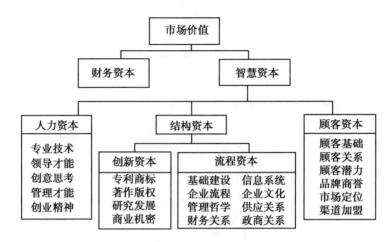

图 2.24　智力资本模型

资料来源：雷伯韦兹（2000）

素：知 识 系 统（knowledge systems）、网 络（networks）、知 识 工 作 者
（knowledge workers）、学 习 型 组 织（learning organization），如 图 2.25
所示。

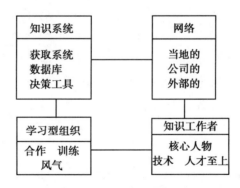

图 2.25　伊尔的知识管理模式

资料来源：伊尔（1997）

　　知识系统是必需的，即要有一个过程控制系统来吸取经验，以及数据
库来储存所得到的经验，并通过决策支持工具来帮助决策过程。而在知识
建立方面，可通过网络来交换文书、数据、信息而获得帮助。员工是组织
的核心资产，其经验、持续的知识获得和技术都使他们比以前更有价值。
而若要让组织中的知识发挥最大的功效，则是要让整个组织都能学习起
来。技术专家和管理者必须一同工作，尝试建立新工作程序和操作新的事

物。如果要让组织成员能分享知识、合作和愿意持续的学习，要有一定的诱因和支持。

韦格（1994）指出知识管理是一种包括所有可促使组织在足够基础上产生智慧性行为（intelligent-acting）的行动和观点的概念性架构（framework），知识管理由三个支柱构成（即知识管理的三类任务），支柱Ⅰ是探索知识及其适应性，Ⅱ为发现知识的价值，Ⅲ是灵活管理知识，并各包括若干细部事项，此三者形成知识管理的架构（图2.26）。其中，知识管理基础主要包括知识的创造、发表（manifestation）、使用和转换（transfer）四个范畴。而知识管理有四个关键领域，分别是（1）知识资产（knowledge assets），包括经验、专长、能力、技术等；（2）知识活动（knowledge activities），包含创造、转化、控制、使用、评估、生产等；（3）组织，包括组织的目标、发展方向、策略、实务、文化等；（4）能力（capability）和趋向（tendency），指人员和组织能建构及使用知识，以增进组织的最佳利益。

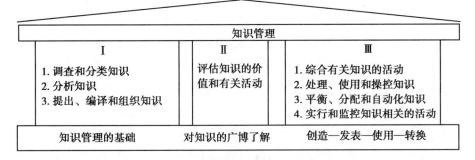

图2.26 韦格知识管理的三大支柱

资料来源：改自韦格（1994）

（三）企业实施知识管理过程中的知识共享特点

韦格（1998）提出了企业六步的知识管理过程，即：建立目标→确定知识范围→计划知识管理的顺序、焦点与策略→识别可见的利益→调整知识管理的顺序→建立与知识管理相关的激励程序。随后 Wigg（1999）又提出了企业知识管理应该包含的主要模块：改革管理体制，调查、绘制知识地图，制定知识策略，创建并详细说明与知识相关的方案和可行的初步方案，估算实施知识管理的初步方案的预期收益，将知识管理置于优先地位，确定主要知识标准，获得主要知识，建立集成的知识的转移计划，转换、散布和运用知识资本，建立与更新知识管理基础设施，管理知识资本，建立激励机制，调整企业的知识管理活动，促进以知识为核心的管理，监督知识管理。

王如富等人（1999）也给出了企业知识管理的六种方法：知识编码化、应用信息技术、建立学习型组织、设立知识主管、构建知识仓库、进行基准管理和最佳实践。其中企业知识库由以下的一些知识组成：企业基本信息、企业组织结构信息、产品和服务的信息、基本流程的信息、知识资产方面的信息和顾客信息。

蒙坦诺和雷伯韦兹（Montano & Liebowitz，2001）共同提出了一个较为详细的 SMART Vision 企业知识管理方法论，其主要步骤是：（1）决策：进行战略规划和商业需求分析，进行文化评估和建立激励机制。（2）建模：进行概念建模和物理建模。（3）行动：捕获、表示、存储、组合、创造、共享与学习知识。（4）调整：指导系统运用，进行知识审核和知识管理计算机系统的审核。（5）传递：即发布知识。

随后，江和杨（Jiang & Yang，2003）提出了一个企业知识管理的 10 步骤模型：建立目标、确定范围、设计模型、制定方案、开发应用、颁布规范、执行流程、监督管理、评估总结和调整改进。

另外，许多企业在自己的知识管理实践中也总结出一些具体的知识管理实施方法。凡等（Van et al.，2002）总结了 Xerox 公司的 X5 方法论，强调将知识管理与商业目标联系起来。这五个步骤是：（1）发现：目的是识别商业目标、挑战和机遇。（2）界定：目的是确定项目的主要标准和范围。（3）启动：主要是制订详尽的项目计划。（4）执行：即实施计划。（5）评估：目的是确保结果符合预期，促进知识传递。而 Siemens AG 公司在自身实践的基础上也总结了一套知识管理与企业的战略相结合的知识战略方法，它将知识战略过程分为 6 个步骤：（1）商业定位、战略与愿景。（2）识别相关知识领域。（3）识别关键绩效。（4）分析影响关键绩效指标的目前和未来的知识领域及流程。（5）分析所选的知识领域，确定知识愿景。（6）形成知识管理行动计划。

江文年等（2006）在全面系统干预元方法论的指导下，建立了一个比较系统的知识管理方法论，其过程为：（1）知识管理问题情境调查。（2）知识管理问题下的利益群体划分。（3）知识管理相关系统的根定义。（4）知识管理相关系统概念模型的建立。（5）对各利益群体相关系统概念模型的思考。（6）知识管理概念模型与问题情境的比较。（7）知识管理方案制定。（8）知识管理方案实施。（9）对方案实施结果的总结、评价和反思。

德鲁克（2003）在知识管理一书中指出，企业在知识管理的过程中应实施如下步骤：一是要能"有系统地创造新知"；二是如何将创新的知识"分类编码"；三是扩散新知识；四是知识管理的组织及配套的诱因机制建立。

西伯克和马肯内（Sipcic & Makonnen，1998）研究指出知识管理的过程是经由知识的收集，经编码识别储存于组织内部，然后应用于企业组织的产品或服务，过程是让每位员工皆能容易自组织中取得相关的知识，又经由实际产品或服务的应用所产生的新知识再予累积收集，而形成一持续创新的环节。他们提出发展和执行新产品及技术的知识需遵循六个步骤：初始的分析、设计、研究发展、试验、完成、完成后的执行。在每一过程步骤中必须检讨产品及技术是否有继续发展下去的必要审查。

吴思华（1998）指出下列几种特性可促进知识的创造：（1）成员个人善于整合各类知识来源；（2）将知识"文件化"为外显知识的能力强；（3）组织善于整合各种知识源；（4）组织成员对知识专精度高，且能触类旁通；（5）组织的资源能互补；（6）企业的经营策略属于领导精进型；（7）组织愿意投入技术和知识升级的资源；（8）组织外部尚有其他互补性产业配合。

有些学者将企业知识管理的研究焦点定位于知识本身，认为企业中的知识存在一个类似于生物进化式的新老交替的知识链条演化过程。如刘冀生和吴希金（2002）指出知识链是这样一种知识链条（网络），在这个链条（网络）中，企业对内外知识进行选择、吸收、整理、转化、创新，形成一个无限循环的流动过程。在这个过程中，企业与外部环境之间、企业内各组织之间、人与人之间、人与组织之间被一种无形的知识链条所连接，企业对这条知识链管理的质量决定了企业的核心竞争力。

许晓明、龙炼（2001）将企业知识演化分成三个基本组成部分：获取知识、传递知识和使用知识。学习和创新是一个公司汲取知识的主要途径，企业必须进行全面的组织和管理，才能有效地达到获取知识的目标。

根据知识的演化过程，许多学者提出了相应的企业知识管理方法。雷伯韦兹等（2000）提出了一个由9步骤组成的企业知识管理方法：将信息转化为知识→识别并核实知识→捕获知识→组织知识→检索和运用知识→组合知识→创造知识→学习知识→散布知识。

南希（2002）考虑到知识转移的情景和知识的性质提出了五种知识转移的方式，它们是：（1）连续转移，适用于一个团队做完某项工作后在新的背景下重复完成相同的任务。（2）近转移，指在相似的环境中做相似的工作，但是在不同的地点的供方和受方之间的知识转移。（3）远转移，指转移的知识是非常规任务的情况下，将隐性知识从供方到受方的知识转移。（4）战略转移，指一个团队向另一团队转移非常复杂的知识。（5）专家转移，指转移的是偶尔需要执行的任务。

冯鉴和姚敏（2004）认为，知识的产生是一个对大量数据进行分析发掘的过程，包括数据预处理、知识提取、知识评估和过程优化。企业的知识管理最终要通过信息技术来实现，从技术的角度，知识转移的主要技术有智能搜索引擎、知识地图、电子公告牌等。而常用的知识产生的方法主要有神经网络方法、模糊方法、进化学习法及广义学习法。有效的知识利用应该包括方便、个性化的知识存取，便捷的知识沟通平台，鼓励知识贡献和共享的机制。

林东清（2005）将企业的知识分为内部知识和外部知识两大类，组织内部知识的定义和产生主要依赖于专家黄页、知识地图、能力地图、项目经验、非正式的人际网络等方法；组织外部知识的获取主要通过公开市场采购、非正式网络关系的合作互惠以及正式的战略联盟等方法。影响知识吸收利用的主要因素是：（1）知识传递渠道的适当性。（2）组织或个人利用知识的动机。（3）组织或个人利用知识的能力。因此，利用知识的方法也应该从这三个因素着手，即：（1）选择恰当的知识传递渠道。隐性知识由于其模糊性高，因此企业应选择面对面或群体直接讨论等渠道；显性知识由于其模糊性低，可利用成本较低、速度较快、传递层面和范围较广的信息系统、知识库及文件管理系统等渠道。（2）创造良好的环境引发员工学习的动机，包括鼓励创新冒险、提倡不耻下问、提供良好的学习和利用的方法与环境等方面。（3）提供员工和组织的吸收能力。

威克斯琼和诺曼（Wikström & Normann，1994）从企业角度，认为知识管理是兼具交互性（reciprocal）和同时性（synchronous）的历程，内含导引性（generative）、生产性（productive）和表述性（representative）三类有关知识的活动，其内容架构见图2.27。所谓的导引性活动，是指由解决问题为核心的活动，引导出新知识，生产性活动为产出适合顾客需求的知识，表述性活动乃指将知识传递给顾客的活动。

图 2.27　威克斯琼知识管理的过程

资料来源：威克斯琼和诺曼（1994）

杨（Young，1998）提出知识管理很重要的问题是显性知识和隐性知识的自转换和互转换，确保最佳知识转换过程的四个必备关键原则是：首先是信任，这是小组合作文化的基础；其次是公开交流，要运用尽可能好的交流技术；再次是学习，要以尽可能快的速度学习；最后是分享，要努力开发个人、小组、组织和内部组织的知识。

1996 年，安达信公司与美国生产力和质量中心（American Productivity & Quality Center，APQC）提出组织知识管理模型。其对知识管理的定义是：知识管理应该是组织一种有意识采取的战略，它保证能够在最需要的时间将最需要的知识传送给最需要的人。这样可以帮助人们共享信息，并进而通过不同的方式付诸实践，最终达到提高组织业绩的目的。该模型包括三个要素：组织知识、组织知识管理过程以及支配这些过程的因素。在该模型中，有七种过程可以用循环的方式对组织内的知识产生作用：知识的创造、识别、收集、调整、组织、应用和共享。影响这些知识管理过程的四种组织动力来源是：领导能力、评估、文化与技术。

斯维比（Sveiby，1997）指出知识资本是企业一种以相对无限的知识为基础的无形资产，是企业核心竞争能力的源泉。他将知识资本分为：雇员能力（competence）、内部结构（internal structure）和外部结构（external structure）三部分。这三类结构的"自转"和"互动"导致企业的兴、衰、成、败。企业知识管理的目标就是在可持续发展战略的指导下，有效地管理企业三类'结构'的开发和利用，为企业创造最大效益，实现长期稳定增长。为了有效地管理知识资产，斯威比提出了以下三个知识资产评价指标：增长和创新指标、效率指标、稳定性（风险）指标。

格兰特（Grant，1996）认为组织竞争优势来自于整合各种不同的专业知识，其机制可分为四项：（1）规则与指令：规则与指令可以将内隐知识转换成能理解的外显知识，使专业知识整合更有效率。（2）序列（sequencing）：整合专门知识且降低沟通与持续协调的最简单方式就是将生产活动组织成时间序列的阶段，各个专家投入于不同且独立的连续性阶段，然而实际的产品开发通常都会有阶段重叠的现象。（3）常规：常规可以在辅助特定任务时，使个人表现的高度同时化。（4）团体的问题解决与决策：组织的效率与规则、常规及其他整合机制使用的最大化有关；整合机制使沟通与知识移转经济化，且当面临特殊、复杂的任务时，问题的解决与决策将交给团体来处理。而专业知识的本身无法再创造出更高的附加价值，因此，格兰特提出能够符合组织竞争优势的知识整合特征为：（1）整合效率：组织成员能够亲近、使用组织内专属知识的程度。而决定整合效率的因素可分为：一是共通知识的程度：组织内成员是否拥有共同的语言、知识概念、经验、文化认同或人际网路等，决定专属知识在组织内分享的速度，进而影响知识整合的效率。二是任务发生频率和变动程度：如果任务经常发生，变动不高，组织进行知识整合效率便会越高，反之则越低。三是结构：组织结构的设计须能降低组织内部沟通范围及密度，才能增加整合效率。（2）整合范围：构成组织能耐的专属知识深度。深度的来源可分为两部分：一是不同专属知识互补性程度大于替代性；二是因果模糊。（3）整合弹性：现有的能耐，可以亲近其他知识、重新建构目前知识的机会。

杰伯特和海耶丝（Gilbert & Hayes，1996）认为当组织认知到组织内缺乏某种知识时，便产生"知识的落差"（knowledge gap），因此需要将知识引进或移转进来。他们提出知识移转五阶段模式，分别为取得、沟通、应用、接受与同化。（1）取得：在知识移转前，它必须先取得。组织可以从它过去的经验取得、由工作中取得、向他人借得或者从个人获取新知识，亦可由不断地搜寻过程中获得。（2）沟通：沟通可以是书面或是利用语言的方式，且必须先有沟通的机制，才能有效地移转知识。（3）应用：获取知识的目的是为了应用知识，进一步鼓励组织学习。（4）接受：企业内发展知识时，假如多在资深主管的层级被广泛地交流与探讨，而下层较少参与，虽然组织可说已接受此新知识，但却未达到吸收的目的。（5）同化：此为知识移转最重要的关键，也是知识应用的结果，可将所有结果转变成为组织的常规、改变组织的历史，而使其成为组织日常的工作。

他们认为知识的移转并非静态地发生，它必须经由不断地动态学习，才能达成目标。如图2.28所示，知识取得代表组织必须经由过去经验、实做、自外界引进技术、不断对外界监督，以获取、学习所需要的知识。在知识取得的同时，组织必须建立沟通机制，使知识有效率地移转，然后将知识加以应用，以促进组织的学习。在此阶段以后，大多数的组织便停留在"接受"的阶段，组织中占多数的低层级成员在知识获得、进行内部沟通与应用后，并未进展到下一阶段，而无法进一步创新。唯有高层主管能将学习结果应用到组织日常的活动中，并且引起组织全体的改变时，才算达到同化阶段。

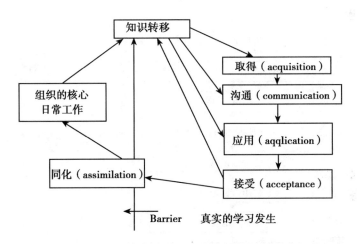

图2.28　杰伯特知识转移的五阶段模型

资料来源：杰伯特等（1996）

尼杰夫（Nijhof，1999）认为知识管理是促使人们的内隐知识外显化的过程，以在组织中有效地运用知识的效能。因此知识管理即是整个知识链的过程，涉及从知识的察觉到确认所需技能，乃至发展新技能、传播新技能以及新技能的应用与老旧技能的淘汰等（图2.29）。

提瓦纳（Tiwana，2000）从实务的观点出发，系统地提出了知识管理的四个阶段与十个步骤（图2.30）：第一阶段是基础架构评估，需对组织当前的基础架构进行分析，然后确认具体的步骤以建立组织的知识管理系统，分析组织的知识缺陷，并将知识管理策略及系统与组织绩效及目标相

图 2.29　尼杰夫知识链

资料来源：尼杰夫（1999）

连接。第二阶段是知识管理系统分析、规划与发展，包括第三至第七项步骤：一是规划知识管理基础架构；二是审计现有的知识资产与系统；三是安排知识管理团队；四是绘制知识管理系统蓝图；五是发展知识管理系统。第三阶段是系统发展，包括步骤八及步骤九的过程：首先是展开行动，运用以结果为导向的方法；其次是改变管理、文化与奖励制度。第四阶段是评估，即知识管理的绩效评估、投资报酬评估及其改善。

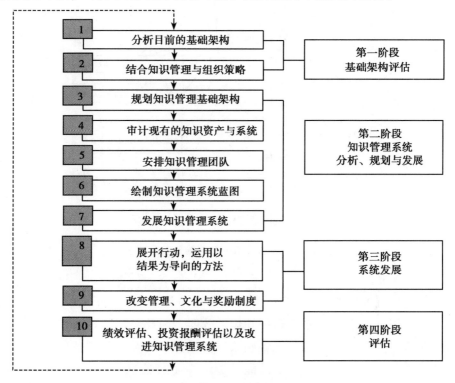

图 2.30　提瓦纳知识管理的十个步骤

资料来源：提瓦纳，2000

斯派克和斯皮科维特（Spek & Spijkervet，1997）把知识管理描述为一个由四个阶段组成的周期：概念化、反映、行动和回顾。概念化阶段主要是通过对现有知识进行研究、分类及建模来获得知识。反映阶段是在对实现了概念化的知识进行评价的同时，确立哪些知识需要改进，并制定改进计划。在行动阶段，人们对知识进行改进，这涉及新知识的开发、传播、合并和占有。在回顾阶段，对行动阶段的结果进行评价，并与以前所采取的行动进行比较（图2.31）。

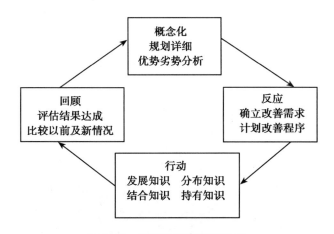

图2.31　斯派克知识管理架构

资料来源：斯派克和斯皮科维特，1997

巴顿（1995）认为知识创造的活动包括：共同解决问题、实施与整合新技术流程及工具、实验与原型以及从公司外部输入与吸收技术知识四项（图2.32）。（1）共同解决问题，即越来越多的新产品发展需要跨越专业、认知、地理与文化的隔阂，以共享的方式来解决问题。为促进整合活动，必须对心智组合加以管理，一要管理专业知识；二要管理多元化的认知风格；三要管理使用的工具与方法。（2）实施与整合新技术流程及工具，通过"使用者参与"及"相互适应方式"，可以促进跨越组织的知识流通，整合与实施创新流程及工具。（3）实验与原型，通过设立组织学习的机制，以项目审查及流程检讨的方式进行组织学习。（4）从公司外部输入与吸收技术知识，当公司内部缺乏或无法产生重要的策略性资产时，此时公司必须从外部获取知识，以增强核心能力。

巴顿（1995）还提出了一些管理性的行为来加强吸收的能力与深化已经吸收的知识，如：（1）建立渗透性边界：包括广泛地扫描、培养跨边界者、鼓励引用外界专业知识等。（2）培养评估科技的能力：评估科技潜能、来源的专门性与知识储存的位置。（3）把吸收的知识转化成组

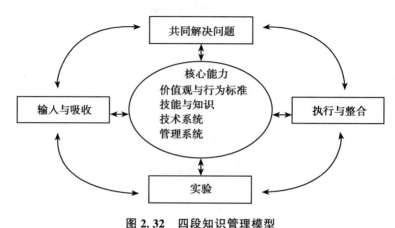

图 2.32 四段知识管理模型

资料来源：巴顿（1995）

织可以使用的形式，以及有纪律地管理吸收外部知识的投资计划。

顾新建和祁国宁（2000）总结了施乐公司"知识创新"研究项目的成果，他们发现最重要的 10 个知识管理领域是：（1）对知识和最佳业务经验的共享；（2）对知识共享责任的宣传；（3）积累和利用过去的经验；（4）将知识融入产品、服务和生产过程；（5）将知识作为产品进行生产；（6）驱动以创新为目的的知识生产；（7）建立专家网络；（8）建立和挖掘客户的知识库；（9）认识和量化知识的价值；（10）利用知识资源。

孙涛（1999）则总结了美国生产力与质量研究中心（APQC）六种知识管理的战略模式及其五方面的实施方法。其中，知识管理战略模式是：（1）把知识管理作为企业经营战略；（2）知识转移和最优实践活动，这是最为普遍采用的知识管理战略计划；（3）以顾客为重点的知识战略；（4）建立企业员工对知识的责任感；（5）无形资产管理战略，充分发挥专利、商标、经营及管理经验、客户关系、企业组织体系等企业无形资产的作用；（6）技术创新和知识创造战略，通过企业基础和应用、研究、开发，进行新知识的创造和技术创新活动。而相应的知识管理实施方法有：（1）构建支持知识管理的组织体系；（2）加大对知识管理的资金投入；（3）创造有利于知识管理的企业文化；（4）开发支撑知识管理的信息技术；（5）建立知识管理评估系统。

魏江（2002a，2002b）从知识的角度来论述企业的核心能力，提出了"企业核心能力模糊综合评价模型"，建立在企业全部知识与能力内在结合和综合的结果的外在表现上。在"企业技术能力的评价和度量模型"中，他认为企业能力的关键是附着在组织和个体中的知识。核心能力的提高通过技术能力的积累和激活得以实现，技术能力积累和激活是同时进行的，积累过程是一个广义的知识学习过程，而激活过程则是一个知识的运用过程，两者缺一不可。企业知识的积累和激活主要是靠技术能力的四要素，如组织、人员、设备和信息来实现的。

科尼格（Koenig, 1998）总结了 IBM 公司的知识管理架构与知识管理流程（见图 2.33、2.34），以个体到团体的"知识分享"与高低"团队合作"分别作为横轴和纵轴，通过横轴与纵轴的交叉而形成四种模式：一是创新模式，即团队内个人知识之间的高度互动；二是技术模式，团队内个人知识之间的低度互动；三是反应性模式，团队内团体知识的高度互动；四是生产性模式，属于团队内团体知识的低度互动。分析这四种模式可以看出，知识共享的程度越高，团队间合作的程度愈高，则组织快速反应环境的能力也越强；相反，仅仅增加个人知识，对于组织的贡献便相当有限。因此，知识密集的组织都应朝高知识共享程度、高团队合作程度发展。

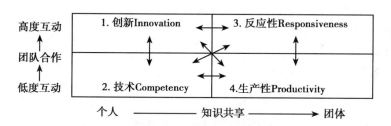

图 2.33　IBM 知识管理架构图

资料来源：科尼格（1998）

收集 →	共享 →	利用 →	拓展
Intranet 数据仓库 信息仓库 数据挖掘	消息传递 工作流 文档管理门户	知识地图 专家定位 搜索引擎 分析代理	Extranet 商业智能 背景分析 智能代理

图 2.34　IBM 知识管理流动过程图

资料来源：科尼格（1998）

因而，通过以上的分析和比较，本研究整理出了 10 个知识理论实施框架，根据研究范围对各个框架进行了分类，试图描述知识管理各个方面现象的研究被归于"泛"类，只集中关注某特定方面的研究被归于"专"类。并为每个理论框架赋予研究维度：焦点、知识资源、知识处理活动、影响因素等（见表 2.14）。

表 2.14　　知识管理理论实施研究框架

框架	范围	焦点	知识处理活动维度	知识资源维度	KM 的影响因素
KM 柱韦格（1993）	泛	管理对 KM 活动的影响	创造，显化，使用，转移	显性与隐性知识	知识的适度开发，知识价值的评估，知识活动的管理
管理体系、价值、标准格兰特（1996）	泛	组织技术能力与知识开发活动的互动	知识共享，创造性解决问题，外部知识的引进与吸收，实验，新方法的实施与整合	员工知识，知识系统	共同知识的多寡，层次高低
组织知识管理安达信与美国生产力和质量中心（1996）	泛	组织内部与组织间 KM 活动的基础与标准	共享，创造，界定，收集，修正，组织，应用	组织知识	文化，领导，测量，技术
知识型组织崔（1996）	泛	知识型组织的运作规律	识别，创造，决策	组织知识，个人知识	环境不确定性
知识管理阶段斯派克和斯皮科维特（1997）	泛	KM 活动的阶段与周期性循环	开发，传播，综合，占有和使用	显性与隐性知识	概念化，审视，回顾，内部开发，外部开发
无形资产斯维比（1997）	专	无形资产的界定与测量	管理三类知识的平衡	外部结构，内部结构，员工胜任力	复杂的过程
派屈西（IC Petrash，1996）	专	IC 的界定与测量		人力资本，组织资本，顾客资本	
知识转化野中郁次郎（1995）	专	组织内显性知识和隐性知识的创造与转化	社会化，内部化，集成化，外部化	显性与隐性知识	意图，自主权，活动及创造性混沌，重复，必备的多样
知识转移 Szulanski（1996）、吉伯特（1996）	专	组织内知识转移的障碍	激发，实施，传播，整合知识移转五阶段模式：1. 取得；2. 沟通；3. 应用；4. 接受；5. 同化	显性与隐性知识	知识转移的特征，知识来源的特征，知识客体的特征，背景特征

续表

框架	范围	焦点	知识处理活动维度	知识资源维度	KM的影响因素
知识管理过程阿拉维（1997）、伦纳德·巴顿（1995）	专	技术在知识管理过程中的作用	获取，检索，过滤，联结，传播，应用	员工所拥有的技能与知识，如专业知识、一般科学知识和公司专属知识	技术系统，管理系统，价值观与行为标准

资料来源：本书作者整理

三　知识共享理论研究述评

（一）从不同视角解析知识共享内涵

从上述基于知识管理的研究可以看出，对于知识共享至今没有一个准确的界定，只是提出知识共享是知识管理的核心，是知识创新的前提。从广义上说，知识共享是指员工彼此之间相互交流的知识，使知识由个人的经验扩散到组织的层面。从这个意义上说，知识共享具有四个组成要素，即人、知识、过程和环境，是一个动态的过程（杜海云，2005）。从认识论看，知识共享包括隐含知识和明晰知识及其各种组合与转换；从本体论看，它包括个人层次、团队层次、企业层次、企业间层次及其相互之间的知识共享。个人知识和公共知识必须经过组织提炼才能成为团队知识，这个提炼过程就是知识共享的过程。严浩仁等（2002）指出，知识共享的目的是要使共享系统内的每个成员都能充分接触和使用他人创造的知识成果，并利用这种共享关系促进已有知识的价值最大发挥和新知识的不断涌现。而随着知识经济时代的到来，知识已经逐渐成为经济增长、社会发展以及企业成长的关键性资源。未来企业的竞争优势将主要来自其聚集、开发和组合各种知识资源的能力，而知识共享则为企业发展知识资源并创造适应于市场变化的新资源提供了途径。知识共享能够促进知识的创新与传播，实现知识的不断增值，并在日益加剧的不连续的环境变化中增强企业的组织适应力和竞争力。知识共享手段的研究一方面主要集中于用于支持知识共享的技术问题即信息与合作技术，它为知识共享提高了两种基本的能力：知识编码化和知识网络化，资源描述框架和本体论成为知识共享的两大关键技术；另一方面由于知识的不同特性和知识共享的不同层次，还需要诸如组织手段、文化手段、制度安排等来解决知识共享中的问题（樊治平，2006）。

但是，由于知识背景与研究问题的出发点不同，国内外学者从各自不同的视角对知识共享进行研究，本书将其主要观点归纳为以下八种：

1. 知识转移的观点

达文波特和普鲁沙克（1998）认为，知识共享是两个过程的有机统一，这两个过程分别是知识转移过程和知识吸收过程，并据此提出了一个知识共享的公式，即：知识共享 = 知识转移 + 知识吸收。南希（2000）指出，外部知识并不总能为组织赢得竞争优势，真正能为组织赢得持续竞争优势的是那些基于经验的独特知识，如技术诀窍等。盖伯瑞斯（Galbraith，1990）提出，知识转移与共享可以通过一系列机制发生，其中包括培训、交流、观察、技术转移、与供应商及客户的交互作用等。巴特尔和斯瑞瓦斯特瓦（Bartol & Srivastava，2002）认为知识共享是个人有组织的与他人分享相关信息、观点、建议和经验。

2. 市场交易的观点

安莎（1997）认为，知识共享是指不同知识拥有者之间交易的过程。持这种观点的学者将知识视为如同普通经济资源，知识的有用性和稀缺性使其拥有者也可以用来交易。艾哈德（Erhardt，2003）指出知识共享包括知识交换或协助他人的一整套行为。达文波特和普鲁沙克（1998、1999）认为，在企业内部也存在一个"知识市场"，企业内部的知识市场是知识转移的重要途径，他们将知识共享过程看作是企业内部的知识参与市场的过程，与其他商品与服务一样，知识市场也有买方、卖方，市场的参与者都可以从中获得好处。肯斯坦特等（1994）在对信息共享的研究中发现，共享知识是因为人们能够得到某些个人利益。由此看来，如果把企业内部的知识共享活动看作是一个市场活动的话，企业员工之间、各部门之间的信任关系是该市场顺利运作的必要条件。应力和钱省三（2001）认为知识交易是形成知识共享的基础，交易的知识主要有隐性知识和显性知识。交易很少以现金形式支付，而是以互惠、名望、友情和信任等形式进行。由此得出，知识共享的主要影响因素有：交易成本高低，知识拥有者交易时承担的风险高低，知识的本地化特性。赵文平等（2004）认为应该在组织中形成一种有利于知识共享的环境、克服员工知识基础的差异性以及判断知识共享的潜在价值。然而，也有学者认为知识共享并不等同于知识交易，知识共享不仅仅是一种经济行为，而且还是一种社会活动过程。可以看出，利益和信任依旧是持"市场观点"的学者认为的主要因素。

3. 知识创造的观点

知识共享不仅仅是共享已有知识的过程，同时也是一种知识创造与创新的过程。爱瑞克松和迪克松（2000）认为，共享知识的过程包括认知与行为两个侧面的内容，并且由于不同的过程而造成共享的差异。当人们共享现存知识的过程中同时也创造出新的知识。这就表示知识被共享和使用时，新的知识也被创造出来。野中郁次郎（1995）提出了著名的知识创新过程模型，并对知识创新的知识场——吧（"Ba"），以及知识创新的结果与支撑——知识资产进行了全面论述。但该模式对知识的分类略显机械化、简单化，在实际组织中知识共享和转移的过程要复杂得多。由知识共享的过程确定的影响因素主要在于共享知识的双方，即知识的提供者和知识的需求者，影响双方行为的因素即为影响知识共享的因素。

4. 组织学习的观点

圣吉（1998）认为，知识共享即是组织内员工之间、团队之间的学习过程，在学习的过程中，个体知识成为组织知识，组织的重要任务就是促进这种学习的持续进行。他认为，知识是一种"有效行动的能力"，因此真正的知识分享并不是一个取得的动作，而是一种学习，是一种使他人"获得有效行动力的过程"。南希（2002）则提出另一种学习的观点，他认为共享就是使人"知晓"，将知识分给他人，与对方共有这种知识，它的极至是整个组织都会"知晓"此知识。吉伯特和海耶丝（1996）认为，知识的移转并不是静态地发生，它必须经由不断地动态学习，才能达成目标。两位学者将知识移转分为五个阶段：获取阶段、沟通阶段、应用阶段、接受阶段、消化阶段。知识消化过程其实就是一个知识创造的过程，它意味着个人、团队、组织在认知、态度和行为上的改变。焦锦淼和夏新平（2005）提出组织的知识共享可以通过不同的学习形式来实现，加强正式团队的学习和非正式团队的学习等等，都可以提升组织的知识共享程度。

杨溢（2003）提出，在企业中知识共享主要表现形式为知识传播，多个知识传播的过程是错综复杂的同时进行的，从而形成一个复杂的多向循环回路，知识共享就是在这种复杂得多向循环回路中得以实现的。闰芬和陈国权从大规模实施知识共享的角度考虑，认为知识共享是指员工互相交流知识，使知识由个体扩散到组织层面的过程。

5. 知识转化的观点

野中郁次郎（1994）说明了组织中知识的两个维度：显性和隐性。显性知识和隐性知识不是知识的两个对立面，而是相互依赖、相辅相成的。隐性知识构成了发展和解释显性知识的分配结构所需的背景（波兰尼，1975）。显性知识和隐性知识这种难以割舍的联系表明，只有具有必备水平的共享知识的个体才可以真正交换知识：假如隐性知识是理解显性知识所必需的，那么为了让个体 A 理解个体 B 的知识，他们潜在的知识基础就必须有一些交叉，也就是说，是一个共享知识空间［伊凡瑞和林格（Ivari & Linger，1999）］。野中郁次郎（1995）提出了知识转换的 SECI 模型：从隐性知识到隐性知识，这个过程称为社会化过程；从隐性知识到显性知识称为外化过程；从显性知识到显性知识，称为综合过程；从显性知识到隐性知识，称为内化过程。通过这四种模式的转化，使得成员间的知识得以共享并间接促成了成员与组织彼此共享知识。巴克和金（Bock & Kim，2002）和林和李（Lin & Lee，2004）则认为知识共享是一个人实际上与他人分享知识的程度。

6. 沟通的观点

波顿（1989）认为有效的知识共享是团体间人与人之间的一种互相理解和尊重。汉德瑞克丝（Hendriks，1999）指出，知识共享是一种沟通，当组织成员向他人学习知识时，就是在分享他人的知识。因此，知识分享牵涉两个人员：知识拥有者和知识需求者。他也指出知识分享程序的两个步骤：知识拥有者将知识外化，例如：演讲、编纂知识系统、建构档案或建立知识数据库；知识需求者将知识内化，为强调这种行为的角色，知识接收者可称为"知识重建者"，其内化的行为包括边做边学、阅读书籍、尝试了解知识库里的知识等。

玛格丽特将这种相互间的理解应用到信息系统设计时系统分析师与使用者间的沟通互动上，他们认为这种理解强调了双方共享知识的必要。Ipe（2003）认为在组织环境下，个体之间的知识共享，就是知识源将其私有知识转化为可被他人理解、吸收和使用的知识的过程，强调共享的结果是知识源与接受方共同占有知识。持这种观点的人认为理解能力、沟通是否顺畅是影响知识共享的主要因素。钟耕深和赵前（2005）认为，在组织中，知识不再被看作是个体现象，而是构造在一个团队或者群体内的。知识从一个成员传递到其他成员的过程，是多种意见和想法的沟通、协同和协调，从而达到知识共享的目标。

7. 知识（技术）系统的观点

尼瓦（Niwa，1990）认为，知识系统建立的目标即为促进知识共享，持这种观点的研究学者一般着重于企业内部知识管理系统的构建和企业内部信息技术的完善，他们认为知识共享在很大程度上由信息技术及其运用所决定，共享知识空间越大，显性知识的价值越高，IT 技术应用于知识管理的价值越大。Alavi & Leidner（2001）认为，可以应用技术来提高组织中的"弱联系"，也就是指个体间非正式和偶然的联系，并因此扩大知识共享的范围和效率。

8. 知识社区的观点

冯·克鲁（Von Krogh，1998）以知识社区的视角研究知识共享行为，认为知识共享不是一种知识交易，而是一种个人关系和承诺上的社会行为。20 世纪 90 年代以来，出现了知识社区的主要组织形式——实践社区（Communities of Practice），即由一群分享一些想法、问题，或对某一个主题具有共同兴趣的人所构成的高度专业化的非正式组织［温格（Wenger，1998）］。

随着研究的深入，许多学者开始从综合集成的视角来研究企业知识共享活动的特点与规律，认为企业知识共享是一个系统工程，是多种因素综合集成的结果。知识转移是指知识共享的过程，组织学习是知识共享的手段，知识创造是知识共享的目的。因而，对知识共享的研究应从知识共享对象——知识内容（显性知识和隐性知识），知识共享手段——知识网络、会议和团队学习，知识共享主体——个人、团队和组织这三个层次予以认识，这三个方面构成了知识共享活动的三要素。

知识共享研究的不同观点及定义（见表 2.15）。

表 2.15　　　　　　　　知识共享研究的不同观点及定义

知识共享观点类别	对知识共享的定义
组织学习的观点 圣吉（1998）、南希（2002）、吉伯特等（1996）、焦锦森等（2005）	认为知识共享与信息共享有所不同，知识共享不仅仅是一方将信息传给另一方，还包含愿意帮助另一方了解信息的内涵并从中学习，协助对方发展有效行为的能力，并成功地将知识转移到对方，形成对方的行动力

续表

知识共享观点类别	对知识共享的定义
市场交易的观点 达文波特和普鲁沙克（1998）、麦克内尔（2003）、安莎（1997）、应力等（2001）、赵文平等（2004）、艾哈德（2003）	知识共享是一种市场的概念，即知识共享过程是企业内部的知识员工参与知识买卖的交易：知识分享＝知识的传送＋知识的吸收，或拥有共同目的和经历相似问题的人们走到一起交换观点和信息
知识转化的观点 野中郁次郎（1994）、魏江（2004）、巴克和金（2002）；林和李（2004）	认为知识分享是一种内隐知识与外显知识的互动转化，从层次上看是一个个人知识和组织知识不断相互转化的过程；从共享内容角度来看是隐性知识不断转变为显性知识的过程。由此知识共享指员工个人的知识（包括显性知识和隐性知识）通过各种交流方式（如电话、口头交谈和网络等）为组织中其他成员所共同分享，从而转变为组织知识财富的过程
知识转移的观点 达文波特和普鲁沙克（1998）、Wijnhoven（1998）、李（2001）、南希（2000）、盖伯瑞丝（1990）、鲁俞（Ryu等，2003）、巴特尔和斯瑞瓦斯特瓦（2002）	知识分享是一种凭借 IT 媒介进行的知识移转过程，以及知识接收者基于本身已知的知识，对接收的新知识进行阐释或将知识从一方（个人、小组或组织）转移或散布到另一方的活动
沟通的观点 汉德瑞克斯（1999）、巴切莫（1989）、玛格瑞特（1994）、钟耕深等（2005）、伊派（Ipe，2003）	知识分享视为一种团体间综效的产生，而此种综效被定义为一种沟通的过程，由知识拥有者将知识"外化"，而知识需求者或是知识接收者将所接收到的知识"内化"的一个过程
知识（技术）系统的观点 尼瓦（1990）、阿拉维和雷德纳（2001）	知识共享在很大程度上由信息技术及其运用所决定，共享知识空间越大，显性知识的价值越高，IT 技术应用于知识管理的价值越大，可以应用技术来提高组织中的"弱联系"，也就是指个体间非正式和偶然的联系，并因此扩大知识共享的范围和效率
知识创造的观点 爱瑞克松和迪克松（2000）、野中郁次郎（1995）	知识共享不仅仅是共享已有知识的过程，同时也是一种知识创造与创新的过程，通过这隐性与显性知识之间的转化，成员间的知识得以共享并间接促成了成员与组织彼此共享知识，从而创造出新的知识
知识社区的观点 克鲁（1998）、温格（1998）	知识共享不是一种知识交易，而是一种个人关系和承诺上的社会行为，主要形式是实践社区

资料来源：本书作者整理

（二）知识共享的影响因素

知识的特性决定和制约着知识共享的程度与可能性。杨润和师萍（2005）认为，企业内员工知识共享的障碍主要是高位势知识主体的知识传授成本和低位势知识主体的知识学习成本。万君康和张琦（2003）指出，促进知识共享要从企业的信息基础建设、内部的企业结构、企业文化以及对人员的激励机制四个方面着手。王庆年和秦玉洁（2005）证明了在没有外界因素的介入和干预下，知识共享参与人之间的博弈模型属于"囚徒困境"类型博弈，很难实现达到帕累托最优。侯柏竹（2009）从知识管理的角度，认为柔性的管理机制是隐性知识流动、共享和转化的平台；良好的信任机制是隐性知识流动、共享和转化的基础；通畅的沟通机制是隐性知识流动、共享和转化的有效途径；有效的学习机制是隐性知识流动、共享和转化的加速器；适当的激励机制是隐性知识流动、共享和转化的动力。

知识共享活动的主要障碍来自于缺乏分享的动机和意愿。动机是维持和驱动个体活动以达到某种预期目的的内部动力。翁莉等（2009）分析了供应链企业间知识共享活动的基本特征，运用社会资本理论、交易成本理论、企业能力理论、资源依赖理论、环境不确定性理论和战略选择理论分析了企业参与供应链知识共享的动因，探讨了供应链知识共享的动因理论与企业竞争优势的关系（图2.35）。

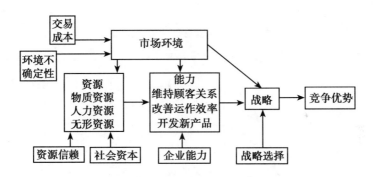

图2.35 供应链知识共享动因理论与企业竞争优势关系

资料来源：翁莉等（2009）

李金霞（2003）将管理集成理念应用到知识共享中，指出技术、员工和组织这三个影响因素并非作为一个单独因素影响企业知识共享，而是整合为一个整体，协同作用于知识共享，这就形成了知识共享三维图（图2.36）。在图中的O点，组织、技术和员工的值为0，因此知识共享的效果也为0；而在图中的P点，技术、员工和组织的值达到最大，导致知识共享的效果最大。企业知识共享是一个系统工程，是多种因素综合集成的结果，不同因素对知识共享的作用不同，从而知识共享的影响程度也不同。

安小风等（2009）在最小信息量（空间的信息刚好可以满足决策信

息的需要）原则下，结合供应链知识共享决策的实际环境及相关文献研究成果，认为决策信息空间可由以下三维构成，即知识的产权属性、知识的资本属性、知识的测度性，因此，以产权属性、资本属性及测度性为坐标轴构成了供应链知识共享决策的三维信息空间，如图 2.37 所示。

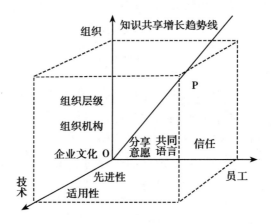

图 2.36　企业知识共享三维图

资料来源：李金霞（2003）

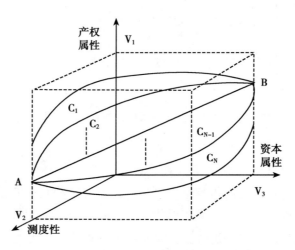

图 2.37　供应链知识共享决策信息空间模型

资料来源：安小风等（2009）

　　在决策信息空间上任一点的信息都是三维坐标的一个组合，因此空间上的信息是一种有结构的信息。在供应链知识共享过程中，不同知识主体所具有的决策信息都与信息空间的某个点相对应。决策信息空间模型上任意两点间，在理论上都有若干条路径可以抵达，如从信息空间上点 A 到点 B，可以有 C_1、C_2 到 C_N 条路径通达。经济学理论（激励理论、合约理论等）已经证明合约或合约设计是解决信息不对称问题的有效途径，因此，解决供应链知识共享决策过程中信息不对称问题可以通过激励合约的设计来得以实现。

杨钊和陈士俊（2008）认为，知识距离与团队的知识共享水平是负相关关系，共享双方的知识距离越大，知识接收方接收共享知识的难度就越大。而知识距离主要受三个因素影响：即共享双方知识基础的差异，共享双方文化的差异以及知识编码和抽象程度。所以，如何缩短共享双方的知识距离是影响团队知识共享的关键因素之一。信任关系决定了知识接收方对知识价值的评估和对知识共享过程难易的心理预判，知识距离决定了知识接收方得到并应用这一知识的实际难易程度。信任和知识距离影响知识型团队知识共享的整合机制见图 2.38。

徐莉等（2009）以博弈论观点证明，信任会带来供应链知识共享的最优选择。该研究假设选取供应链中的两个节点进行分析，即在供应链知识共享中，假设这两个企业的支付如图 2.39 左边所示：当双方不进行知识共享时，其带来的收益为零；当进行知识共享时，其共同收益为 W；X 为一方采取机会主义行为时给自己所带来的收益或损失；Y 为对方采取机会主义行为时给自己带来的收益或损失。从图 2.39 可以看出，共享知识战略对参与双方和整个供应链来说都是最优的。但是，在理性条件的约束下，如果一方采取"共享"而另一方采取"不共享"战略，则后者会获得更多收益，这必然导致双方最后都有"不共享"的占优战略。从单个成员理性的角度来看，这是占优战略，但这会导致整个供应链遭受非最优的产出，从而影响了整条供应链的竞争优势。要打破知识共享的囚徒困境，采取的措施和方法主要包括：改变供应链成员企业的偏好；使用显性合同；利用隐性合同以及进行重复博弈等，其中信任调节机制通过改变供应链成员企业的偏好能解决知识共享中的困境。由图 2.39 右边所示的负感情支付博弈模型和正感情支付博弈模型可以看出，由于考虑了信任水平，即考虑了信任带来的潜在收益和损失的影响，最终博弈双方选择知识共享对他们来说是最优的战略，从而实现整条绿色供应链上的最优。

而从微观层次来看，即影响企业成员知识共享的动机而言，郑景丽（2008）认为主要有个人利益的驱动和心理安全趋向这两个因素。因而企

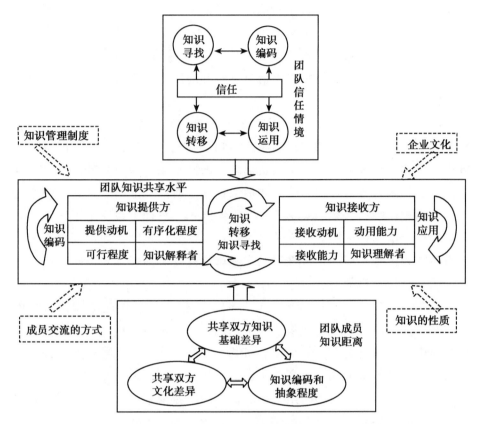

图 2.38　信任、知识距离对知识型团队知识共享的影响机制

资料来源：杨钊、陈士俊（2008）

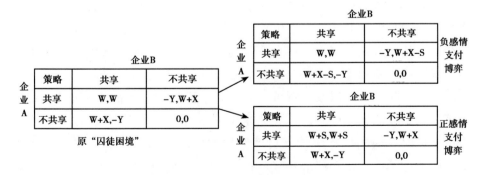

图 2.39　信任调节供应链成员企业知识共享最优博弈

资料来源：徐莉等（2009）

业需要制定相应的激励制度，如建立知识绩效考核机制；进行知识薪酬和知识股权激励，通过建立威望或者承认进行激励，给予企业员工有挑战性的工作并及时进行知识晋升；企业文化潜在激励，培养共同的价值观，培育一种信任、合作的氛围并创建知识共享的平台。

泰勒等（Taylor 等，2004）通过 132 份问卷和 30 次访谈研究公共服务部门（英国保健部门）的有效知识共享的影响因素，并直接以单个问题直接测量知识共享的行为。他们的研究认为开放的领导氛围、从失败中学习、对流程更改的满意、信息质量、绩效导向和变化的远景等六个因素对有效的知识共享都有很强的正向作用；创新文化、从失败中的学习能力、好的信息质量对成功的知识共享有显著的正向预测作用；改变管理和对绩效敏感的指标对知识共享的程序影响很大。波特（Bortal，2002）研究了组织激励制度对知识共享的影响，结果发现其对个体共享给资料库的知识的程度有正向影响；而利润分享计划对跨团队、跨部门的个体知识共享有正向作用；面向团队绩效的奖赏能提高团队内的知识共享；建立专家和竞争感觉对组织内实践社区的知识共享行为最有影响。

泰西（Tasi，2002）通过对英国某公司 24 个事业部之间的知识共享水平的研究发现，集权水平对组织内的知识共享有负面影响，而信任水平对组织内的知识共享有正面影响。

艾伯兰姆等（Abrams 等，2003）在 20 个大型组织的研究基础上，认为组织内的信任对知识有极大的影响，而信任的建立一方面是领导公开公平的决策及设置共同的愿景，另一方面是组织成员频繁的沟通及有判断力的行为。

麦克内尔（Macneil，2004）认为团队主管通过移交责任（包括学习和发展）给团队成员，能促进团队内的知识共享；团队主管的介入，能引起个体和集体的隐性知识在团队内的共享。

王旭东（2004）总结了影响知识共享计划成功至关重要的八个因素：（1）与产业价值的沟通；（2）组织与技术基础设施；（3）标准、弹性知识结构；（4）知识友好文化；（5）明确的目标与语言；（6）激励机制的变化；（7）知识的多渠道传递；（8）高层管理者的支持。李长玲通过对隐性知识共享机制的分析，指出知识提供方对于隐性知识的垄断性、知识接受方的情绪抵触、知识提供方与接受方之间缺乏信用及组织体制等因素均在一定程度上阻碍了隐性知识的共享。钟耕深和赵前（2005）通过分析指出，团队组织中知识共享的风险及障碍因素主要来自于以下四个方面：传统保守思想的阻力、激烈竞争的压力、人员层次差异和观念差异、缺乏知识共享的渠道和技术支持。

总结上述这些知识共享影响因素的已有研究，本书将其归纳为下列四个不同的类别。

一是从知识共享内容的角度研究影响因素。该研究大致有沟通的观点、学习的观点和市场的观点。如有学者从沟通的角度研究影响因素［巴切莫，1989；胡伯（Huber，1991）；玛格瑞特，1994；汉德瑞克斯，1999］。持这种观点的人认为理解能力、沟通是否顺畅是影响知识共享的主要因素。还有学者从学习的角度研究知识共享的影响因素（南希，2000；圣吉，1997；吉伯特等，1996）。持这种观点的人一般着重于企业内部知识管理系统的构建和企业内部信息技术的完善，认为知识共享很大程度上的影响因素由信息技术及其运用所决定。另外的学者从市场的观点解释知识共享的影响（达文波特和普鲁沙克，1998；肯斯坦特等，1994），这种观点在一定程度上解释了员工与他人共享知识的动机，但不足以说明现实的复杂性。持这种观点的人一般认为个人所能获得的利益是驱动知识共享的主要因素，他们着重于企业知识共享机制的构建。

二是从知识共享过程的角度研究影响因素［汉德伦德，1994；特豪斯（Tshouse，1998）；野中郁次郎，1995］，提出不同层面知识的转换过程，认为从个体知识逐渐向团队知识、组织知识、组织间知识的转移过程，是一个知识的扩展过程，而这一个过程的逆过程是知识的专用化过程。组织知识转换和管理过程中的两个关键环节是知识的吸收和传播。对知识提供者而言，是一种选择性"推"的过程；而对知识需求者而言，则是"拉"的过程，两者结合，则产生最佳的知识流量，进而实现知识共享。对于野中郁次郎的 SECI 模型，通过社会化过程、外化过程、连接过程和内化过程，使得成员间的知识得以共享并间接促成了成员与组织彼此共享知识。由知识共享的过程确定的影响因素主要在于共享知识的双方，即知识的提供者和知识的需求者，影响双方行为的因素即为影响知识共享的因素。

三是从知识共享作用的角度研究影响因素［圣吉，1990；雷恩（Rae，1998）；威斯（Weiss，1999）］，认为组织知识是通过协作员工间的交流学习而创造出来的，知识和如何管理知识是竞争优势的关键来源。有效的作用决定了知识共享的影响因素是高层管理者和员工必须要致力于建立一个良好的企业文化，以及鼓励分享知识的环境。另外国内也有部分学者研究了知识共享模式的作用影响。如汪应洛和李勖（2002）通过分析两个不同主体之间知识的转移过程，提出了知识转移过程存在着语言调制及连接学习两种方式，认为隐性知识也可分为真隐性知识与伪隐性知识，对于真隐性知识的转移，连接学习方式是唯一的知识转移方式，对于伪隐性知识的转移，语言调制及连接学习发生在知识转移的不同阶段，语言作为一种共同的知识直接影响着知识转移的效率。魏江和王艳（2004）认为可以将知识共享分为以下三个模式：（1）知识由个体传递给个体，即个体—个体模式；（2）知识由组织向个人扩散，即组织—个体模式；（3）组织之间的知识共享，即组织—组织模式。基于此模式，动机成为知识共享的主要影响因素。

四是从知识共享动机的角度研究影响因素［凯西瑞等（Kathryn 等，2002）；琼斯，2002；吉（Gee 等，2003）］，认为知识共享的动机是影响知识共享效果的主要原因，而激励又是影响动机的主要因素。另外只有改善员工的工作条件，给予员工参与决策的机会，员工才会有分享知识的动机。预期的合作和贡献观点是个体形成知识共享观点的主要决定因素。

（三）知识管理中的知识共享机制

从人们提出知识共享的概念开始，很多学者就从广泛的视角对其进行了研究，提出了各种知识共享的过程模型或理论。谭贤楚和肖昂（2004）认为，知识共享过程有以下五个环节：个体知识、知识的阐明、知识的交流、知识的理解以及组织知识创新。前三个环节主要是个体行为，后两个环节则依赖于组织工作。宋建元和张钢（2004）将企业的知识链分成四类活动，即知识获取、知识选择、知识创造和知识内化，通过互相依存的这四类活动，企业逐步实现从个体知识向群体知识、组织知识的扩展，并形成具有持续竞争优势的组织能力，从而实现知识的不断增值。

伯索特（Boisot，1987）把组织中的知识按照可编码的和不可编码的、扩散的与不扩散的两个维度进行了分类（如图 2.40 所示）。可编码的知识指容易转移传递的知识如财务数据，而不可编码的知识指难以转移的知识如经验；扩散知识是容易共享的知识，而不扩散知识是不易共享的。如果知识既是可编码的又是非扩散的，那么就是产权知识，这部分知识可以传递但必须有选择地限制在需要知道的一部分人范围内；不可编码和非扩散的知识是属于个人知识；可编码和扩散的知识是公共知识；既不可编码又易扩散的知识是常识，这部分知识是通过一个缓慢的社会化过程建立起来，包含制度和习俗。

	非扩散	扩散
编码	产权知识	公共知识
不可编码	个人知识	常识

图 2.40   伯索特的知识管理模型

资料来源：伯索特（1987）

汉森等（1999）认为，根据个人知识不同的交流方式，组织知识的共享可以分为两种：编码化方法和个人化方法。

编码化方法指组织通过内部的管理机制和沟通渠道，将个人知识复制成较为显性的知识表现方式，如工作流程，或进一步表达成数据库的形式。这种方法中，信息技术将发挥重要的作用，用以存储编码化的信息。作为一种员工与知识进行交流的工具，编码化方法的基本思想是将解决问题所需的知识标准化。

个人化方法指将没有掌握某种知识的人和掌握该知识的人紧密地联系在一起，知识的共享主要通过人与人之间的直接交流。如处理战略性课题时，由于问题本身复杂又不具有重复性，通过咨询专家之间的交流有助于提高效率。实施个人化方法的基本思想是根据要求，将具有不同领域知识的人组成一个团队，通过团队成员间的相互交流解决问题。

魏江和王艳（2004）认为企业内部知识共享主要包括三个模式（如图2.41所示）：第一种是个体—个体模式，共享的知识主要是一些专属于员工个体的隐性知识如经验积累和工作诀窍等，只有通过个体之间面对面的沟通交流来实现。第二种是个体—组织模式，即知识在更广泛的企业内部传播，随着掌握这种知识的员工越来越多，个体知识就上升为企业知识。第三种是组织—个体模式，即员工个体除了向自己的同事探求知识外，还可能向企业搜索自己需要的知识。知识共享借助上述三种模式，可以实现正反向的知识共享的双循环，并持续不断地进行，使知识在员工和组织之间进行转移，知识共享也使知识量螺旋式上升，员工和组织的知识体系都得以不断完善，能力不断获得提升。

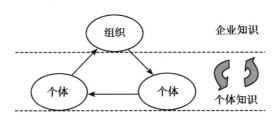

图 2.41　企业内部知识共享的三种模式

资料来源：魏江、王艳（2004）

姜俊（2006）区分了企业中的三种常见知识共享模式，一是基于团队任务的知识共享模式，以团队所拥有的知识为共享目标，其优点是频繁地交流和知识的互惠共享可以使个体成员克服心理上的障碍，促进共享组织文化的形成，有助于提高团体的凝聚力；能够更多地共享以团队形式存在的隐性知识；缺点是若流于形式，反而会浪费宝贵的时间和降低工作效率。二是基于运作流程的知识共享模式，与组织的运作流程紧密结合，其优点在于以共享知识提高组织运作效率的目标非常明确，缺点在于由于许多行业的流程相对标准化，使部分管理者将太多精力用于显性知识的共享，过于依赖信息技术的作用。三是非正式知识共享模式，以非正式组织为基础，它的优点在于知识共享不受时间、地点和空间的约束，并可以减轻或消除知识共享成员的警觉性，而缺点在于知识的共享没有系统性，具有不及时和不可靠性的弱点。

波（Boh，2007）探讨了如何利用知识共享机制来影响员工跨越项目过程中积累的知识、经验和技能，他提供了更为细致的知识共享机制分类，明确指出了一个能把项目型组织所使用的知识共享机制进行分类的框架。其中个性化机制往往被认为更特别和非正式的，而编码化机制被认为是正式的并且涉及电子数据库的使用。波（2007）还突出了知识共享机制两个不同的维度，即个人化与编码化的对比及个人性与制度化的对比。个人化的知识共享机制是非正式的、松散的，而制度化的知识共享机制是正式并且内含于组织惯例和结构中。他的研究给管理者提供了基于组织规模、地域分散和任务性质而采取知识共享的机制类型的指导。知识共享机制这两个层面的相互作用——编码化与个人化及个性化与制度化，创造了四象限分类框架（见表2.16）。

表 2.16　　管理项目型组织中分布式知识和技能知识共享机制分类框架

	个性化	制度化
个人化	象限 1：个人化—个性化机制	象限 4：制度化—个人化机制
编码化	象限 2：个性化—编码化机制	象限 3：制度化—编码化机制

资料来源：波（2007）

一是编码化与个性化的对比。组织可以用编码化或个性化机制来促进知识在个人之间的共享。如果知识是通过编码化机制共享的，那么知识是精心编码化并存储在数据库和文件中，公司员工可以轻易获取并使用。如果知识是通过个性化机制共享，那么它与产生知识的人紧密相关，并且主要通过直接的个人对个人交往共享［汉森和提内（Hansen & Tierney，2004）］。

二是制度化与个人化的对比。琼斯（1986）推出制度化与个人化的层面来划分组织所采用的隐性知识帮助新员工融入组织。制度化层面阐述了从组织提供给新员工信息内容的角度，社会化隐性知识是集体性和正式的，而个体层面阐述了社会化隐性知识是个人化和非正式的。个人化与制度化的知识共享机制区分了用来支持个人层面和集体水平知识共享的机制。个人化机制支持知识在个人层面上的共享。它们有接触的限制，或者可以获取知识的人有一个数量限制［伊凡斯和吾斯特（Evans & Wurster，1997）］。个人化机制往往是基于随机决定，对于个人或小团体来说是独特的。这些机制也往往是个人层面的单项举措并且是非正式的（没有外部干预而自然发生）、非结构化的（通常是专项和无计划）。制度化的知识共享机制支持集体层面的知识共享，因为它们通过把知识共享能力嵌入组织的结构和惯例，使一个人的学习和知识转化到大量的个体中。制度化的知识共享机制的特点是使用正式的机制（组织建立并认同，即建立配套的基础设施以鼓励使用机制）并且是结构化的（预先界定，植根于各种组织惯例、工具或组织结构中）。这些机制具有更广泛的接触面或通常能使组织的一大群人获取。

无论是制度化和个人化的知识共享机制，都有它们的优势和局限性。个人化的知识共享机制让知识共享以一种非正式的、分散的方式进行，而这正是组织不能主导知识共享的领域。这种做法鼓励了需求出现时，自由流和非结构化形式的知识共享发生［巴特（Bhatt，2001）］。这增加了组织的反应能力和灵活性。但是个人化的知识共享却有规模性的问题。个人化机制使知识共享的机缘和依赖性建立在员工是否在适当时候向适当的人提出自己的问题和需要。当组织扩大规模和地域分布时，要寻求嵌入了大批地理分布的个人之间的知识变得更加艰难，这就成为了一个特别重要的问题。

另外，制度化的知识共享机制为组织提供机会以增加有益知识分享的概率，并把信息和知识"推"向他人，而不是单纯依靠个人从适当来源"拉"知识。制度化的知识共享机制使组织得以把植根于个人的知识放大到集体的层面（野中郁次郎，1994），这样所有员工要利用的知识就容易获取。然而，制度化的知识共享机制要求组织投入大量的时间和资源，建立配套设施、制度、惯例、规则和程序、工具、组织结构和战略。此外，知识共享机制的制度化要求该组织规定有开发潜力的重点领域，因而锁定了该组织知识的具体领域及预先定义方式来分享知识。这就降低了组织的反应能力和灵活性。

三是个人化与个性化机制。创造机会让个人以独特及非正式方式在个体层面上分享知识的机制。研究显示社会网络在信息共享中的重要作用［格兰诺维特（Granovetter，1982）；克拉克哈德（Krackhardt，1992）］，并且表明社会网络能促进组织中的知识共享（汉森，1999 年）。鉴于个人有从其他人而不是从文件那里获取信息的一般偏好，个人的网络可以作为一种强有力的手段来存储和检索本组织的经验知识［奥莱利（O'Reilly，1982）］。因此，非正式的个人对个人之间的交互在个人之间的知识转移中往往起着重要作用。然而，个体要有效运用知识共享的个人化—个性化机制的能力取决于个人是否有适当的知识了解在组织中"谁知道什么"［莫兰德和玛雅克维基（Moreland & Myaskovsky，2000）］，并能接触这些拥有知识的人。越来越多的公司通过这种个人化—个性化机制，采用各种形式的技术，如电子邮件，即时通讯来支持知识共享，这些技术对于个人能够跨越地理距离以联络彼此是必不可少的。

四是制度化与编码化机制。这类知识共享机制的基本理念是其他专家也可以查阅知识库获取专业知识。该机制捕获个人或团体所拥有的知识，并使之成为组织更广泛的财产［伊尔（Earl，2001）］。在这个象限中的知识共享机制一般是纳入知识管理方案中的典型机制，特别是那些明显侧重于利用信息技术（IT）创造电子储存库贮存、搜寻及获取智力资本（IC）。

　　上述框架的贡献在于为项目型组织提供了更为细致的知识共享机制分类。先前的研究已经认为大多数的知识共享机制要么可以归类为个性化机制，要么归类为编码化机制。个性化机制往往被认为更特别和非正式，而编码化机制往往被认为正式的并涉及电子数据库的使用（崔和李，2003）。这一框架强调，无论编码化和个性化的机制都可以制度化。编码化机制往往以这样的制度化形式，即营造全组织的知识库或提供对网上讨论档案的获取途径，以分享跨越地理上分散的员工之间的知识。这种机制对于共享跨越地理上分散的个人之间的知识非常有用［艾克曼和麦当劳（Ackerman & McDonald，1996）］。

　　按照上述框架，也有相应的四种机制：

　　一是个性化与编码化机制的使用。汉森等（1999）指出，高效的企业擅长重点采用个性化或编码化的知识共享机制，并利用其他机制为补充。什么因素决定把重点放在哪一套机制取决于组织的任务惯例，或者其业务性质。如果一个组织为客户提供一个标准化的产品或解决方案，那么编码化策略能促进组织重新利用这些知识的能力。技术咨询公司由于其项目间的任务性质更趋于标准化，因而更多受益于编码化策略。这是因为与别的公司相比，通过工作计划、软件代码和解决方案这些已经行之有效的成功做法，更快地建立一个可靠、高质量、便宜的信息系统的能力可以为客户提供更多的福利。另外，战略咨询公司要解决的问题在开始往往没有一个明确的解决方案；因而，他们更多地受益于个性化战略，让他们能在讨论中联合同事为每一个独特的问题寻求一个高度定制化的解决方案。因此，编码化知识共享机制较适合其任务或遇到的问题有较强规范性和惯例性质的组织；而个性化的知识共享机制较适合其任务或遇到的问题有更多独特性的组织。

　　二是个人化与制度化机制的使用。当一个组织的规模和地域分散性都增大时，他们需要促进的知识共享要超越小型、共处一地的群体。当项目型组织的员工分布在不同地域，远程工作的情况减少了员工接触到其他可能会让他们借鉴有关经验的员工的概率。它还减少了专业人员关于"谁知道什么"的信息，以知道通过谁可以找到相关有经验的人共享知识［菲恩霍特（Finholt，1993）］。在一个小型、共处一地的组织中，个性化机制可以充分满足组织的知识共享需求，因为员工常常相遇在走廊或自助餐厅里［伊格（Eagle，2004）；富兰克林等（Franklin et al.，2003）］。小型网络确保很容易找到一个人知道另一个人的专长。在一个大型且地理上分散的组织，设法找到使具有正确知识的人互相共享的联系方式是一个挑战 [胡伯斯和伯斯切（Hoopes & Postrel，1999）]。机缘相遇的概率大幅下降。在大型而分散组织要找到对一个问题有具体解决方案的员工也明显变得更加困难。

象限 3 和象限 4 里的制度化的知识共享机制，能帮助大型和地理上分散的组织促进知识共享，跨越更广泛的地理范围以及更大的团队。通过制度化的编码化机制，易于存储和传输的编码化知识能连接大公司分布在不同地理和不同时区的员工，解决空间与时间问题 [古特曼和达尔（Goodman & Darr，1998）]。通过制度化的个性化机制，组织结构和惯例使得个人已不再局限于其个人网络内的接触，他们也能获得他们不一定认识的专家的知识。因此，制度化的知识共享机制更适合大型并在地理上分散的组织；而个人化的知识共享机制更适合于小型而共处一地的组织。表2.17 对应了表 2.16 的知识共享机制框架的配置问题。

表 2.17　项目型组织中分布式知识和技能的知识共享机制配置框架

工作或问题的性质	规模和地域分散	
	小型并共处一地	大型并分散在不同地域
独特的	象限 1：最适合个人化—个性化机制	象限 4：最适合制度化—个性化机制
标准的	象限 2：最适合个人化—编码化机制	象限 3：最适合制度化—编码化机制

资料来源：波（2007）

（四）知识共享机制的新兴趋势

传统的企业发展过程中，一般会倾向于进行知识垄断，即为了保护自身利益而将知识私有化，限制知识进入公共传播领域，或控制知识的传播和扩散。这样就造成了一种恶性循环，如从知识的公共性和专有性角度看，如果知识的公共产品特性占据主导地位，知识生产者的权益得不到必要的保护，而非知识生产者却可以不花钱或花很少钱就能利用他人创造出的知识，这样就会严重挫伤知识生产者发明创造的积极性和热情，知识产出量就会减少，知识垄断现象变得更严重，知识的公共化程度不断降低，甚至导致知识的失传。这对个人和企业的发展十分不利。一般情况下，知识被看作是私有物品被某些组织或组织的某些成员所拥有。但是在 R&D 项目中，为了知识合作与交流的需要，有些知识将成为公共物品以促进

R&D 项目的成功。王敬稳和陈春英（2003）认为解决上述矛盾的方式是知识产权与学习知识共享并举，因为知识产权是用一种市场化的生产方式生产知识，具有清晰的产权边界，知识生产可以与知识消费分离。知识生产与消费之间的交换，是以市场为中介。而一般的资料与学习知识共享则相反，它用非市场化的生产方式生产知识，突破主客体的产权边界，实现生产与消费的直接合一，不一定以市场为中介进行交换。知识以共享方式扩散的过程，既是知识的生产过程，又是知识的消费过程。这样，利用知识产权可以保障知识产权人的利益，而利用知识共享则可以充分发挥其外部性，以支持知识创新。组织可以针对具体的情况，权衡经济利益来选择合适的知识生产方式。类似地，林慧岳等（2002）认为知识具有"波粒二相性"，也就是说，知识是过程与实体的矛盾统一体。作为过程的知识共享要求加大和完善知识交流，以支持知识创新；作为实体的知识共享要求知识产权制度的建立，应注意在知识共享者和知识权利人的经济利益之间保持均衡。

以常见的合作创新为例，由于是以合作伙伴的共同利益为基础，以资源共享或优势互补为前提，有明确的合作目标和规则，基于某种合作契约在技术创新的全程或部分环节共同参与，共享成果并共担风险，合作成员之间形成的是一种松散的组织关系。这样，出于合作伙伴自身的利益因素，它们在合作中经常形成既合作又竞争的态势，不可避免地产生了知识产权风险。针对合作创新的不同阶段，汪忠等（2005）从合作创新的组织特性、知识和知识产权特性与环境的伴生风险三个方面分析了合作创新过程中的知识产权风险（见表2.18）。

表 2.18　　　　　合作创新全过程中知识产权风险及产生阶段

风险名称	产生阶段	风险名称	产生阶段
合作伙伴信用风险	合作关系组建	知识转移风险	合作关系运行、解体
合作契约不完备风险	合作关系组建	知识外溢风险	合作关系解体
信息和知识共享风险	合作关系运行	环境伴生风险	合作创新全过程
信息不对称风险	合作关系运行	网络环境风险	合作创新全过程

资料来源：汪忠、黄瑞华（2005）

而基于前述的知识共享理论研究，本书认为合作创新或合作研发中知识产权风险的影响因素主要有知识特性、合作主体特性和合作联盟特性这三个方面（见表 2.19）。

表 2.19 合作研发知识产权风险的影响因素

因素	与知识产权风险相关的核心内容	相关	文献
知识特性	企业贡献技术知识的核心程度	(+)	沃克（Walker，1988）
	企业贡献技术知识的复杂程度	(−)	切斯布鲁夫和提西（1996）；伯纳特（Barnett，1990）
	企业贡献知识的隐性化程度	(−)	赞德（Zander et al.，1995）；提西（1992）
合作主体	企业和伙伴知识库间的相似度	(+)	雷和鲁巴金（Lane & Lubatkin，1998）；杰夫瑞等（Jefrey et al.，2003）
	合作伙伴的学习动机	(+)	汉默尔（1991）
	合作伙伴的学习和吸收能力	(+)	汉默尔（1991）
	企业员工的保密意识	(−)	诺曼（Norman，2001）
	企业确定的技术知识的共享度	(+)	富兰克（Frank et al.，1995）
联盟	研发任务的可模块化程度	(−)	桂彬旺（2006）
	研发联盟的组织一体化程度	(−)	奥克雷（Oxley，1997）

资料来源：本书作者整理

基于对知识产权共享风险的认识，绝大部分以知识共享为根本要素的知识管理理论中，多数观点对知识产权在其中所起到的作用做了负面的定义，认为知识产权是不利于知识共享的，因为它导致分享知识成果不仅要交使用费，还要受种种约束，显然阻碍了知识共享。但事实上知识产权对知识共享是利大于弊，因为知识产权的产生就是为了平衡知识保护与共享之间的难题，即新知识的发明者通过向多个使用者出售知识使用权获取相应的收益，使用者花少量时间与资金就可以得到相应技术而不用自己从头再来。从这个角度上看，知识产权是一个双赢策略，既可以有效保护知识共享者的利益，又可以让更多的人以较低成本获得所需要的知识。竞争性企业之间的知识共享目前应用较少，因为它涉及企业之间的竞争利益，也是知识共享与知识产权保护产生矛盾冲突最多的领域，这致使企业趋向于把知识共享限于组织内部。针对这种窘境，艾普亚德（Appleyard，1996）对企业应选择对知识保密还是公开的标准进行了分析，得出以下知识共享平衡公式——对于企业 Ei 在时间 t 内提供知识共享，成本（C）和利益（B）的关系必须满足以下条件：$Ei_t [B (L, R, A)] \geq Ei_t [C (D, T)]$，其中：L 为知识许可证贸易收入；R 为使用对方企业技术的合法权利；A 是取自对方企业的知识；D 是由于知识共享后专有知识减少带来的成本增加；而 T 则是知识共享引起的交易成本。根据该公式，如果企业认为排他性地使用一条技术知识比共享知识获益更大，那么企业就可能寻求知识的保密，否则，企业就会寻求有效的共享途径。实践中，随着知识经济的发展，已经有二个产业的例子能更直接地说明竞争性企业之间知识产权共享的确可以成功地实现。

一个例子是全球 IT 产业之间的广泛知识产权共享潮流。如一直被认为是知识产权垄断霸主的微软公司已经于 2005 年 7 月开始实施了一项知识产权共享计划，陆续通过交叉许可的方式与全球数十家公司共享其知识产权，如 2005 年它与日本第二大电子设备厂商东芝公司达成了交叉专利授权协议，双方共享了彼此在计算机和数字电子产品技术方面的专利；2006 年 5 月微软公司又和日本电气公司达成交叉专利授权协议，共享某些专利以加深双方在企业通信网和服务器领域的合作；之后微软还与包括 Novell、三星、LG 电子、富士施乐、精工爱普生以及北电网络在内的多家企业签署了类似的专利交叉授权协议。其中微软与韩国 LG 电子签署的合作协议中，LG 电子有权使用微软专利，其中包括基于 Linux 操作系统的嵌入式设备，而同时微软有权使用 LG 电子专利，其中包括商业解决方案提供商 MicroConnectGroup 拥有的专利。而在我国，联想集团为了弥补收购 IBM 个人电脑业务后知识整合缓慢的问题，积极开展了基于知识共享的分布式创新项目。典型的是 2007 年 4 月 17 日成立了联想—微软联合创新中心，这是微软在全球首次和商业合作伙伴携手建立创新中心，作为企业间分布式创新的新模式，其最大的特点是双方将共享研发项目的知识产权。联合创新中心设在北京的联想研究院内，研究方向为企业计算、数字家庭、智能手持终端等围绕 Windows 增值应用的可直接投放市场的联想产品。联想为创新中心投入约 40 名富有研发经验的工程师，而微软则通过全球不同的技术人员给这些联想工程师分享其创新的理念和技术开发经验，并提供相关的技术培训支持。同时，这些新的技术和产品也将分享给联想分布在全球各地的研发中心，进一步增强其技术及应用的竞争优势。作为全球 PC 与软件领域的领导企业，微软拥有在操作系统、应用软件等领域的强大技术实力，而联想作为全球第三大 PC 企业，在 IT 终端设备的技术创新上具有强大实力。联想与微软共建创新中心成功进行分布式创新，促进了双方优势互补并加速双方的技术成果转化为创新产品推向市场。

另一个例子是全球医药产业日益盛行的知识产权共享趋势。如 2007

年至少有五大制药巨头已经公开了与竞争对手间的合作协议，许诺知识产权共享、科学家共同工作、共同承担新药开发费用及共享未来任何药物的收益。1月，阿斯利康和百时美施贵宝同意共同研发上市两个糖尿病药物；8月，辉瑞和百时美施贵宝宣布最终达成了在全球范围内合作研究、开发及商业化治疗糖尿病药物的协议。先灵葆雅和默沙东共同向 FDA 提交了治疗鼻变态反应药物的上市申请。而我国国家发改委 2007 年 5 月发布的《2006 年生物产业发展情况及 2007 年政策建议》显示，国内新药研发缓慢，并提到：发达国家跨国制药企业在强化知识产权保护的同时，向我国转移研发环节的步伐明显加快；外资通过合作、收购、兼并等合法的资本运作手段，攫取我国即将成熟的科研成果。这反映了我国迅猛发展的药品研发外包所存在的隐患，从事研发外包服务的公司，大部分还只是单纯做合成外包，并不享有产品最终的专利权。知识产权最终归国外企业所有，提供外包服务的企业始终是在为他人作嫁衣，并没有自己独立研发新药的能力。为破解这样的窘境，2007 年 9 月 18 日，上海浦东"张江药谷"的和记黄埔医药（上海）有限公司和世界医药巨头美国礼来公司签订战略合作协议，共同研发抗癌及炎症性疾病新药。此次合作是国外制药巨头第一次将其全新药物交由中国公司研发；同时在国内首试知识产权共享研发模式。其重大意义在于，此次共同研发使得和黄医药全程参与新药研发，了解研发一个新药的所有程序，掌握最关键技术；突破了研发外包只做新药研发中的一个环节，但却不涉及核心技术的窘境。因而将会极大地提高中国企业的新药研发能力，扩大中国在新药研发中的地位和作用，而知识产权共享方式将为国内医药研发公司开拓一条收入更丰厚的研发合作之道。紧接着，2008 年 10 月 15 日美国礼来公司在上海建立礼来全球研发中国总部，显示其将药物研发从自主研发的制药公司模式（FIPCo Fully Integrated Pharmaceutical Company）转变成合作研发的医药网络（FIPNet Fully Integrated Pharmaceutical Network）模式。与大量外部伙伴进行不同层次的合作，使资源得到最广泛的利用，大大增强了礼来公司和合作伙伴的生产效率，加速了药品开发和上市的过程。

上述案例说明，分布式创新过程中既要突破知识产权保护的藩篱，又要合理利用知识产权保护规则。如使用各种灵活的共享方式共享不受知识产权保护的知识，包括尚未获得知识产权保护的知识（如经验、技巧、秘密和技能等）和已经超过知识产权期限的知识；而在法律许可的范围内合理共享受知识产权保护的知识。因而，分布式创新成功的关键环节之一是平衡知识产权共享与保护，一方面像微软公司一样交叉授权，另一方面要在分布式创新过程中清晰界定新增知识产权的归属。从这个意义上看，不同于传统的创新模式，分布式创新过程中已经越来越重视知识产权的共享。

第三节　知识共享与分布式创新的关系研究

一　知识管理已经成为分布式创新的重要支撑

随着研发全球化，知识管理成为一种更加分散和复杂的活动。更强的用户导向、相互作用及跨文化学习带来了全球分散创新模式，即跨国公司不再进行单一、自我封闭的内部中心创新方式，而转向呈分布式和开放式的架构以进行知识生产和应用。要管理分布式创新过程意味着要协调能力、剧烈的市场和技术交互、分散地理位置上的众多知识中心、跨职能整合及相互知识交流。这要求高度灵活的组织能力及向内向外学习的结合。因此，盖瑞巴兹（Gerybadze，2003）认为管理分布式创新过程有四点内容：（1）在同一个跨国公司内部管理分布式知识中心及场所；（2）管理大型企业内独立业务部门及跨部门的团队；（3）整合跨企业分布的能力，涉及供应商、合作企业及价值链不同部分的补充主体；（4）整合知识并管理与外部研究单位和大学有联系的不同网络。上述这些知识管理活动并不仅仅是信息转移及消除信息不对称，而更是一种社会交流过程并要求解决不对称的理解。

跨国公司的全球研发管理及知识管理要解决两个相互强烈信赖的问题：第一是要解决有形、硬并且"客观"方面的问题，即管理者必须决定在哪里做什么：在哪里设置研发部门及在哪里建立或支持基础设施。在全球研发的研究中，这问题经常被归结为"研发的国际配置、研发部门选址决策"；第二个问题则更加关注含义建构及解释，经常被认为是"软性"或"无形"却非常重要（见图 2.42，左边是"软性"或"无形"方面，右边是有形、硬并且"客观"方面的问题）。

从图 2.42 中可以看出，要达到有效的国际沟通和知识管理，必须处理好三个问题，一是要理解知识特性、认知一致性的前提条件，即在跨文

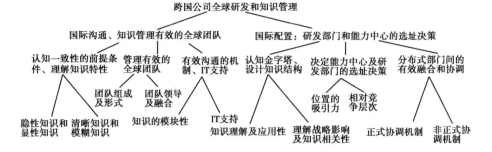

图 2.42　跨国公司全球研发和知识管理内容

资料来源：本书作者据盖瑞巴兹（2003）整理修改

化环境中转移、共享知识的困难；二是要管理有效的全球团队，把来自不同文化背景及专业领域的成员融合一块进行有效工作；三是要提供何种有效的 IT 技术来保障知识共享。对于知识的特性及成员认知的一致性，必须认识到知识除了最常见的隐性和显性特性，在管理实践中还常常发生部分成员的高度显性知识却不为另一部分成员所理解的问题，因而，知识特性还应包含清晰和模糊这两个维度，这样隐性和显性、清晰和模糊这两个维度就构成了完整的知识特性框架（见图 2.43）。清晰知识指所有成员共享相同的参考框架，并用相同的方法解释问题、过程和结果（强认知一致性）；而模糊知识指同一跨国公司内分布式的团队成员沟通过程中使用不同的参考框架，并用不同的方法解释问题、过程和结果，即使他们接触相同的知识库基础。这被称为认知多样性或认知不一致性。

　　而对于研发部门和能力中心的选址决策的国际配置问题，据 50 个大型跨国公司的案例研究结果表明，有三个问题要解决：其一是企业整体知识架构设计怎样？即是否有先决条件支持企业内的中心式结构，或多中心的结构更合适？哪些知识领域应该中心化而其他哪些知识可以分布在不同地点？其二是决定能力中心及研发部门的选址决策标准，及决定它们在跨国企业内的作用与职能；其三是解决分布式部门间的有效融合和协调机制问题。具体来说，影响上述决策的因素主要有四个：第一是具有战略作用且使用特定知识和能力的业务部门及产品团队有重要的影响；第二是已有的能力是一般还是特定的；第三是成熟度和生命周期的考虑也有强烈的影响；第四个因素描述了知识的特性及任务是否容易分解（见图 2.44）。要解决这些问题，必须考虑上述相应的四个因素（见图 2.45）。

	显性知识	隐性知识
模糊知识	现象：误解的问题；信息传递过程中隐藏而间接的成本；国际知识交换的困难。 有效途径：共同的会议以发展团队身份和一致的理解框架；中间阶段工作分布于各地；通过IT交换显性信息；协调和进行项目检查的共同研讨会	现象：非常严重的沟通问题；信息通道过高的成本；位置非常重要。 有效途径：高度专业化及根植于当地的工作组；高度互动的面对面沟通；成员和团队的长期转移以发展其他地方的能力
清晰知识	现象：沟通容易；信息传递成本非常低；全球分布的活动。 有效途径：在全球最佳地点分布工作；广泛使用信息技术；协调者短暂而时常的项目中期会议	现象：清晰但隐性的知识；传递隐性知识的问题；信息通过员工传递；全球传递可行但成本高。 有效途径：到其他地点暂时访问以学习最佳实践；通过派出成员或团队到其他地点达到知识转移；信息技术和书面文件不是非常有效

图 2.43　客观方面对比主观诠释的知识特性及跨地点沟通的有效途径

资料来源：本书作者据盖瑞巴兹（2003）整理修改

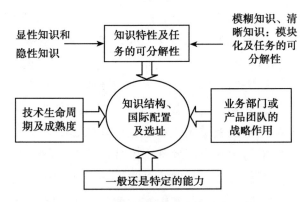

图 2.44　国际配置及选址的影响因素

资料来源：本书作者据盖瑞巴兹（2003）修改

分析比较已有研究，早先有关高度全球化跨国公司的创新和知识管理的研究对于"跨国方案"太乐观，它们高估了全球分散程度及科层控制的减少。巴特尔和古雪（1998）和汉德伦德（1993）提出的跨国模型强调了五种趋势：（1）众多地理上分散的学习中心；（2）下属组织的管理自主性；（3）全球分散部门之间开放且非科层式的知识交换；（4）全球项目和团队的强力作用；（5）信息和沟通技术的广泛应用以推动全球创新项目。

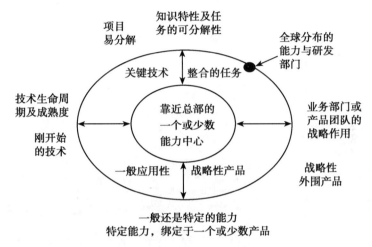

图 2.45　中心式的知识中心与全球分布的研发部门

资料来源：本书作者据盖瑞巴兹（2003）修改整理

盖瑞巴兹（2003）对 50 个大型跨国公司的案例分析表明跨国公司有如下倾向：（1）地理上分散的创新活动增加与大量外国研发部门并不一定意味着非中心化的控制，相反却有着更强集中控制的趋势；（2）对于管理影响、决策权力和对资源的控制，跨国公司存在三层部门，而管理能力及资源分配的决策对于大多数大型跨国公司来说仍然集中于少数几个中心；（3）与"跨国方案"所建议的不同，在不同地点的下属及研发部门很少网络化及相互连接。只有少数领先的第一层部门经常作为网络节点或技术看门者，并且战略信息仍然通过这中心结果传递；（4）开发工作与已有研究建议相比，非常少地分布于不同的地点。全球团队只有在少数产业中伴随有利知识特性的某些开发项目中应用，许多重要的战略性和高度创新的项目仍然要求共同地点及密集的成员互动；（5）使用先进信息技术以作为全球开发工作的驱动力的作用被过度强调。对于跨国公司来说，紧密、互动的工作和现场同步的面对面沟通仍然非常关键。创新项目中的一些次级任务和某些阶段受新型 IT 方案的推动（如支持项目团队的 EMAIL、视频会议等）。但是它们经常只是作为更直接、互动和人际沟通交流形式的补充。

霍艳芳等（2004）认为虚拟企业是适应知识经济时代的新型学习型组织形式，它突破了传统企业的界限，实现了在全球范围内对资源进行动态配置和资源优化。其知识管理的应用模块有自身的特点（见表 2.20）。

表 2.20　　　　　　　　　虚拟企业知识管理应用层模块表

虚拟企业特性	对应的知识管理应用层模块	虚拟企业特性对应模块的需求分析
以项目为基础的流程管理	项目管理系统	包括多个应用模块，通过它们，主导企业能对项目的进度、成本、质量进行控制，掌握联盟企业子项目所处的状态
动态弹性组织	合作伙伴选择机制	包括涉及领域的企业数据库、信用等级状况、专业领域合作伙伴选择评估机制等等
	整合管理系统	对整个虚拟企业成员的知识管理系统进行管理，以保证整个知识管理系统的一致性
	重新规划系统	主要针对因项目变更、成员组成变更或其他变更，进行项目和组织的重新规划
强调专业分工和整合	分类管理	根据产品的分类，对知识进行有效管理，同时结合合作伙伴的专业优势进行合作
分布式决策	权限管理机制	基于知识资料的完整性和保密性，系统必须依据企业联盟管理规则建立资料存取的权限控制机制，使得团队成员根据工作内容进行适当的资料存取活动
	分布式决策机制	虚拟企业的成员在其专业领域内具有很高的决策自主性，拥有足够的权限决定采用何种技术或方法完成任务
跨空间的协同合作	沟通与协调机制	虚拟企业成员依据专业分工及整合原则，来执行项目相关活动，活动之间关联性十分密切，因此团队成员间的沟通与协调非常重要
资源、信息和知识的共享	知识分类论坛	知识分类论坛设立讨论区、公告栏、留言板等，通过虚拟企业员工的参与，达到知识的收集、共享与创新
	信息管理系统	对信息进行价值甄别和管理，保证团队成员间信息渠道的畅通
	网络培训	设置相应的课程，培养虚拟团队需要的人才，完成知识、技术等的分享，有效提高团队的绩效
不同的企业环境	统一平台管理系统	在虚拟企业分散且协同的作业环境下，联盟成员的工作环境、工作方式、资料存储格式、知识管理风格都不一样，因此系统必须具备统一的、开放式的管理平台，进行跨企业的不同环境的管理

资料来源：霍艳芳、刘传铭（2004）

二　知识共享促进分布式创新成功

大量的研究已经证明，创新对组织成长和竞争能力至关重要，它给予组织独一无二的东西，这些东西是其竞争对手缺乏的［提德等（Tidd et al., 2001）］，同时它能带来组织所提供的产品、工艺和服务方面的变化。但是组织经常面临创新的矛盾：一方面它为了竞争必须创新，而另一方面要达到创新它又往往与竞争对手合作［罗伯兹（Roberts, 2002）］。组织要参与分布式创新的原因是出于"共担风险，减少成本及获得已有的熟练员工"［瑞恩等（Ryan et al., 2004）］，如对于医药行业来说，一个新药的成功上市需要 12 年左右的时间及 3.59 亿美元经费（OAT, 1993），单个的企业多数没有能力进行独自创新，而通过分布式创新就能节省时间并能获得自身所没有的能力和技术，这种合作利益可从知识创造、扩散、应用和学习等方面来分析（Tidd et al., 2001）。分布式创新要求独立于不同情景的不同层次的合作，如授权、合同研究和共同开发［汉诺（Haour, 2004）］，多莉和奥苏利凡（Dooley 和 O'Sullivan, 2007）认为在实践中分布式创新过程中有不同的知识交流强度（见图 2.46），其中共同开发有着最强的知识交流。由此带来的挑战包括不同利益者之间的文化差异、认知和地理距离、不同能力和不同的目标［凯思勒等（Kiesler et al., 2002）］，其中知识共享是第一个重要的方面，必须要制定网络之间知识共享的清晰规则；其次是合作者之间的信任程度，瑞恩等（Ryan et al., 2004）认为信任能"最小化机会主义行为并最大化合作行为"；认知和地理距离是第三个重要因素影响分布式创新的成功，虽然信息技术的发展部分消除了地理距离的影响，但是认知距离的存在却突显了显性和隐性知识的不同理解，因而要创造技术及社会基础设施以促进知识共享；第四个影响因素是合作伙伴的选择，相互之间的能力和目标要尽量相近；最后一个影响因素是由于合作而产生的知识产权归属。以一个大学和六个医药企业的某药物的分布式创新过程为例，多莉和奥苏利凡（2007）在奥苏利凡和康米坎（2003）提出的个体创新、项目创新、合作创新和分布式创新四个层次的基础上，以"创新漏斗"为每个层次的具体实施工具，讨论了建立基于互联网的知识基础设施及合作伙伴之间的关系构建。

基于知识的企业观点认为组织知识促进了持续的竞争优势。组织知识从本质上来说是不可模仿和复杂的，并且在组织文化和特性、惯例、策略、系统、文件及单个员工表现出来（Alavi & Liedner, 1999）。21 世纪的广泛全球化促使组织要在跨越时空界限的复杂环境中运营。信息通信技术的进步与组织在多地点运营的发展带来了全球分布式工作的增加。要构

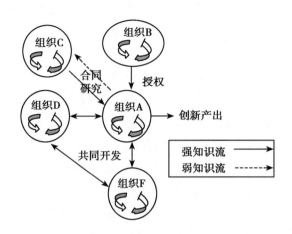

图 2.46　分布式创新中的知识流动

资料来源：多莉和奥苏利凡（2007），p. 399

建并维持竞争优势，重要的是企业应该能整合并应用组织成员的专业知识（Grant，1996b）。对于那些全球分布或通过全球分布的结构（团队）来运营的企业来说，这个要求变得更为重要。因为组织成员是在空间和时间上隔离的，整合单个成员拥有的知识就成了一个挑战性的任务。任务专有的知识除了单个成员拥有外，还内嵌于内容中。对于分布式或虚拟团队来说，为了有效地结果而共享任务相关的知识是必需的。由于外包、全球化、联盟和合资的增加，分布式团队现象在组织中得到了重视。地理上分布的团队的协调与控制更加依赖技术。虚拟的、分布的、非同一地点的、全球虚拟的、分散的等这些词在文献中被交换使用来表示这种新型工作方式，即跨越地理距离分布的成员主要通过技术带来的通信来合作与交流（Webster & Staples，2006；Ahuja & Galvin，2003）。

　　纯粹的虚拟团队其所有成员都是分离的并通过技术设备来交流。对于其他类型的分布式工作，根据任务的性质其团队成员之间的面对面交流定期进行（Maznevski & Chudoba，2000）。

　　虚拟性有三个重要的现象，即：远距离的员工通过通信完成工作；组织是虚拟的；使用虚拟技术。分布式团队可能受制于一个组织、一系列组织（基于联盟的软件开发团队）或没有组织，即所谓的虚拟组织（开放源社区）（Fulk et al.，2005）。根据分布式团队表现出的虚拟性程度，虚拟团队在文献中有不同的定义。最能应用于本研究的虚拟团队定义是

Powell 等（2004）提出的"虚拟团队是地理上、组织上和/或时区上分散的人员由信息和通信技术连接在一起的团队，以完成一个或多个组织任务"。

分布式团队的优点是不管团队成员之间的地理间隔，来自不同地方的知识能被聚集并使用。在动态变化的任务要求为特点的全球业务环境中（Jarvenpaa & Leidner，1999），分布式团队也能提供灵活性（Mowshowitz，1997）、反应能力、低成本及资源利用的改善。通过把分布式团队的成员放到跨越全球的时区中，组织能受益于这种全时的工作（Griffith et al.，2003）。共处一地的团队其成员利用相似的社会网络及知识资源，这导致了任务相关信息的高度冗余（Granovetter，1973），与此相反，分布式团队的优势是能获取独特的信息及"诀窍"，这导致了创新和创造力（Ariel，2000）。

分布式的工作有几个挑战。在分布式的环境下，与任务协调和团队沟通的相关问题变得很低效，尤其当团队的分布度很高的时候。还有许多分布式团队基于现有的通信技术来"适应它们的相互交流"（Kiesler & Cummings，2002）。另外与分布式团队有关的挑战是团队成员之间信任的缺失，就是有信任也是"短暂的"，从本质上来说是暂时的（Jarvenpaa et al.，1999），并且团队成员之间的冲突是源于共同的社会背景（Hinds & Bailey，2003）。许多分布式小组尽管有普遍技术缺陷，它们还是发展了很强的小组个性（Kiesleretal，2002）。另外的问题包括严重依赖技术去解决协调和沟通的问题。尽管分布式的组织形式带来了这些挑战，越来越多的组织采纳它以应对竞争。因此，有必要了解那些主要资源是知识的组织如何应用并整合分布式的知识。

现在还几乎没有实证研究来探索虚拟团队的动态本质（Davidson et al.，2003；Weiss et al.，2001）。对这样团队的概念与实证的理解还未充分发展（Martin et al.，2004；Bell & Kozlowski，2002）。许多研究还集中于用于研究共处一地的团队的模型去理解虚拟团队的效率。而随着市场边界的变化，组织不再局限于一个地方。组织应对多个市场，这要求产品和服务是创新的、更快地推向市场，并且成本要经济。在这样的动态情境中，一个组织拥有的知识对于胜过其竞争对手就变得关键。内外部的知识共享和信息交换帮助组织的工作小组（或团队）取得有效的成果（Cummings，2004）。已有文献研究了组织中知识共享的多个方面，如跨组织次级单位的隐性知识的转移（Zander & Kogut，1995），交换过程中双方主体的关系本质（Tsai，2002），以及寻找转移问题（Hansen，1999）。文献重申了知识共享对有效的团队绩效的重要性（Faraj et al.，2000；Townsend et al.，1998）。组织间不能转移知识阻碍了最佳实践的共享，因此导致了对企业认知资源的有效利用（Szulanski，2000；Argotey，1999）。GPD 分布式工作带来的一个好处是能接近不同的知识来源，但是由于沟通和协调对分布式团队的运作构成了挑战，研究是什么因素影响了知识共享过程就成了重要话题。商业周刊调查服务公司（2006）的调查报告总结了 GPD 过程中对知识共享的影响因素及其应对的主要措施（见表 2.21）。

表 2.21   GPD 知识共享影响因素及应对措施

GPD 因素	改进 GPD 知识共享主要应对措施
协作	尽早购买和集中协同及通信工具，这样避免每个部门建立自己的技术框架 为参与协作的工作组提供真实可靠的动力
知识产权（IP）保护	激励员工申请和归档专利 平衡 IP 保护与共享，在共享基础上促进创新 避免 GPD 合作伙伴的人员流动频繁
工程效率	尽快停止和处理有问题的工作，不要把工作进展到问题必须解决的阶段 谨慎选择产品开发合作伙伴——基于认知与信任
严格的学习和知识管理	编写有关流程、实践和标准的文档，以降低培训、过程和生产过程中的冗余和重复工作 让管理和经理异地轮岗（互相协作），使知识能在机构内广为传播（尤其在转变到 GPD 的过程中）
创新和质量	把质量定为成功的第一要素，并明确规定团队小组考核以质量为基础 为创新留下空间 要对每个地域制定技能规划，要倡导一种基于地域的技术中心模式（模块化）
管理组织变更	安排专门人员全职处理 GPD 变革和操作——不应由人兼职 长远考虑并坚持到底，它会比反复选择新合作伙伴效果更好
管理控制	建立强有力的设计权威来制定集成标准，推动网络内部的兼容性 CEO 直接参与 GPD 项目 要具有 GPD 项目质量和进度等方面的内容

资料来源：商业周刊调查服务公司（2006）

第四节　与本研究相关的其他理论综述

一　组织学习理论

"组织学习"（organizational learning）和"知识管理"（knowledge management）是如今企业管理界经常使用的术语。关于这两个概念的学术讨论可以追溯到 20 世纪 60 年代，但直到 90 年代，这些讨论才引起管理人员的重视。虽然一般观点认为，组织学习和知识管理是紧密相关的两个概念，但是长期以来，这两个领域的学者存在互相排斥的现象，组织学习的研究者避免使用术语"知识"，而知识管理的研究者也同样避免使用"学习"这一术语（Sheller, 1998）。

胡伯（1991）把组织学习的内容有系统地建构为四大程序：（1）知识获取（knowledge acquisition）：系指经由天赋、经验、委托学习、移植、搜寻等方法来获取知识的过程；（2）信息散布（information distribution）：系指分享不同来源的信息并因此获得新的资讯及了解的过程；（3）信息解译（information interpretation）：系指赋予信息定义的过程及解释事件，发展共享的了解，及概念架构过程；（4）组织记忆（organizational memory）：系指储藏知识以供未来使用的方法。

野中郁次郎（1994）指出组织内部知识创造的过程应包括五个阶段：（1）个人知识的扩大：扩大组织知识的第一步就是要扩大个人的知识，其中包含可言传及不可言传的知识；（2）分享知识和概念化：在团队中成员借由彼此连续对话和互信的建立，可以将不可言传的知识概念化；（3）具体化：新创造的组织必须进一步以产品或系统等型态将它具体化；（4）知识合理化：将收敛、过滤所创造出的知识加以评价，以决定新知识对组织及社会的价值程度；（5）知识的组织内化：将组织整合至组织内的知识网络中。

奈维思等（Nevis et al., 1995）修正了 Huber 的模式，将组织学习的过程整合成三个阶段：

（1）知识取得：组织发展或创造技术、洞察力、关系等。

（2）知识分享：扩散学习的成果。

（3）知识的使用：属于学习过程中的整合阶段，使得学习的成果可以被广泛的取得且能一般化，而适用于新的情境。

海勒洛德和西蒙尼（Helleloid & Simonin, 1994）认为一个完整有效的组织学习应该包括四个过程：获取（acquisition）、处理（processing）、储存（storage）及增补（retrieval）。获取信息与知识是基本的步骤，其方法有五种：内部发展、外部协助内部发展、在市场上购买、公司彼此间之合作互补以及购并取得，它会影响后面三种过程。但后三者也很重要，唯有这四项步骤做完善的配合，才会有效提升公司的核心专长并创造出自己的学习风格。

辛库拉（Sinkula，1994）则提出组织学习是由三个阶段的过程所构成：信息取得（information acquisition）、信息扩散（information dissemination）及分享解释（shared interpretation）。

阿吉瑞思（Argyris & Schon，1978）关于组织学习的经典定义强调认识和行为之间的相互关系，认为组织学习过程既包括认识方面也包括行为方面的改变。他们指出，个人和小组通过理解及行动来进行学习，或者通过行动后的解释来进行学习。这一定义包含这样的思考：即组织学习是个人共享思维及行动变化的过程，它受到组织影响，并根植于组织机构之中，当个人和小组的学习机制化以后，组织学习就发生了，知识嵌入企业规程、系统、结构、文化和战略之中。组织学习系统是由不断进化的，存储在个人、小组或组织中的知识所组成的，并形成企业的基础设施以支持企业的战略形成及实施过程。

而另外的学者提供了不同的模型来解释不同层面的学习，并从系统的视角来研究组织学习问题，如解释系统（Daft & weick，1984）、实践共同体（Brown & Duguid，1991）、对话（Isaacs，1993）、记忆（Casey，1997；Walsh & Rivera，1991）等等。最后，由于组织学习本身变化的特质，组织学习研究也和组织进化、变革及自我更新（Crossan et al.，1999）紧密联系，以应对不断变化的环境挑战。其中，圣吉（1990）把组织学习与学习型组织联系起来，认为学习型组织是"人们不断扩张他们的能力，创造他们想要的结果，拓展和丰富思考的模式，集体创新，并不断学习如何学习的场所"。

组织学习理论与知识管理理论有其重合的领域，也有各自的侧重点，图 2.47 揭示了组织学习与组织知识二者的研究范围及它们的重合区域。

（1）这两个领域均有规范性研究的组成，组织学习文献厘清了"组织学习"和"学习型组织"概念的差异，同样，"组织知识"和"知识管理"概念也存在相似的区别：组织知识丰富的学术根基强调"什么是组织知识"及"组织知识有什么类型"等问题；相反，知识管理主要是向经理人员提供信息技术解决对策以及如何管理组织知识的规范性建议。

（2）组织学习与组织知识的一个重要区别在于：组织知识主要关注知识作为一项资产和存货而具有怎样的性质，而组织学习则主要强调知识变化或流动的过程。也就是说，这两者在研究"什么被学习"以及"学

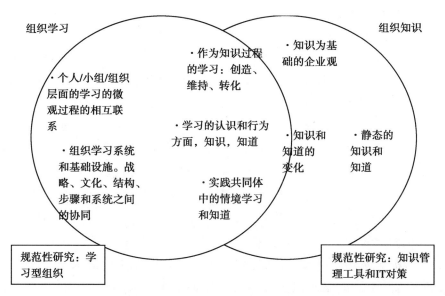

图 2.47　组织学习与组织知识的研究范围

资料来源：龙静（2008）

习的过程"之间存在着差别。组织知识更具有静态的含义，它强调内容；而组织学习则更具有动态的含义，它强调知识的变化过程。

（3）尽管我们区别了静态的知识和动态的知识，它们二者之间仍然存在着重合，因为在组织知识的研究中一直存在对知识进化的研究，例如对知识转化和知识开发过程的研究（Argote & Ingram，2000；Nonaka & Takeuchi，1995）。

（4）组织学习与组织知识理论也有重合，因为学习被定义为获取知识的过程。例如，爱格特（Argote，1999）将学习定义为"知识的获取"，即"组织成员共享、形成、评价、连接知识的过程"。同时，正如前一点所提及的，知识也不再是纯粹的认知过程，当静态的知识为动态的知识所取代时，理论研究也从单纯管理知识资产转向研究与知识相关的过程，如知识的创造、维持和转化过程，从而更容易将组织学习和组织知识连接起来。

（5）从社会结构主义角度来看，组织学习与组织知识都承认学习和知道是根植于一定的环境中的，其基本观点是：学习和工作是不可分割的，知识存在于社会分散活动系统中，而参与者运用他们在一个不断变化的背景中的情境知识来学习，为了应对变化的环境，参与者进行学习活动，从而他们的知识和行为不断地积累、发展。

（6）从分析层面的角度来看，组织学习和组织知识领域的许多研究者（如 Crossan et al.，1999；Kogut & Zander，1992；Nonaka & Takeuchi，1995）均提出知识存在于或学习发生于个人、团队、组织、组织之间或网络之间等四个层面。这四个层面的分析衍生出大量的相关研究，如学习联盟、合资企业、战略团队及企业间关系等。当然关于这四个层面的分析也存在一些争议。例如，西蒙（1991）指出，"所有的学习都发生在个人的大脑中，组织只能以两种方式学习：一是通过其成员的学习而学习；二是通过招聘拥有组织所没有的知识的外部成员来学习"。而 Hedberg（1981）则提出相反观点，他认为"尽管组织学习是通过个人发生，但也不能错误地认为组织学习仅仅是个人学习的集合——成员来了又走，领导换了又换，但组织记忆始终保留着某些行为、智力图、规则和价值观等，这些并不随时间而变化"。纳尔逊和温特（Nelson 和 Winter，1982）进一步描述了组织层面的知识，指出组织规程是组织的基本物质，它们一部分显性存在于官僚制度规章中，另一部分则隐含于组织文化中。本书亦倾向于后一种观点，即认为组织学习不仅仅是个人学习的总和，组织作为一个整体具有学习、知道和记忆的能力，企业中存在非人类的知识库和组织学习系统。

（7）一旦确认了不同层面的分析，还需要形成相应的理论来解释某一层面的学习和知识如何转变为另一层面的学习和知识。Schwandt（1995）的动态组织学习模型就是这样的理论之一。在这个模型中，组织学习是一个动态的社会系统，它被定义为综合"行为、行为者、象征和过程"的系统，使"组织能够将信息转化为有价值的知识"，并且"提高组织的长期适应能力"。此外，克洛松（Crossan et al.，1999）、野中郁次郎（1995）以及思班德（Spender，1994，1996）的研究也是多层面分析的例子。

基于对这些研究的分析，我们认为组织学习理论比组织知识理论的研究更前进了一步，因为它提供了关于学习是如何在个人、团队、组织层面发生、一个层面的学习如何影响其他层面的学习，以及知识如何从一个层面流向其他层面的多层面理论分析框架。而组织知识理论在这方面的讨论仅仅局限于隐性知识和显性知识之间的转化，以及人与人之间的知识转化。例如，思班德（1994，1996）整合了隐性知识和显性知识，并结合

个人与社会两个层面，提出四种类型的组织知识：意识性知识
（conscious）、自动的或非意识性知识（automatic or non-conscious）、目标
或科学知识（objectified or scientific）、集体性知识（collective）。他分析了
每种类型知识的"行为"范畴，将学习描述为从一种类型的知识向另一
种类型的知识的转化过程，而在这样的学习过程中所包含的认知和行为过
程可以为企业提供有用的规范。

（8）为了进一步发展组织知识理论的多层次分析，组织知识理论也
需要建立不同层面的知识过程之间的联系。例如，对某个人而言的知识共
享（knowledge sharing），对一个团队来说就是知识获取（knowledge acqui-
sition）；对某个人而言的知识创造（knowledge creation），对一个团队来说
可能就是知识达成（knowledge access）。又如，在团队层面讨论知识转化
过程时，知识发送方的知识转移活动如果从知识接受方的角度来看就是知
识获取。这些例子表明，组织学习和组织知识理论包含许多相似的知识过
程，因此可以建立一个统一的将不同层面的分析过程连接起来的理论
框架。

关于学习和知识对企业业绩的影响，不同的学者持不同的观点。有些
学者认为它们之间存在正相关关系。例如坎吉洛思和弟尔（Cangelosi 和
Dill，1965）认为"学习可以改善业绩"，菲尔和利勒恩（Fiol 和 Lyles，
1985）也指出学习"将会改善企业未来的业绩"。以知识为基础的企业观
进一步提出了知识和业绩之间存在正连接，独特的、有价值的、稀有的、
无法模仿的、不可替代的知识将会导致企业的竞争优势。

另外一些学者（Argyris & Schon，1978；March & Olsen，1975）则否
认学习、知识和组织业绩之间存在直接的联系。

新近的研究（Bontis et al.，2002）提出了"学习的有效性"概念，
即学习或知识并不是越多越好，只有当它们能引导组织相关领域行为时，
即具有有效性时，才能提升企业的业绩。在这一思路的基础上，我们在学
习、知识与业绩的整合框架中提出"相互协同"的概念，用来指代企业
业务战略与学习/知识战略的协同，它是学习、知识能否对业绩产生影响
的"调解器"。我们认为，如果学习、知识与企业目标不相关，则它们不
能对业绩产生正的影响；而要让知识成为竞争优势的来源，企业必须要将
它的学习/知识战略与业务战略匹配起来。当企业的学习/知识战略与业务
战略相匹配，则学习、知识对业绩的影响就是正的；反之如果不能匹配，

则学习、知识就不会影响业绩或甚至负面影响业绩。同时，在学习/知识与业绩的相互协同中，创新起到了明显的中介作用，这一点在谢洪明等（2006）的研究中也得到了的实证检验。

思拉特和纳弗（Slater & Narver，1995）则认为领导行为与组织学习两者的关系是相辅相成的，领导行为必须结合组织学习才能有效地提升组织绩效，甚至可将组织学习视为领导行为影响组织绩效的中介变量。而思克奴拉（Siknula，1999）经由实证研究，对430家美国公司的行销部门与非行销部门之最高主管所作的调查显示，发现组织的学习导向（即更高层次的组织学习）与领导行为个别对绩效均有显著的正向影响效果，且学习导向与领导行为则对绩效有综效的影响，亦即一个组织没有很强的学习导向，领导行为的行为则很少能比竞争者更快速地改善绩效。

二　社会网络分析理论

近年来，随着图论、概率论以及各种几何学的发展和完善，社会网络分析（social network analysis）作为一种应用性很强的社会学研究方法（取向）越来越受人瞩目。

（1）社会网络分析及其主要内容。在社会学中，网络研究通常有两种视角：第一，将网络视为一种分析工具，凭借这种工具可以厘清行动者之间、行动者与其环境之间的关系；第二，将网络视为由行动者之间的关系所构成的社会结构，此时关系本身成为研究的对象。研究内容有"网络"、"网络结构"、"结构洞"、"小群体"（clique）、同位群（block）、社会圈（social circle）以及组织内部的网络、市场网络等特殊的网络形式。根据分析的着眼点不同，社会网络分析可以分为两种基本视角：关系取向（relational approach）和位置取向（positional approach）。关系取向关注行动者之间的社会性黏着关系，通过社会连接（social connectivity）本身如密度、强度、对称性、规模等来说明特定的行为和过程。与此同时，位置取向则关注存在于行动者之间的且在结构上处于相等地位的社会关系的模式化（patterning），它讨论的是两个或以上的行动者和第三方之间的关系所折射出来的社会结构，强调用"结构等效"（structural equivalence）来理解人类行为。

（2）社会网络分析的基本特征。第一，社会网络分析蕴含了一些社会学的基本假设，如个人和社会之间的关系、微观和宏观之间的关系等，它反对只用行动者的绝对特征（categorical attributes）来解释人类行为或社会过程。第二，社会网络分析反对任何文化论（culturalism）、实在论（essentialism）和方法论个人主义（methodological individualism）。第三，社会网络分析反对过分强调行动者的目的性行为，反对将社会过程视为行动者有意识行动的结果。第四，社会网络分析与主流社会学中的实证、定量研究显著不同。不管网络中的行动者处于哪个层次（个体、群体甚至社会），网络分析的目标都是通过对行动者的分析获得关于整个网络的知识。张存刚等（2004）认为网络分析形成了一种有趣的"二元论"现象：在这种分析方法中，群体的性质往往是由其内部行动者之间的互动（intersection）决定的，而这些行动者的互动则是由他们所处的群体之间的互动决定的。因此，网络分析必须同时兼顾个体和群体两个层面，并在宏观和微观社会实体之间建立沟通的桥梁。

总体来看，社会网络分析在企业知识管理中的应用研究可大致分为如下几个方面：一是从理论上探究社会网络分析是企业实施知识管理的一种工具。汉森（1999年）首次把社会网络分析作为一种收集和分析群体中人际间联系模式的诊断方法引入知识管理领域，他用社会网络中的弱联系（weak ties）解释组织内部知识转移问题。结果发现，部门间的弱联系（weak interunit ties）有利于发现存在于其他部门的有用知识，但却不利于部门间复杂知识（complex knowledge）的转移，当存在强联系（strong ties）时才能实现复杂知识的转移。2000年，IBM知识基础组织学院首次提出社会网络分析作为一项知识管理实践，被认为在组织知识创造和分享过程中发挥着重要作用：如识别组织中促进信息、知识有效流动的核心人物；识别组织内部网络中的边缘人物；辨识某一小组与整个网络的关系。据此IBM开辟了"创新智慧园"，可直接接收全球30多万名员工提交的创新想法和实施方案，加快知识流通，促进知识共享。帕克（2001）认为，社会网络分析的确能够促进非正式组织间的知识流动，改善正式组织内部的知识活动，推进部门间的合作。泰思（Tasi，2001）指出，在组织内部的知识转移中，网络位置影响新知识的吸收能力和业务单位的创新和绩效。社会内聚力（social cohesion）与网络范围（network range）对知识转移的效果远高于个人之间强关系的作用。安克兰姆（Anklam，2003）认为，社会网络分析是支撑战略知识管理的强有力的诊断工具。人们一旦掌握了这一分析工具，就能够利用它来改善知识和信息的流动，促进企业知识管理战略的顺利实施。二是从应用的角度来探究社会网络分析在企业知识管理活动各环节的应用。克洛思（Cross et al.，2002 年）建立了一个知识获取模型，认为"知道（知道那个人知道什么）"、"通道（能够及时得到那个人想法的途径）"和"成本（认识到从那个人那里找到信息所要花费的代价）"这三个变量影响知识获取。李久鑫（2002）以社会网络视角定量地解析了市场知识活动、R & D 活动、决策活动等代表性的企业知识活动，并提出了一个可供实际操作的企业知识管理活动成熟度模型（EKM-AAM）。爱伦（2007）等探讨了企业研发中的非正式网络在知识开发、知识转换和知识分发中的角色。三是从综合的角度研究社会网络分析在企业知识管理中的应用。卡密斯等（2004）分析了关系节点、网络结构与工作绩效的关系，认为网络结构使一些关系节点可以获得其他节点得不到的信息；中介中心性可以使个人的信息网络和意识网络完美结合，充分利用网络中的资源，促使工作绩效的大大提高。伯克（Birk，2005）则研究了如何利用 SNA 评估一个组织的知识能力，结果发现社会网络分析是描述网络成员与专家之间联系的好工具，因为它能使不可见组织间联系成为可见；而社会网络分析可以为企业管理者快速了解企业的知识能力提供系统的方法，因为它能使管理者对企业活动所需专业技能的潜在所有者的网络分布有一个清晰认识。雷伯韦兹（2005）认为，"区间测量"可用于人际网络分析，用以判断组织中个体之间、部门与部门之间联系的紧密度，而"层次分析法"有助于发展这种区间测量，最终完善知识地图。Xu（2005）提出企业内外部都存在网络，企业内网是由员工组成，企业外网是由供应商、买方和股东等组成。而企业知识管理战略的顺利实施有赖于这些网络的良好构建，因为内外网的网络结构和联系都会对企业知识管理活动中的知识挖掘、知识发现等产生重大影响。罗家德（2005）系统地总结了社会网络分析的理论架构，直观地概况了大部分已有研究的主要内容（见图 2.48）。

总的来说，社会网络分析在知识管理中的应用虽然只是在近几年才兴起，但作为一种定性与定量相结合的实证方法，它能够确实为知识（特别是隐性知识）创新、获取、转移、共享和扩散每一环节提供强有力的工具。学术界对社会网络分析与知识管理交叉研究开始较晚，目前还缺乏利用社会网络分析工具诊断和发现企业知识活动中存在的问题，从而针对问题从理论与实践的角度提出相应对策的研究。

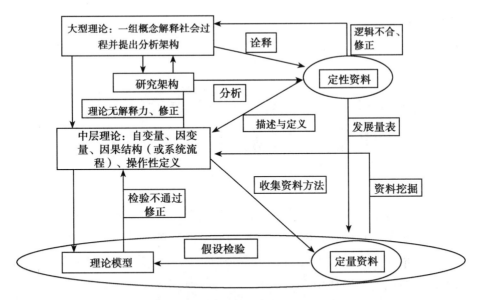

图2.48　社会网络分析假设检验工作图

资料来源：罗家德，2005

第五节　本章小结

　　本章主要是对分布式创新理论、知识管理理论及知识共享理论做的一个详细的文献综述，另外还对与本研究相关的组织学习理论和社会网络分析理论做了简要的回顾。对于分布式创新理论，本章从其研究背景、研究趋势和研究现状三个方面进行了详细的归纳总结。并在此基础上进一步分析了分布式创新的内涵特征、动机、管理挑战、与其他创新模式的比较以及和创新绩效的关系等。通过上述两部分的研究，本章还总结了分布式创新研究的主要进展、主要结论及需要研究改进的地方。对于知识共享理论则是先从知识管理理论的定义和模型来解析知识共享的作用特点，以及企业实施知识管理过程中知识共享的特点。在此基础上进一步研究了知识共享的含义、障碍因素及主要的知识共享模式和新兴的模式。本章还对知识共享与分布式创新的关系进行了梳理。

第三章

我国企业分布式创新知识共享
机制的探索性案例研究

本章通过案例研究的方法，探讨分布式创新的构成要素及其过程中的知识共享机制，作为建构实证研究模型的实践基础。就研究目的角度，这里进行的是探索性的案例分析，而不是验证因果关系的解释性案例研究。此外，从前面文献综述中可以发现，已有的研究很少涉及分布式创新的要素解构，尤其是该过程中知识共享机制的情况，因此本研究主要的理论假设只能基于零散相关的研究结论。在这种情况下，案例研究方法可以增强研究结论的解释力度（Benbasat、Goldstein & Mead，1987），并且对探索性的研究有着实证意义上的贡献（Oshri & Newell，2005）。

第一节　案例研究方法

笔者从实地调研的企业项目中，选择了三个典型的分布式创新项目作为案例分析的对象：上海冷箱的计算机集成制造系统（Computer Integrated Manufacturing System，CIMS）项目；吉利集团的金刚汽车项目；海尔卡萨帝法式对开门冰箱项目①。这三个项目都符合所有关于分布式创新的定义：项目成员来自不同的组织并分散在不同地方、项目按照技术划分模块、项目领导模式灵活、协同技术大量利用等。

在资料收集方面，本研究根据拟研究问题，结合访谈提纲采用开发式和半结构化问题的方法进行访谈，同时对访谈内容进行现场记录。此外，笔者还通过收集三个分布式创新项目的二手资料如公司相关项目简报和企

---

① 这三个项目分别来自于笔者于 2004 年、2005 年、2007 年在中集集团、吉利集团和海尔集团的调研。并于 2008 年 8 月份进行了补充调研。

业内部刊物等，并结合访谈记录材料整理出书面稿。该书面稿经过这些项目的项目经理和相应企业的高层管理者过目同意后，经过一定的删除修改，才成为本案例分析的基础内容。

对于这三个分布式创新项目，笔者对参与的项目组成员进行了访谈：项目负责人、公司管理层，以及参与到项目中的普通成员和外部专家等。访谈所涉及的话题包括项目背景、项目管理、知识管理实践、与其他参与创新互动的合作伙伴关系等。而且，对于不同的访谈对象，谈话的侧重点有所不同。这样多层次的面对面访谈帮助我们对项目创新流程和项目创新绩效的结合有了一个较为清楚的理解，有助于我们认识创新过程中的各种知识共享活动。

第二节　上海冷箱 CIMS 创新案例

上海中集冷箱有限公司（以下简称上海冷箱）是一家大型制造企业，成立于 1995 年，投资 6500 万美元，于 1996 年建成投产，2006 年公司实现销售额 2 亿美元。自 2000 年以来，公司主导产品全部出口海外，连续 7 年保持了国际市场占有率世界第一的地位，其全球市场占有率达到 35%。1997 年 9 月通过了 ISO 9001 质量体系认证，2000 年 9 月获得了 ISO 14001 环境管理体系的认证。公司 2000 年被认定为"上海市高新技术企业"，公司技术中心被认定为"上海市企业技术中心"。由于上海冷箱一直重视企业信息化工作，建厂初期就规划了企业内部信息网络系统、计算机辅助设计系统和物料管理系统，如 CAD（计算机辅助设计）、CAM（计算机辅助制造）和 MRP、MRP Ⅱ（管理信息系统）等。但是从 1999 年开始，面对变化莫测的市场环境和日益增多的"个性化"需求，公司传统的设计开发、产品数据管理、工艺设计管理、生产管理等模式已经越来越难以应付市场变化的需求。技术部天天加班还赶不上市场部的报价要求，采购部连连告急还不能按期拿到材料，生产计划一个月变几次还是不能满足顾客的交货要求。面对这一系列问题，公司管理部经过半年多时间的深入调查，决定先从技术部入手，把管理信息系统和技术信息系统结合在一起构成统一的计算机集成制造系统，以此来提高技术部的综合技术管理能力和市场的快速反应能力。CIMS 特点是在信息技术自动化技术与制造的基础上，通过计算机技术把分散在产品设计、制造过程中各种孤立的自动化子系统有机地集成起来，形成适用于多品种、小批量生产，实现整体效益的集成化和智能化制造系统。

一 计算机集成制造系统创新过程分析

项目分布式结构。这主要包括项目成员分布及模块化划分。公司于1999年上半年组成了以公司高级管理层和集团信息部为项目组长兼总设计师，并由相关部门业务骨干及另外三家公司参与的CIMS联合项目组（见图3.1），并于当年6月成为"国家863/CIMS"应用示范企业。

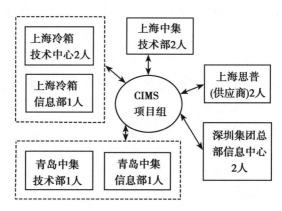

图3.1 上海冷箱CIMS项目组三地四处分布图
资料来源：本书作者整理

CIMS项目主要划分了以下几个子模块系统：DH-PMS系统、DH-CAD系统、DH-CAPP系统、与MAS系统的接口；制定了一系列规则，如产品编码规则、部件编码规则、零件编码规则、CAD制图规则、物料编码规则等等（见图3.2）。同时对前三年的部分产品数据和物料数据进行整理和标准化工作，并把已经规范化的基础数据录入系统中。

项目成员分布式认知。由于项目成员来自不同公司，因此他们之间的信任、分布式领导关系及认知相似度成了影响该项目实施的重要影响因素。项目计划分了三个阶段实施：一是需求分析和方案设计；二是CAD二次开发、模板管理、编码及与PDM集成实施；三是报价系统开发、箱号管理、物料、材料价格维护及MAS与PDM集成实施。为了促进项目的顺利实施，公司成立了CIMS项目领导组和项目工作组。领导组的组长由集团副总裁、上海冷箱总经理担任，组员包括上海冷箱主管信息的副总、青岛中集公司主管信息的副总、技术中心主任和上海思普总经理。但是领

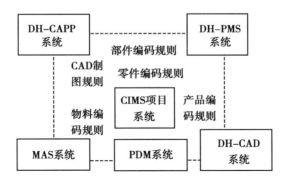

图 3.2 上海冷箱公司 CIMS 项目模块化子系统及接口

资料来源：本书作者整理

导组主要只是负责合同审批、重大问题协调、进度监督等，最主要的是由上海冷箱、上海思普公司和青岛中集公司技术中心及信息部组成的项目组，由上海冷箱技术中心主任担任项目组长。他们负责项目实施日常工作，项目的进展采用周报制向领导组汇报。项目成员的分工为：组长负责方案审定和项目管理协调；技术中心成员进行方案审定、数据整理、操作培训；信息部成员参与方案审定、系统调整调试，维护培训；上海思普公司负责方案设计、系统开发、安装调试、总体培训。另外他们要协商两个企业的编码统一、工作程序改变等内容。

项目的实施过程中，得到了项目领导小组的高度支持，一方面是同意立项、支付费用；另一方面还包括相关高层领导对项目的了解、理解和支持，充分应用系统，协调组织关系。由于项目组长是信息技术领域的专家，因而在负责项目实施的过程中，在项目成员之间有极大的威信，通过明确各项目成员的责任和权利，即发挥了项目方向的主导作用，同时又鼓励了项目成员的潜力发挥，对项目的过程管理起着关键性作用。另外，在项目的实施过程中，项目组骨干起着沟通企业与供应商桥梁的作用，对项目的实施起重要作用。另外，由于项目成员全部来自技术和信息部门，一般都具有工程师和助理工程师的职称，专业技术背景或相近或互补，给项目的顺利开发奠定了基础。更值得注意的是，由于集团公司与上海思普公司合作以来，PDM 软件的应用从总部到试点企业、再到其他各个下属工厂、再到上海冷箱，上海思普公司的项目主管自始至终，同时其主要技术人员相对稳定，避免了人员变动造成的前后衔接问题。针对此项目，上海思普公司总经理挂帅，专门成立了 CIMS 项目开发应用部门，如此形成的成员之间良好长期的合作伙伴关系是项目成功的关键因素。而在这之前，实施 CIMS 一期工程时，上海冷箱曾选择了一个高校作为总包供应商，而在项目完成后希望再次发展应用时，发现原来的开发人员基本全部流失，人员之间不熟悉又无法短期内建立信任关系，项目组无法在原来基础上继续开发应用，一些工作只能从头重新开发。

项目分布式协同。CIMS 项目在开发过程中应用国产化软件 MAS、计算机辅助工艺（DH-CAPP）、产品数据管理系统（SIPM/PDM）、白玉兰 CAD（BYL-CAD）等。并还自主开发了三项软件：冷箱报价系统（DH-QMS）、冷箱设计支持系统（DH-ICMS）和冷藏箱物料编码系统（DH-ICMS）。另外还建立了统一的网络与数据库支持环境，实现了工程技术系统中相关子系统 CAD、CAPP、PDM 的集成、工程技术分系统与经营管理分系统的集成即 PDM 与 MAS 的信息集成。在 CIMS 系统开发中 PDM 系统是核心。该系统是为解决基于上海冷箱、青岛冷箱、中集冷箱技术中心的多工厂异地的协同设计、协同制造而建立的跨区域的工程数据管理平台。它包括材料管理器、零件族管理器、BOM 管理器、图档管理器、产品设计、通知管理、截面管理等主要模块。它具有明细表编辑、序号标注、明细表绘制、零件定义、零件参数化、模板管理、截面管理等 CAD 系统和 CAPP（计算机辅助工艺设计）系统功能。在整个项目过程中，该系统技术实现了两地三处的数据协同。技术中心、上海中集和青岛冷箱厂可实时利用系统中所有的部件、零件、物料、截面、模板等信息。技术中心完成的产品可下发到工厂进行详细设计。系统允许用户进行冷藏箱结构配置、零件的参数化设计、BOM 自动生成等。

项目实施过程中的知识共享实践。首先，项目进行了有效的各种文档资料共享。PDM 项目管理的是企业产品数据，由于历史原因，企业的大量数据中存在着少量的不规范数据，数据的整理需要大量的时间。因而首先要设立简省、直观、科学、前瞻的代号编码规则。在物料编码方面，以上海冷箱为主、青岛中集公司为附，主要物料与集团总部力争一致，产品用材料统一上海冷箱与青岛中集公司的编码。项目在实施时首先在上海试点，再到青岛推广应用。该项目上海冷箱整理物料 4000 多条，青岛 3500 多条，重新编码 600 多条。数据整理的工作包括确定企业产品、部件、零件等代号编码规则、外购件（物料）的编码规则、整理企业的物料清单、设计图档、技术文档等。根据 PDM 系统的箱型、客户、产品的管理方式，分别维护输入客户要求、产品说明书、产品技术要求等信息，而由于企业图档量大，且存在着少量的不一致，因此采用边应用边整理、逐个产品推进的模式（知识共享协同网络见图 3.3）。

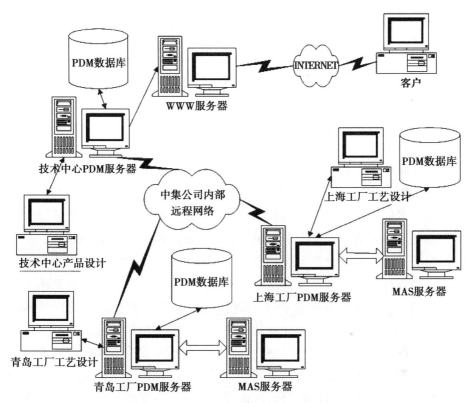

图 3.3　CIMS 项目知识共享协同网络

资料来源：刘春峰（2003）

　　另外，除了上述标准的数据文档资料，在项目实施过程中的大量专业性知识必须通过共同的学习来获得。项目成员之间进行了大量的学习共享活动，极大提高了项目成员的专业能力。如在项目实施前合作各方就共同进行了需求分析，即了解目前企业的管理模式；了解已有数据的数据存储方式，数据的管理方式，数据的变换流程，数据权限控制方式等；调查人员的计算机水平等。由于本项目中有一部分模块是原上海思普公司的标准模块，而有一部分模块需要二次开发，因此需要进行大量的双方交流。重点是了解上海冷箱真正的、正确的需求。项目组原先曾经开发一个报价系统，该系统基于用户原工作模式，首先定义产品模板，然后在对新产品报价时，选择一个模板输入相应数据，从而计算出产品报价。当时编程制定了 7 个模板，由于负责报价的人员对产品十分熟悉，因此模板制定是比较合理的，报价也是比较准确的。但是仅过了一年的时间，由于企业的发展速度很快，7 个模板已不能适应产品报价的需求，而必须再做模板，由于是编程制作模板，模板设计复杂、修改困难，上海思普公司提出每个模板都需要一个月到两个月的开发时间，这显然不能满足快速报价，对市场及时响应的要求，不得不放弃该模块。而此次项目开发采用的报价模式是按产品结构（BOM）汇总方式进行的，这样通过共享这样的产品库，每一个历史产品均可作为模板，也可通过原有产品构造出新产品，这样应能在较长时间内满足企业的应用要求。

具体来说，在 CIMS 项目中，主要是通过三个阶段的培训来确保相互之间学习顺利进行：一是售前培训，由于 PDM 系统是一个新的系统，涉及企业管理的模式的改变，因此需要对企业的用户主管人员进行培训，使他们能正确识别需求，从而确定出项目的实施范围、实施后的效果、潜在的风险等。二是系统开发安装培训，为了控制软件开发的质量，要求开发商提供项目详细设计方案，详细设计方案中包含用户界面、细到菜单和按钮一级的功能说明及操作说明，包含数据表关系、数据表说明的技术文档，以及细到菜单、按钮一级的功能测试表。并且把详细设计方案的甲方确认作为一次付款条件。在详细设计方案制定后，开发方按照审定的《详细设计方案》开发系统，项目开发期间采用周报制进行双方的进度交流，项目的改进全部签订合同纪要，从而实现项目开发过程的可控。软件的安装首先在上海冷箱试点安装、调试、培训完成后，再推广到青岛中集公司，青岛中集公司实施应用后，再根据青岛中集公司的系统要求进行软件系统开发维护。为了保障项目的正常运行，项目组内的信息部门相互统一提前做好硬件及系统准备。三是应用培训，主要分四个方面内容：（1）先大课讲解，针对所有用户进行系统总体介绍，基础应用操作和系统维护。（2）再在试点单位试用操作，用户在使用中学习（由项目组内的 3 个辅导员个别指导），在试用过程跟进答疑，发现问题及时解决。（3）在上海冷箱建立了一个 BBS-PDM 论坛，面向集团开放，对于常见问题予以发布，也可实现开发商与用户、用户与用户之间的交流。（4）最后在试用过程中，开发商实时跟踪服务，及时完善修改局部的不合理。

最后，该分布式创新项目的一个显著特点是非常重视知识产权的共享与保护。由于中集集团 1999 年就在总部正式设置了专利管理员专职岗位，制定了《集团专利管理制度》和《集团专利发明人奖励办法》，明确了集团专利管理工作的组织机构及职责、专利申请的流程等。又于 2003 年制定了《集团技术引进工作指引》和《集团技术秘密管理办法》。这样，全集团范围的知识产权保护策略、外部专利代理机构评估操作办法、集团行业专利数据库等为该项目开发过程的知识产权提供了良好的保护与共享的指引。一是在参与项目的成员企业间进行了知识产权的共享，如 2000 年 8 月 CIMS 一期工程项目完成，10 月通过国家 863/CIMS 主题办的验收，并获得上海市科技进步三等奖。从 2002 年起，公司开始 CIMS 二期的实施准备策划工作，并于 2002 年 5 月开始深入开发 PDM 系统，同时对 CIMS 系统予以改造，建设以上海冷箱技术中心为基点，覆盖上海 BC 公司、青岛中集的分布式 PDM 系统，使之成为企业产品研发的基础数据平台，增强异地协同开发能力，提高设计效率，提高企业对市场的快速反应能力。在成员企业间开发共享了多项专利，如冷藏集装箱顶板与侧板的密封连接装置、冷藏集装箱地板与测板的密封连接装置、集装箱自动排堵水装置、改进型集装箱地板等。

不过，在项目实施过程中也有几点困难导致了项目的延迟，一是由于项目知识的复杂性和不易编码性使得甲方整理数据工作延迟，即 PDM 项目管理的企业的产品数据，由于历史原因，存在着大量的不规范数据，而企业又很难抽出专职技术人员整理数据，于是先进行常规设计工作，有时间再去整理数据，这样就造成了整理数据时间的延长。另外在项目的实施过程中，随着对系统的了解程度的加深，提出了一些功能的增加，例如截面管理、PDM 系统物料编码模块与 MAS 系统的集成等；另外对一些具体的功能、性能方面做出了调整。原计划采用为微软的数据库复制技术实现数据协同，但遇到了存储数据量较大时数据不能保存的技术难题，花费了两个人/月的时间才予以攻关解决。

创新绩效。CIMS 二期工程在 2002 年正式启动，在保留一期工程设计理念、系统规则和基础数据的前提下对子系统作了较大的改动，由部门级的产品数据管理系统升级到企业级的产品数据管理平台，实现了一个技术中心和两个工厂之间的数据共享，统一了不同企业物料编码。2003 年 4 月 CIMS 二期工程（PDM）顺利通过验收。2004 年 7 月 CIMS 三期工程（CAPP）顺利通过验收。同时 CIMS/PDM/CAPP 项目被集团首届创新大会评为银奖。2005 年开始实施 CIMS 四期工程（PLM），在保留以前系统功能和基础数据的前提下，在系统中新建产品设计和工艺设计的过程控制、零件标准化等级的分类管理、冷箱设计信息库等诸多功能，通过过程控制来保证产品数据的正确，通过分类管理和信息库的建设来引导工程师完成正确的设计。具体来说，其创新效益可分为以下几个方面：（1）减少了公司产品生产准备的提前期，尤其通过应用 PLM 系统，大大缩短产品的设计和开发周期，使开发效率加快一倍以上，显著提高了企业的快速反应能力。（2）明显降低了企业的综合运营成本，如通过零件标准化有效的控制了零件种类的无序增长，提高了相关工装模具在集团内部的通用化程度，仅工装模具费用节省就达到 1000 多万元，有效降低了企业的运营成本。（3）更好满足客户期望和产品质量需求，通过运用 PLM 平台进行产品设计管理，CAPP 进行生产工艺控制，保证了公司产品质量要求，能最大限度地满足客户的个性化要求。（4）改进了多工厂协同制造管理和全球运营管理，这是因为运用 PLM 管理平台，很好地解决了上海冷箱与青岛冷箱的协同生产和系统制造管理的问题，增强了集团的全球运营管理。（5）极大改进了业绩的可视性，该系统的大量管理数据被考核部门应用于日常的业务考核中，有效改进了企业业绩评估的可视化程度，使企业内部绩效评估更客观，更具权威性，从而促进了企业管理水平的提高。

二　计算机集成制造系统创新案例分析的研究发现

本研究通过对上海冷箱的 CIMS 项目创新案例的深入分析，有以下研究发现：

首先，这个分布式创新项目包括以下三个创新要素：一是创新项目的分布式结构（本案例中的项目成员分布及技术模块化划分）；二是创新项目成员的分布式认知（本案例中项目成员具有较好的信任关系并且认知模式相近，项目领导开明）；三是创新项目的分布式协同（本案例中创新项目具有较完善的协同技术及鼓励知识共享的激励制度）。其中，本创新项目采用了编码函数，物料分类管理，每种分类确定编码公式、规格公式的方式编制编码，具有较高的扩展性，适应了两个企业的编码整理，保证了进入系统的数据一定是正确的、完整的、可再次使用的。

其次，本案例中项目成员之间的知识共享除了显著的文档资料外，相互之间的学习共享频繁，如三阶段的培训及交流。项目的实施过程中采用以点带面、逐步展开的模式，为企业培养出了一批 CIMS 专家人才，他们对项目的顺利实施及未来发展起着至关重要的作用。这些人包括集团各分公司技术部门领导、技术部门的辅导员/维护员、信息部门的系统维护员/辅导员。这些人员通过学习共享了解 PDM、应用 PDM、获得 PDM 项目实施带来的技术管理的改进效果，尤其是辅导员掌握了 PDM 系统的应用及应用维护。另外，项目实施过程中的相关知识产权共享也是本项目成功的关键。

再次，项目知识的复杂性和不易编码性对知识共享造成了困难，应当适当调整项目进度计划，即在制订项目计划时应充分考虑到可能出现的问题，为项目的突发性问题留有余地。而在项目的实施过程中，也须实事求是调整进度，本着把项目做得尽可能完善的原则，严格按软件工程的要求执行，避免因为赶时间而造成的质量隐患。

第三节　吉利金刚汽车创新案例

浙江吉利控股集团有限公司是中国汽车行业十强企业，1997 年进入轿车领域以来，凭借灵活的经营机制和持续的自主创新，取得了快速的发展，资产总值超过 140 亿元。连续六年进入中国企业 500 强，连续四年进入中国汽车行业十强，被评为首批国家"创新型企业"和首批"国家汽车整车出口基地企业"。集团总部设在杭州，在浙江临海、宁波、路桥和上海、兰州、湘潭建有六个汽车整车和动力总成制造基地，拥有年产 30 万辆整车、30 万台发动机、变速器的生产能力。集团现有吉利自由舰、吉利金刚、吉利远景、吉利熊猫、上海华普、中国龙等八大系列 30 多个品种整车产品；拥有 1.0L—1.8L 八大系列发动机及八大系列手动与自动变速器。上述产品全部通过国家的 3C 认证，并达到欧Ⅲ排放标准，部分产品达到欧Ⅳ标准，吉利拥有上述产品的完全知识产权。集团已在国内建立了完善的营销网络，拥有近 500 个 4S 店和近 600 家服务站；率先在国内汽车行业实施了 ERP 管理系统和售后服务信息系统，实现了用户需求的快速反应和市场信息快速处理。吉利汽车累计社会保有量已经超过 120 万辆，吉利商标被认定为中国驰名商标。集团已在海外建有近 300 个销售服务网点，在乌克兰、俄罗斯和印度尼西亚等国家设厂进行 SKD/CKD 组装生产和销售，累计实现海外销售十几万辆。集团投资数亿元建立了吉利汽车研究院，总院设在临海；现拥有整车内外部造型、车身设计、底盘设计、有限元分析、快速成型加工、试制试装、整车和零部件试验、情报分析和标准化等研究开发能力；在杭州、上海建有分院，承担造型设计、整车匹配等研究开发工作；在宁波、上海建有发动机研究所、变速器研究所，承担吉利轿车动力总成的开发。在上海、临海、路桥、宁波四地建有与生产紧密联系的技术部门，负责将研究开发成果转化为批量生产的商品。目前，研究院已经具备较强的整车、发动机、变速器和汽车电子电器的开发能力，每年可以推出 4—5 款全新车型和机型；自主开发的4G18CVVT 发动机，升功率达到 57.2kW；自主研发并产业化的 Z 系列自动变速器，填补了国内汽车领域的空白，并获得 2006 年度中国汽车行业科技进步唯一的一等奖；自主研发的 EPS，开创了国内汽车电子智能助力转向系统的先河；同时在 BMBS 爆胎安全控制技术、电子等平衡技术、新能源汽车等高新技术应用方面取得重大突破；目前已经获得各种专利 718 项，其中发明专利 70 多项，国际专利 26 项；被认定为国家级"企业技术中心"和"博士后工作站"。集团公司现有员工 12000 人，其中工程技术人员 1600 余人，拥有院士三名、外国专家十多名、博士数十名、硕士数百名、高级工程师及研究员级高级工程师数百名。公司已通过ISO 9000 质量体系认证、TS 16949：2002 质量管理体系认证和绿色环境标识认证；为适应国际市场需要，全面启动了欧盟的 ECE、EEC 和海湾GGC 等国际认证工作。目前的发展战略为"造最安全、最环保、最节能的好车，让吉利汽车走遍全世界"。

从先进的 CVVT 发动机，到拥有中国完全自主知识产权的自动变速箱，再到吉利独创的 BMBS 爆胎监测与安全控制系统技术，以及不久前收购全球第二大自动变速器工厂澳大利亚 DSI，吉利注重开发和购买核心技术、引进关键技术人才并重，吉利建立了开放式的与国际接轨的创新成果应用平台，以吉利汽车为载体，使国内外大量的新发明、新专利、新材料、新工艺的产业化转化成为可能。为了提高轿车设计开发水平，吉利每年拿出销售收入的 6%左右进行研发。吉利不仅与浙江大学等众多国内高等院校、科研单位结成合作伙伴关系，研发产品前沿核心技术，同时还与韩国大宇、意大利汽车项目集团、德国吕克公司等国际汽车公司联合开发、合作设计多款车型，不断提升技术档次，降低开发成本，加快新品开发速度。

一　吉利金刚汽车创新过程分析

项目分布式结构。研发代号为 LG-1 的吉利金刚系列车型投资数十亿元，由吉利集团、意大利汽车项目集团设计公司、瑞典 ABB 公司、日本棚泽八光纹理公司、我国台湾地区的福臻模具公司、德国吕克公司、韩国大宇国际株式会社及韩国塔金属公司等国家和地区的 1000 名以上的专家和技术人员历时 36 个月研制而成（分布式创新结构见图 3.4）。吉利金刚代表了吉利汽车研发技术实力水平，对吉利汽车拓展国内及国际市场具有里程碑意义。因为它是吉利在自由舰之后，产品线继续向上延伸一个重要产品，是吉利品牌彻底摆脱低端经济型轿车印象，提升吉利的产品品质和品牌形象，继而实现吉利最终目的的关键。吉利金刚搭载的发动机、变速器、电子助力转向系统等核心零部件和内饰件，全部都是吉利自主研发和国内配件厂商生产的。全车采用麦弗逊式独立悬架；填充氮气双筒式减震器（此技术为奥迪等中高级车所采用）；后悬架系统为欧系轿车上流行的拖曳臂式悬架形式；新一代双顶置凸轮轴；多点顺序喷射发动机；Bos-chM7.9 版本的电喷控制系统；变速箱大量采用铝合金材质；软轴设计采用高抗疲劳的高分子合成材料；转向系统采用液压转向助力；全方位的安全防护系统（Sabs 公司最新版 Mar6.0 的先进 ABS 和 EBD，整车制动效能和制动稳定性达到了世界领先水平）；刹车组采用了前盘后鼓刹车系统，（前）大型通风碟式制动盘，（后）间隙自动调整鼓式。

项目分布式认知——基于稳定供应商的合作机制。吉利的供应商最大的特点是"父子配套"，目前，吉利变速箱公司及发动机公司作为吉利的子公司已经开始向吉利以外供货了，这种既扩大规模降低成本又保持绝对领导力的"父子配套"关系是吉利"低成本"要素所最需要的。而且，此供应链不仅仅局限于有资本联系的子公司与集团之间，一群与吉利没有任何资本关系，但却伴随吉利造车一起成长起来的配套商，正在成为一种另类的"父子配套"关系——它们对吉利极其忠诚，往往以低于行价很多的价格为吉利供货。比如为吉利提供汽车空调的上海威乐，可以为吉利空调每台至少节省 1000 元成本。上海威乐在吉利刚开始造车时就开始做配套，现在吉利几十万台车用的都是上海威乐的空调。为了更好地满足吉利的产品要求，从 2003 年开始，上海威乐公司把每年 95% 的净利润都投入产品研发上。而且他们对吉利产品降价的要求有求必应，每年都主动地

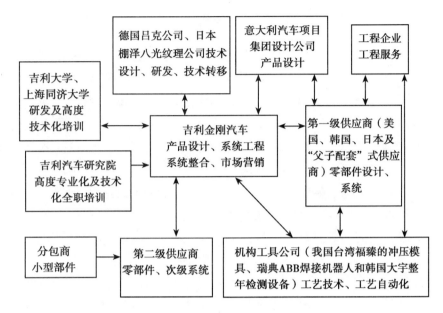

图 3.4　吉利金刚汽车项目分布式结构

资料来源：本书作者整理

按照 20% 的幅度降价。但卖到吉利以外的报价就比给吉利的价格高出 50%。与这些"义子公司"交易，吉利一般也会在货到 30 天后就给它们付款，这使得大部分配套商都很满意。为了不被淘汰，吉利的"义子公司"们一方面要保持技术不落后，另一方面也要控制住自己的产品成本结构。而它们控制成本的方法与吉利竟然如出一辙。上海威乐空调的 100 多个零部件的研制都是依靠自己，"不需要外购，所以成本很低"。但是，从为吉利配套的国际性厂商数量可以看出，目前接受吉利这个观点的大厂商并不多。因而吉利对于那些技术门槛比较高的零配件，先跟人配套一轮，然后就发展跟随自己的配套企业。如 2002 年前后生产美日、豪情时，吉利 95% 的零部件依赖夏利配套，而发展到目前，夏利的配套商在吉利只剩下 1% 了。

分布式协同——产品平台化开发过程体系。吉利金刚研发是全新平台的开发，因此要先建立平台体系，包括零部件体系、规划体系和供应商体系。这三大体系的建设使吉利在产品开发上过渡到了平台化开发模式。目前，吉利已建成六个产品开发平台。在这些平台上，吉利的新车开发不再强调基本车型，而是基本车型和变形车的开发同时进行。在开发金刚时，吉利就同时启动了不同车型、不同配置车的开发，如三厢车、两厢车、厢式车，1.3L、1.5L、1.6L、1.8L 发动机配置，转向助力、无转向助力、左舵车、右舵车等，这加快了其新车推出速度。现在金刚的平台已经基本完善了，今后的开发将主要向三个方面发展。一是做大量的试验，继续为设计金刚后续产品提供可靠数据；二是由于市场需求的提高和生产节拍的提高，要将一些部件进行改善优化；三是实施平台的战略发展，把1.5VVT 发动机、电子动力转向和前后盘的刹车系统应用在金刚身上。以往，吉利的研发都是照搬别人的设计，考虑的是怎样想办法造得比别人便宜，强调的是"吉利能造车"。而 2005 年面世的吉利"自由舰"，是对吉利掌握现代汽车开发技术的一次检阅，强调的是"吉利能造好车"。因此吉利将重点放在了研发能力上，把吉利能做到的当时国内先进的东西都往"自由舰"上加。这款车从设计到最终下线耗时 3 年，是吉利第一个完全按照国际通行的开发流程和开发模式所做的正向开发项目，首次应用了计算机虚拟化设计、并行开发模式、完整的技术管理体系等开发手段和管理方式，从整车车身到卡扣、螺钉、螺帽等都具有完整的计算机数模，使吉利形成了自己的开发体系。而与"自由舰"不同的是，在设计金刚的时候，吉利已证明了自己的开发能力，技术更成熟，整车配置和零部件的稳定性更完整，在流程和项目管理上都更进了一步。因此，这次吉利更多地考虑了市场的因素，开始把一些用户不感兴趣的配置都去掉，真正开始以市场为导向进行开发，比如"自由舰"配备的四门礼仪灯，却没有运用在金刚上。为了尽善尽美体现造型理念，研发人员不厌其烦，反复设计，如仅仅一个车体造型，就先后提出了 50 多种，有时一个细节的变更就要重做十几次。在研制过程中，金刚共经过了 10 轮 150 台白车身试制，9轮 137 台整车试制。总计通过试验场可靠性路面试验 17.53 万公里，其他路面试验 8.21 万公里，等同于正常行驶 183.51 万公里，相当于绕地球 46圈。同时，还经历了黑河-35℃低温试验、海南山路、新疆吐鲁番 40℃高温环境、青海格尔木海拔 4800m 等恶劣环境的考验，所有结果都证明金刚发动机正常，制动系统正常有效，空调冷却系统冷热平衡正常。吉利第一款中级车金刚于 2006 年 8 月上市，这也是吉利平台化开发的第一款产品，同时也为后续车型开发奠定了基础。

　　先进成熟的协同工具。根据一般规律，在汽车制造过程中，质量问题源于三个方面，第一是设计环节是否存在缺陷，第二是零部件采购质量达到标准，三是生产制造过程中的质量控制。而这三个环节则会衍生出大量的节点需要控制。根据这一规律和 TS 16949 质量管理体系的规范，吉利在概念开发阶段就着手开展质量策划，形成质量控制计划，从而在源头上保证了新产品的质量；在零部件开发方面，吉利在选择配套商时首选国内、国际知名零部件供应商，实施严格的动态管理，并和关键零配件供应商签订质量保证协议，要求其必须通过 TS 16949 认证，非关键零配件供应商也要通过这一认证，从源头上把好产品质量关；在商品制造质量方面，建立了完善的商品制造质量管理体制，而且关键工序也使用了大批国际先进设备，包括瑞典的 ABB 机器人、高精冲压设备、全自动底盘传输线等，大大提高了生产自动化程度。在此基础上，吉利还投入近亿元资金，购买发动机、变速器、制动系、行驶系等整车或部分零件检测功能的质检仪器设备，为提升整车产品质量提供了可靠保障。在分销服务过程中，在自主品牌汽车企业中率先启用了 24 小时服务以 4008 热线电话为平台的呼叫中心，确保能够及时将用户的最新需求传递到企业内部，满足顾客的期望。吉利的协同工具主要有三种：

一是 P-SCM 系统，SCM（Supply Chain Management）就是对企业供应链的管理，是对供应、需求、原材料采购、市场、生产、库存、订单、分销发货等的管理，包括了从生产到发货、从供应商到顾客的每一个环节。SCM 应用是在企业资源规划（ERP）的基础上发展起来的，它把公司的制造过程、库存系统和供应商产生的数据合并在一起，从一个统一的视角展示产品建造过程的各种影响因素。供应链是企业赖以生存的商业循环系统，是企业电子商务管理中最重要的课题。吉利设立了专门网站作为与供应商协作的平台：（1）通知公告（发布吉利供货生产计划及通知事宜）；（2）我的办公桌（个人设置、内部邮箱、日程安排、通讯录）；（3）供应商管理（流程管理、供应商信息、供应商考评、质量管理、报表查询）；（4）采购管理（采购计划、供货管理、库存情况、其他）；（5）付款管理（结算单查询）；（6）竞价箱（供应商录入、供应商显示、供应商查询）；（7）吉利动态（吉利汇报、吉利汽车报、供应商协会会刊、其他资讯）；（8）举报信箱举报违规；（9）附件程序如常用网址等。

二是吉利卓越系统软件，给配套商提供整车售后市场与供应商搭建的平台，能够给供应商及时掌握市场反馈的信息，快速了解产品的质量动态以及配件的订单管理：（1）订单管理：即由吉利配件公司向各配套厂下订单，配套厂就可以在此系统中对订单进行处理，并可查看吉利配件公司的到货验收情况。（2）索赔结算：每个月吉利公司对各服务站的索赔单据进行审核结算，配套厂可以看到索赔结算的费用及明细。（3）索赔查询：查询有关索赔单的详细内容。（4）索赔分析：综合分析零部件的索赔信息，以便于技术部门查找故障原因，进行合理的技术改进，从而提高产品质量。（5）索赔申请：查看服务站上报的索赔申请报告。（6）市场质量：查看服务站上报的市场质量信息报告。（7）技术援助：查看服务站上报的技术援助报告。（8）通知公告：吉利公司下发的通知文件。（9）在线消息：系统内部的在线消息。

三是 QNS 系统，旨在通过对供应商质量信息的全面采集和管理（涵盖从来料、制造过程、售后索赔的质量数据及供应商供货能力、技术研发能力、成本等多维指标），建立客观、真实的供应商评审、评价和改进体系。共分九项内容：（1）基本信息（公司联系人信息、供应商基本信息、企业概括、企业整体实力、企业研发实力、企业产品情况、企业供货历史状况、质保能力、质量管控、成本管控、交货管控、企业设备能力、企业主要材料情况、企业获奖情况、企业生产环境情况、基本信息修改、证书有效期）。（2）评价信息（每日评价、每月考核、季度评价、年度评价）。（3）开发状态及开发的信息。（4）进货检验。（5）审核信息。（6）改进信息（供方确认、供方改进）。（7）PPAP（我的项目任务）。（8）变更信息（变更信息申请）。（9）信息交互（收件箱）。

完善的文档资料共享机制。吉利金刚研制过程中的所有文档资料共享可以分为 10 个互动方面：（1）技术图纸和标准。研究院和供应商确认产品开发计划后，吉利研发部门按照《新产品开发技术协议》中的项目进度表，向吉利采购公司零部件开发部移交技术图纸和标准，然后采购公司零部件开发部向供应商发放所开发产品的技术图纸和标准。若按照样件开发，供应商测试样件后，结合吉利提供产品标准，向吉利提供产品图并会签。（2）手工样件。根据项目进度要求，供应商按照产品图纸和标准要求，制作吉利要求数量的手工样件送吉利研究院确认，送样同时要求附带产品全尺寸报告、材料报告、性能报告。（3）检具方案。手工样件经吉利研究院确认合格后，供应商根据图纸和样件进行产品检具设计，检具设计方案完成后，提交到吉利研究院工艺研究所进行审核，供应商在收到吉利研究院工艺研究所检具设计方案确认报告后，方可制作检具。（4）检具验收。供应商检具制作完成后，及时通知吉利研究院验收。吉利研究院工艺部组织相关工程师按照检具验收标准进行现场验收。（5）工装样件。按进度要求供应商及时开模、制作工装夹具，并制造出吉利要求数量的工装样件提交给吉利研究院进行工装样件验收认可，送样同时要求附带产品全尺寸报告、材料报告、性能报告、流程图、FMEA、控制计划等文件（多轨开发的，一般件由制造基地技术部验收认可，"3C"件关键重要件以研究院验收认可）。在吉利工装样件验收认可过程中，需做检测或道路耐久性试验验证的，如果第一次出现试验结果不合格，其试验费用由吉利承担，但第二次发生的试验费用由供应商承担。（6）PPAP 资料提交。供应商接到吉利采购公司转发研究院的《工装样件认可审批单》批准后，就按照项目进度要求按时向吉利采购公司零部件开发部相应项目管理工程师提供要求等级的 PPAP 资料文件包，再由吉利采购公司移交给吉利研究院审核批准。（7）1PP。吉利金刚汽车公司接收到研究院发布的工装样件认可报告后，可组织进行小批量一阶段（20—50 套）试装，即 1PP 阶段。制造基地采购部并向供应商发 20—50 套采购订单，供应商按订单组织生产交付，以进一步验证产品的可装配性和相关性能，技术部出具试装认可报告，并报送研究院、采购公司和集团质量管理部/或制造公司体系办。（8）达产审核。工装样件和小批量一阶段（20—50 套）试装已认可的零部件在进入小批量二阶段（100—300 套）试装前，由采购公司零部件开发部向集团质量管理部提出达产审核申请，集团质量管理部根据研究院提供的"工装样件认可报告"和制造公司提供的"小批量一阶段（20—50套）试装认可报告"，组织制造公司相关人员对其进行达产审核，重点审核待批准产品整个生产过程的质量控制能力和量产能力，审核后 7 个工作日内出具达产审核结论（通过、带条件通过、拒绝），并通知研究院、制造公司质量部门、采购部和采购公司，由采购公司供应商管理部将审核结论通报给相关供方。对于同类型零部件已经给吉利批量供货的，将会由采购公司零部件开发部提出申请，经相关部门会签，并经集团质量部部长批准后认可，免予达产审核，直接进入小批量二阶段试装。（9）2PP。工装样件认可和达产审核通过后，可以进行小批量二阶段（100—300 套）试装，即 2PP 阶段。制造公司按相关管理制度进行小批量二阶段（100—300 套）试装，包括：计划、采购、检验、试装及试装后追溯和处理，出具最终试装结论，并在 3 日内将结果传递至研究院、集团质量管理部及采购公司，由采购公司将小批量试装结论通报给相关供方。小批量二阶段（100—300 套）试装的结论可能是合格、不合格。当试装不合格时，不能进入最终批准，应重新进行试装。（10）生产件的最终批准。小批量二阶段试装合格后，产品项目（组长）负责人根据供方质量管理体系认证情况、工装样件认可、达产审核结论、小批量（100—300 套）试装及物流认可情况，批准新开发产品的《生产件最终批准报告》，提交给采购公司各部门，采购公司在三个工作日内将其通报给集团质量管理部、研究院、制造公司及相关供方。最终批准的结论包括正式批准、临时批准、风险批准、拒绝共四种状态：1）正式批准：所有的规范和要求已得到满足；凡质量管理体系认证未满足要求时，在最终批准时不能获得正式批准。2）临时批准：允许按限定期限配送生产需要的产品，仅允许在下列情况下，给予临时批准，但时间最长不得超过半年；已确认该生产件不能通过正式批准的原因，如使用的材料超出原标准的要求（考虑成本构成的合理性）、尺寸超差等，但存在安全、法规要求未满足或关键性能不合格的项目不能临时批准；临时批准只在规定的期限内有效，否则将予以拒收。3）风险批准：由于资料或信息的不完整，而对零部件进行带风险的批准。下列情形可进行风险批准：因时间限制，可靠性、耐久性验证不全，经故障模式分析和风险评估不影响产品可靠性、耐久性；风险批准只在规定的期限和数量内有效，并必须在 1—3 个月内获得"正式批准"，否则拒收；安全/法规件及其功能相关件不得进行风险批准；风险批准必须附故障模式分析和风险评估报告。4）拒绝：零件和相关的文件未满足规定的要求，必须要求再次提交。

以我为主的共享学习机制。吉利通过与韩方大宇合作后期开发，增强整车综合能力，合作主要在三个方面进行，一是新车型的外形冲压模具和有关检具零部件开发与设计，二是焊接线和有关零部件设计，三是同步工程活动。过去吉利的汽车工艺设计是薄弱环节，还未形成系统的产品开发模式，而与韩国大宇国际的合作可以解决技术上的一些瓶颈，使吉利设计制造工艺程序化、系统化。当时，韩国大宇派了 30 多个专家，与吉利汽研院的研发人员组成了一支 200 多人的研发队伍，通力合作。当时每名韩国专家配备两名中方人员，互相切磋和学习。后来有不少韩国专家就留在了吉利，成为吉利研发团队中的重要力量。在委托德国 FEV 公司开发关键部件时，吉利坚持一个原则：不管要多少钱，必须按照吉利提出的设计要求来设计，而且设计确认要由吉利来签字确认。而在跟 FEV 打交道的同时，吉利自己也在对技术解剖分解，有针对性地发现问题并利用向对方提技术要求和设计确认的过程向 FEV 请教。合作到后半程，在第一轮开发中掌握了的东西，在第二轮开发中吉利就自己动手做，自主程度逐渐从 60% 升到 80% 再升到 90%，直到完全自主开发。

开发金刚时制造零部件对于吉利来说已经比较简单，最关键的是能否让各个零部件达到匹配。当时曾需要进行下摆的橡胶撑套和前后桥的刚度测量，但吉利并没有能力做，吉利的配套企业也只能做单个零件的测量，没有那么大的台架来做这个系统测量。当时吉利找了很多地方，和国外的测量机构也谈过，但是价格非常高，需要 370 万元人民币，没有谈成。最后吉利找到了河北一家有能力做这个测量的直升飞机制造企业，测量费用 12 万元。在测量过程中，吉利通过和对方一起沟通改进，积累了技术。在委托外界做了两次这样的测量之后，吉利就基本上架构起了这套测量体系。在金刚的研发过程中，摸索产品的开发流程是研发人员遇到的另一个难题：如何摸索出适合吉利自己的研发流程，如何能够把设计意图体现出来。为此，吉利总结出了五位一体的工程分析方法，即将数字化风洞、车身强度刚度分析、碰撞分析、结构分析、冲压成型仿真分析结合在一起，把工程和设计衔接在一起，而过去这些环节都是相对独立的。

从模仿创新到自主知识产权。公司成立初期，为在激烈的市场竞争中生存和发展，必须走"自主创新、自主研发、自主知识产权"的道路。但即使在自主研发吉利发动机产品的过程时，吉利并不回避对国外先进技术的参照。目前吉利的新款发动机产品都会对国外的一些先进机型进行消化、吸收、改造和提高，并且对这些尖端技术都要最终进行自主开发，对每个机型和零件都要进行分析。同时关注每个零部件产品的核心部件的自给化，如电喷件占到了整个发动机成本的三分之一，一个成本为 6000 元的发动机，电喷件成本就占到了 2000 元。因此，吉利生产发动机的原则是最重要的部分都自己生产（缸体和缸盖），次要的都通过供应商的资源来解决相关配套问题。另外一个吉利自主创新的自动变速箱的成功也是成功学习的结果：其一是从试验入手，摸透国外产品的原理，通过大量、反复的试验，逐步积累属于自己的宝贵数据，建起了国内首个自动变速箱数据库；其二是通过自动变速箱研发，把所有零部件产业链都带上去了，为未来的产业链形成打下了基础。所需零部件百分之百国产化，带动了如纸质摩擦片、条型密封圈、齿轮润滑油、精密齿轮及检测设备加工制造等的相关产业链的发展，实现了轿车用自动变速器在中国产业化的重大突破。某些国外公司为了封锁吉利自动变速箱开发，甚至连某些型号的轴承和油封等自动变速箱核心零部件，都不愿向吉利提供。但该项目经过了数万次试验，掌握了29219个标志性数据，所涉及自动变速箱油路系统的参数，计算机程序的编写，各种动态数据的采集，都完全由吉利自己通过大量实验来获得；甚至连所有的检测设备也都是由吉利自己研发。因而经研究所、生产基地及国内配套厂近三年的努力后，JL-Z系列变速箱终于在2005年投产，接着液控四速自动变速箱及更高级的电控六速、八速自动变速箱，也先后于2007年年中、2008年装车。现在吉利六速、八速自动变速箱已经基本上与国外没有什么差距。

创新绩效。吉利金刚的研制过程共获得独有及共有100多项专利技术，其中吉利自主开发的产品技术，如发动机、自动变速器、液压助力转向器、生产流水线等，获得专利成果22项，形成了整车产品的自主知识产权，显著降低了开发和制造成本。截至2009年2月底，金刚家族累计销售近13万辆。

二　吉利金刚汽车创新案例分析的研究发现

本研究通过对吉利金刚汽车的项目创新案例的简要分析，有以下研究发现：

首先，吉利的技术创新已经从简单的内部研发，逐步转变到了充分利用全球资源的分布式创新网络。第一阶段（1998—2003年），以价格取胜战略，对应企业内部研发积累。第二阶段（2003—2005年），以质量取胜战略，实施了大规模的技术改造，使得冲压、焊装、涂装、总装等四大工艺水平和现场管理水平均达到国内一流企业水准，使现有产品的质量水平得到全面提升。从上而下设计创新流程，对供应商活动进行中心协调。第三阶段（2005年开始），全面创新战略，"以我为主、以创造新市场、创造新机会、创造新价值"为原则，整合国内外资源，在消化吸收国际汽车成熟技术和公开技术的基础上进行再创新，快速开发具有国际先进水平的、拥有完全知识产权的、填补国内空白的vvt-i发动机、自动变速器、电子助力转向装置等汽车动力总成、电子电器产品和吉利自由舰、吉利金刚、吉利远景等全新的整车产品，形成新的竞争优势。此时，其创新已经具有了明显的分布式特点。

其次，从金刚汽车的研制过程总结出的最大特点是：利用完善的协同工具，即 P-SCM 系统、吉利卓越系统软件和 QNS 系统，吉利与合作伙伴之间的技术文档资料的共享非常流畅，保证了整个项目知识的积累与重用。同时，吉利以我为主的学习机制使得自身项目成员的成长迅速，整体提升个体与公司的技术创新能力。最关键的是，所有从合作伙伴共享的技术诀窍或知识产权，吉利在消化并改进的基础上，大部分转化为自身的知识产权。

再次，吉利一边造车一边"造"人，项目实施过程中成立了中国汽车工程学院，院长则是曾经担任美国戴姆勒—克莱斯勒公司研发总监并在国内华晨汽车担任两年研发副总的赵福全博士，同时有郭孔辉等 3 名院士加盟，培养出了一大批技术人才。目前，在吉利汽车研究院 300 多人的队伍中，吉利自己培养的技术人员已经占到了四分之一；在生产第一线，则有 60% 的技术工人是吉利自己学校的毕业生。这为公司的创新打下了良好基础。

第四节　海尔卡萨帝法式对开门冰箱创新案例

海尔集团是世界第四大白色家电制造商、中国最具价值品牌。旗下拥有 240 多家法人单位，在全球 30 多个国家建立本土化的设计中心、制造基地和贸易公司，全球员工总数超过 5 万人，重点发展科技、工业、贸易、金融四大支柱产业，已发展成全球营业额超过 1000 亿元规模的跨国企业集团。

海尔集团先后实施名牌战略、多元化战略和国际化战略，2005 年底，海尔进入第四个战略阶段——全球化品牌战略阶段，海尔品牌在世界范围的美誉度大幅提升。1993 年，海尔品牌成为首批中国驰名商标；2006 年，海尔品牌价值高达 749 亿元，自 2002 年以来，海尔品牌价值连续四年蝉联中国最有价值品牌榜首。海尔品牌旗下冰箱、空调、洗衣机、电视机、热水器、电脑、手机、家居集成等 18 个产品被评为中国名牌，其中海尔冰箱、洗衣机还被国家质检总局评为首批中国世界名牌；2005 年 8 月 30 日，海尔被英国《金融时报》评为"中国十大世界级品牌"之首；2006 年，在《亚洲华尔街日报》组织评选的"亚洲企业 200 强"中，海尔集团连续第四年荣登"中国内地企业综合领导力"排行榜榜首。海尔已跻身世界级品牌行列，其影响力正随着全球市场的扩张而快速上升。

据中国权威市场咨询机构中怡康统计：2006 年，海尔在中国家电市场的整体份额已经达到 25.5%，依然保持份额第一。其中，海尔在白色家电市场上仍然遥遥领先，且优势更加突出；在小家电市场上海尔表现稳健，以 16% 的市场份额蝉联小家电市场冠军。在智能家居集成、网络家电、数字化、大规模集成电路、新材料等技术领域处于世界领先水平。"创新驱动"型的海尔集团致力于向全球消费者提供满足需求的解决方案，实现企业与用户之间的双赢。目前，海尔累计申请专利突破 7000 项（其中发明专利 1234 项）。在自主知识产权基础上，海尔主持或参与了115 项国家标准的编制修订，制定行业及其他标准 397 项。海尔"防电墙"技术正式成为电热水器新国家标准，海尔空调牵头制定"家用和类似用途空调安装规范"。在国际上，海尔热水器"防电墙"技术、海尔洗衣机双动力技术等六项技术还被纳入 IEC 国际标准提案，这证明海尔的创新能力已达世界级水平。

在创新实践中，海尔探索实施的"OEC"管理模式、"市场链"管理及"人单合一"发展模式均引起国际管理界高度关注，目前，已有美国哈佛大学和南加州大学、瑞士 IMD 国际管理学院、法国的欧洲管理学院、日本神户大学等商学院专门对此进行案例研究，海尔"市场链"管理还被纳入欧盟案例库。海尔"人单合一"发展模式为解决全球商业的库存和逾期应收提供了创新思维，被国际管理界誉为"号准全球商业脉搏"的管理模式。2008 年爆发的全球金融危机，将竞争已十分激烈的家电市场带进了一个更困难的环境。海尔全球化的网络提升了企业有效应对全球金融危机的能力：全年销售收入 1220 亿元，利润达到 22 亿元，利润较2007 年增长了 20.6%，利润增长幅度超过收入增长幅度的 2 倍；在海外市场的总体业绩增加了 8%，其中"海外生产、海外销售"这一部分的增长超过了 20%。2009 年，利税继续保持平稳较快增长。海尔在应对这次金融危机的过程中深切地体会到：只有建立全球化的网络，进入主流渠道，才能成为主流品牌；只有成为了全球化的主流品牌，才有抗击全球金融危机的能力。

一　海尔卡萨帝法式对开门冰箱创新过程

项目分布式结构——基于市场的"无边界"研发团队。在海尔，每开发一个新项目或产品，都会根据产品的需要整合一批优秀的研发人员，组建"无边界"的研发团队。这一方面做到了"研发、资金不落地"——可以充分利用海外的资金技术优势；另一方面也利用不同时区的时间差，保证了研发的连续性，提高了研发效率，节约了成本。海尔卡萨帝法式对开门冰箱的企划始于 2005 年 7 月，海尔注意到，消费者在选购冰箱时越来越注重产品的附加价值和功能创新，多门多温区、对开门大容量以及外观等元素成为高端产品的诉求点，这些高端冰箱的出现，满足了人们对现代生活品质的更高要求。大容量的需求让冰箱的容积越做越大，当传统的两门冰箱不能满足消费者食物存储空间需求的时候，对开门冰箱应运而生。但初问世的对开门冰箱是左冷冻右冷藏的格局，尽管容积大了，但空间不大，其内部宽度最大不足 40cm，无法保存大型的食物。而且存取食物也不甚方便，拿出某个区间的食物就要打开这一侧的一大扇门体，使冰箱内冷气流失严重，也不利于能量的节约。当时敏锐地感受到世界冰箱市场迅速变化格局的海尔，开始了对世界顶级冰箱的先期调研。调研重点首先是收集欧洲与美国市场消费者的意见与建议，海尔发现了两个值得注意的问题：（1）多数欧洲家庭因为厨房里的对开门冰箱无法放下大火鸡、冷冻肉，很多家庭在拥有一台冰箱后，还需要一台大冷柜作为补充。因此他们经常要从地下室中或是从车库里的卧式冷柜里取用这些食品，所以，很难想象，欧洲消费者为做一顿大餐需要从厨房到地下室或车库来回跑动的不便。而更直接的是，海尔对开门冰箱开发部部长李晓峰从所租住的美国公寓的女房东那里获悉：自己的冰箱太小了，连盛鱼的大盘子都放不下。敏感的他因此立刻委托当地一家市场调研公司进行市场调查，发现 70% 的被访者都有这样的抱怨，因为美国家庭经常要冷冻大鱼、火鸡、大蛋糕等食品，但现有的冰箱产品无法满足这一需要。从欧洲和美国市场汇集的消费者抱怨调研给了海尔冰箱企划全新产品的契机。终于，一款"模型冰箱"出现了。随后，这款"模型冰箱"在美国曼哈顿和奥兰多两个地方的用户中作了调研，首先让他们挑有什么不舒服的地方；然后将这款模拟冰箱和其他竞争对手的冰箱（去掉商标后）放在一起测试用户的购买意见。总共有 340 多位美国消费者提供了他们的真实看法。有消费者提出，希望冷藏温度再低些，由通常的 4 摄氏度降为 3 度以下——类似这样的使用习惯反馈很快被海尔的研发人员记录下来，并形成具体的改进方案。2006 年 2 月，海尔冰箱把在青岛实际生产出的 100 台样品，再次运往美国进行消费者测试。这次，这些样品真正进入了部分消费者的家中，接受 3 个月的"模拟考试"。结果是，70%的用户最终表示，愿意选择和购买海尔的这款神秘冰箱。同一阶段，海尔还从技术上进行了冰箱的趋势分析：首先从外观设计上看，传统的对开门冰箱就是在一个大箱子的中间加一个竖式的隔断，然后左右安装上门将冰箱分为冷藏与冷冻室。而新理想的冰箱外观设计应采用不锈钢材料，上面是对开门设计，下面是两个大抽屉。从整体外观看，美国消费者对传统对开门冰箱已经出现审美疲劳，而全新外观设计的对开门冰箱会给美国消费者带来全新的视觉冲击。（2）从内部结构设计上看，传统的对开门冰箱的冷藏空间狭长，容积虽大但空间不大，70cm 的比萨必须分割开才能放下。而新型对开门冰箱上面是一个阔绰的大冷藏间，可以摆下直径为 70cm 的大比萨，同时，里面的可调搁架实现了内部空间的随意调节。海尔通过对比发现，传统对开门冰箱的空间已经给生活带来太多限制，而这些问题在法式对开门冰箱上却得到了很好的解决。至此，海尔正式立项瞄准了全球最先进的、最个性化的、技术含量最高、最具颠覆性设计理念的冰箱产品——法式对开门冰箱和美式对开门冰箱等尖端冰箱。2006 年 5 月，海尔组成了由青岛本部开发团队、美国的开发团队、日本团队、德国团队和韩国团队为骨干的无边界的跨国研发组织。研发团队在大量的客户和用户调研基础上，先后进行了几十次企划修改，其研发巅峰时期，研发核心团队达到 150 多个人，包括研发、营销、物流、制造、专家、财务团队等共计 12 个分团队。其开发流程可以总结为以下 7 个阶段：概念与定义、调研与计划、开发与设计、验证与测试、交付、产品支持与退市服务（见图 3.5），这 7 个阶段只是为了分析方便，在实际实施过程中全球各分布式的团队工作是平行或交叉的，检核点的设立也是为了确定该阶段的目标达成。

模块化产品设计。海尔卡萨帝法式对开门冰箱研制过程按照不同的阶段划分了初步的模块化工作（见图 3.6），海尔真正发挥了整合全球研发资源后的协同效应，并将目标定为一款能够满足全球高端市场共同需求点的产品上。为此，在企划、工业设计方面，海尔让来自美国的设计专家"主笔"，让产品设计得更大气更气派；由于大容量冰箱在结构和质量性能方面要求极高，所以海尔又把德国的工程师团队纳入进来，参与结构设计；同时，来自并购后的日本三洋的工程师团队和一些韩国专家一起，提供了风冷系统、电控系统的设计方案。这些努力使海尔在海尔卡萨帝法式

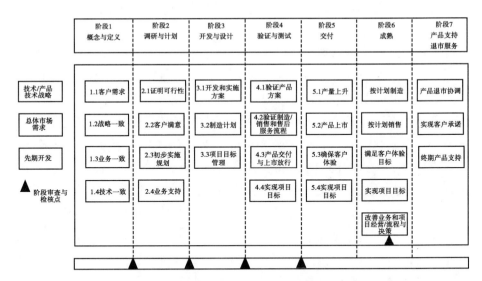

图3.5　海尔卡萨帝法式对开门冰箱开发流程

资料来源：本书作者海尔调研整理

对开门冰箱中集合了众多全球先进的技术和设计理念——外观设计摒弃了美国冰箱的直立方形，而是采用了大圆弧设计，符合全球审美倾向；冷冻箱不再是双开门，引入欧洲的抽屉式设计；增加了亚洲独有的风幕技术，提高制冷效率。同时，海尔最新研发的全球领先的专利 Vc 诱导保鲜技术也应用到了这款冰箱上，加强保鲜效果。来自全球的 12 个开发团队分别解决了众多的关键技术及产品开发技术（见表 3.1）。如今，这款冰箱不仅赢得了欧洲著名的 PLUS X 大奖，同时，在产品推出 7 个月后，美国 GE、韩国三星、LG、德国利勃海尔等世界品牌也相继推出与海尔法式对开门冰箱类似产品。这不仅意味着海尔法式对开门冰箱获得了国际同行的认可，同时也暗示着，世界顶级冰箱品牌的研发思路极其相似。不同的是，这次是由中国海尔首先发起的世界流行趋势。现在，海尔已经推出法式对开门冰箱的第二代"升级版"，其最大特色是，考虑到美国消费者较多使用制冰机，而通常制冰机设计在冰箱的下层使得消费者取用不太方便，海尔这次将之突破性地设计于上层 0—3℃ 的冷藏区内。毫无疑问，这对冰箱的控温能力提出了更高的要求。对海尔来说，能够在其中获得第一次全球研发资源协同实战的经验，其意义甚至已经超过了这款产品的诞生。"最可借鉴之处在于，这是海尔全球专家工程师一起参与的无边界开

发产品的方式，没有这种方式就不可能开发出全球用户都能认可的高端产品。"（海尔集团副总裁、冰箱本部部长梁海山语）

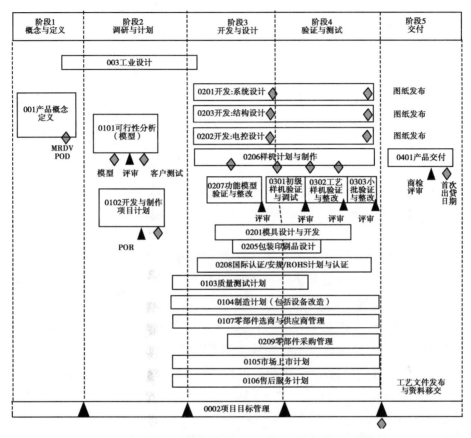

图 3.6　海尔卡萨帝法式对开门冰箱开发流程设计模块

资料来源：本书作者海尔调研整理

表 3.1　　　海尔卡萨帝法式对开门冰箱关键共性技术及开发技术

关键共性技术	高效直流变频压缩机、四面回风热交换器、高效环保新冷媒 R410A 技术、最优化功率因数技术、家庭网络智能控制技术、航空材料隔热技术、多联式组合系统、无压缩机制冷技术、局部变温控制技术
产品开发技术	超薄设计、整体结构技术、抗震设计、触摸式按键、易拆卸导风板、直流风扇电机、保鲜设计、纳米抗菌技术、新型隔热材料

资料来源：本书作者整理

成员学习与知识共享。本项目由于是全球工程师们的接力研发，一开始遇到的最大挑战却是度量单位问题。美国研发团队提供的图纸和在当地采购的零部件都是英制单位，而传到青岛研发总部后，李晓峰及他的团队成员不得不转换为中国尺寸。当把修改后的图纸再传回美国时，又需要再次转换度量单位。为了实现本地生产，海尔在美国南卡罗来纳州的工厂也进行了一番升级改造。为了让这款法式对开门大冰箱顺利量产，李晓峰和其同事在那里一共待了100多天，主要是沟通、培训工人以及监控产品的量产过程。2007年4月，这款瞄准全球主流高端市场的法式对开门冰箱，终于在美国的这座海尔工厂里顺利诞生。现在，海尔的第一代法式对开门冰箱已在欧美等全球65个国家进行销售，更重要的是，它有效提升了中国制造产品在全球的定位和形象：其单价比2006年中国冰箱对美平均出口单价高20多倍。在印度，这款产品的销售价格是14.5万卢比（折合人民币2.75万多元），是惠而浦、西门子等高端冰箱产品的两倍多。凭此产品，海尔正试图以全球高端品牌的形象成为印度新兴消费群体的高档生活定义者。

项目分布式协同——基于全球研发创新平台。海尔冰箱在全球，以欧、美、日、韩为主要基地，拥有9个研发中心，28个合作研发机构。这个全球研发创新平台主要以海尔中央研究院为依托，利用全球科技资源的优势在国内外共建立了48个科研开发实体。全球研发创新平台以突出技术整合、开发超前技术及新领域技术为主要任务。目前海尔已经逐渐形成了以技术中心为核心的四个层次的技术创新体系，即技术中心（包括中央研究院）→事业部开发部门→车间技术人员→全体员工。海尔集团创新体系图如3.7所示。海尔技术中心科技研究开发除利用以技术中心为核心的技术创新体系外，充分利用海尔集团在全球建立的外部创新体系，即战略联盟工作系统、海外工作子系统、产学研工作系统和博士课题工作系统，包括在国际范围内建立的信息中心和技术分中心。

创新绩效。2007年，欧洲IF工业设计大奖揭晓时，海尔冰箱从全球35个国家的2293件产品中脱颖而出，一举摘取IF工业设计奖。2008年3月，由海尔欧洲基地设计的卡萨帝意式三门冰箱从全球40多个国家的4000多家参赛者中脱颖而出，获得"红点设计大奖"，这是中国冰箱业首次夺得该项大奖。2008年5月6日在拉斯维加斯"全国硬件展"上揭晓，在展会上，海尔大家电荣获最高的黄金奖项——金锤奖。2009年9月在德国2009IFA展会上，海尔卡萨帝法式对开门冰箱荣获"2009年度最佳技术创新奖"。美国家用电器制造商协会AHAM发布消息：自2007年开

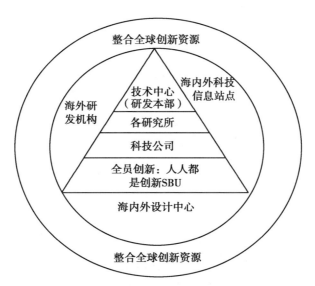

图 3.7　海尔集团全球创新平台体系

资料来源：本书作者海尔调研整理

始，传统的对开门冰箱每年至少以超过 5% 的速度在递减，取而代之的是，以海尔卡萨帝法式对开门冰箱为代表的高端冰箱销量以超过 12% 的速度猛增。

二　海尔卡萨帝法式对开门冰箱创新案例分析的研究发现

"无边界研发团队"离不开用户参与。海尔冰箱历时两年时间设计一款冰箱就是为了能够满足用户需求。海尔法式对开门冰箱的研发设计从表面上看是海尔 150 多名全球研发人员，而从本质上看，消费者才是真正的设计者。海尔将满足消费者需求的解决方案转化成产品，然后让消费者自己选择，并在用户的认可中实现"满足需求无缺陷"的目标。目前，海尔建立的这一全球化运作的"营销网、物流网、资金网、信息网、人才网"，帮助海尔更快、更准确地掌握本土化的用户需求。

全球资源整合势在必行。经济全球化使市场已经没有了国界。海尔卡萨帝法式对开门冰箱在全球视野下的设计、制造、营销路线图，说明了这样一个问题：只有在全球范围内建立自己的研发、制造、营销三位一体的本土化模式，并具备了随时整合全球优势资源的能力，才能在满足全球市场需求的过程中建设一个强大的、世界级的品牌。在过去的 30

多年里，中国市场上崛起了一批成功企业，但几乎所有的企业都不惜血本地进行"价格战"，特别在家电领域，价格战可谓是愈演愈烈、无休无止。为了寻求新的生存空间，一批国内的成功企业开始试图走向国际市场，但错误的是，许多企业又将这种"低价优势"拿到国际市场上去对付那些跨国企业，却没有多少是成功的。而从一开始实施国际化、全球化战略，海尔就站立在世界级品牌的高端，致力于在全球市场的价值探索：打造本土化的全球化品牌；致力于实现本土化制造；整合全球科技资源、实现全球化设计；在海外市场上实现品牌增值。可以说，这种独特而行之有效的全球化"设计"与实践，正是中国企业应该借鉴的经典案例。

第五节　跨案例对比研究

根据上海冷箱 CIMS、吉利金刚汽车和海尔卡萨帝法式对开门冰箱的分布式创新案例来看，这三个项目的分布式创新活动具有相同的要素特征与知识共享机制（见表 3.2）。

首先，这三个分布式创新项目表现出了明显的分布式结构、分布式认知及分布式协同这三个特点。

项目的分布式结构主要包括不同的成员配置分布和项目的模块化。如上海冷箱 CIMS 项目成员呈三地四处分布，分别来自上海冷箱、上海思普公司和青岛中集公司技术中心及信息部，同时该项目划分了 DH-PMS 系统、DH-CAD 系统、DH-CAPP 系统与 MAS 系统等这几个子模块系统；吉利金刚项目共有吉利集团、意大利汽车项目集团设计公司、瑞典 ABB 公司、日本棚泽八光纹理公司、我国台湾福臻模具公司、德国吕克公司、韩国大宇国际株式会社及韩国塔金属公司等国家和地区 1000 名以上的专家和技术人员参与，分别参与车身、模具、机电、内装饰、发动机、变速箱等模块的创新；海尔卡萨帝法式对开门冰箱项目成员由来自青岛本部开发团队、美国开发团队、日本团队、德国团队和韩国团队组成，研发核心团队达到 150 多人，包括研发、营销、物流、制造、专家、财务团队等共计 12 个分团队，其研制过程按照不同的阶段划分了相应的模块化工作（如工业设计、系统设计、结构设计和电控设计等）。

表 3. 2 企业分布式创新知识共享案例特征对比表

项目要素	上海冷箱 CIMS 项目	吉利金刚项目	海尔卡萨帝法式对开门冰箱项目
分布式结构	成员分别来自上海冷箱、上海思普公司和青岛中集公司技术中心及信息部，同时该项目划分了 DH - PMS 系统、DH - CAD 系统、DH - CAPP 系统与 MAS 系统等这几个子模块系统	项目成员来自吉利集团、意大利汽车项目集团设计公司、瑞典 ABB 公司、日本棚泽八光纹理公司、我国台湾福臻模具公司、德国吕克公司、韩国大宇国际株式会社及韩国塔金属公司等 1000 名以上的专家和技术人员参与，分别参与车身、模具、机电、内装饰、发动机、变速箱等模块的创新	项目成员由来自青岛本部开发团队、美国开发团队、日本团队、德国团队和韩国团队组成，研发核心团队达到 150 多人，包括研发、营销、物流、制造、专家、财务团队等共计 12 个分团队，其研制过程按照不同的阶段划分了相应的模块化工作（如工业设计、系统设计、结构设计和电控设计等）
分布式认知	主要技术人员相对稳定，双方的项目主管自始至终，项目成员之间建立了良好的信任关系；项目成员专业技术背景或相近或互补；项目领导小组对项目总体指导，各个模块开发中的负责人都充当了该领域的领导角色，并根据不同阶段进行角色轮换	项目的成员大部分来自"父子配套"关系中的"义子企业"，因而成员间具有相当高的信任度；项目成员专业背景相近或互补，同时由于项目按照模块化开发，在日常开发过程中不同模块由模块负责人进行领导，表现出明显的分布式领导特征	团队成员全部来自海尔集团的全球创新网络，具有多年的合作经历，相互之间有较高的信任。他们虽然来自不同的专业背景，但是在各自的团队却承担着项目子模块负责人的角色，在整合各自设计时按照模块化接口规则进行，这样项目利用不同时区的时间差保证了研发的连续性
分布式协同	采用了国产化软件 MAS、计算机辅助工艺、产品数据管理系统、白玉兰 CAD 等，同时为项目制定了完善的创新激励措施，一是对个人进行结合 KPI 的定期考核，优秀者可享受升职、加薪的奖励；二是对整个项目团队的绩效进行奖励	通过零部件体系、规划体系和供应商体系等平台体系来协同各地的创新，而对于项目的创新激励主要是制定了项目经费节余的项目团队分享计划及项目团队参与项目成果两年内的利润分享计划	以海尔中央研究院的技术创新平台为信托，协同海尔集团在全球建立的外部创新体系，即战略联盟工作系统、海外工作子系统、产学研工作系统和博士课题工作系统，包括在国际范围内建立的信息中心和技术分中心。"人单合一"制度极大地调动了项目成员的创新积极性，不但能获取项目开发过程的奖励，而且还可以参与该项目上市后的利润分享
文档资料共享	项目成员企业间整理物料 4000 多条，其中青岛占 3500 多条，重新编码 600 多条。另外，相互数据整理共享还包括确定企业产品、部件、零件等代号编码规则、外购件（物料）的编码规则	研制过程中的所有文档资料共享可以分为 10 个互动方面：技术图纸和标准、手工样件、检具方案、检具验收、工装样件、PPAP 资料提交、1PP、达产审核、2PP 和生产件的最终批准	海尔卡萨帝法式对开门冰箱项目采用接力研发模式，文档资料的共享主要是图纸和在当地采购的零部件编码规则等

续表

项目要素	上海冷箱 CIMS 项目	吉利金刚项目	海尔卡萨帝法式对开门冰箱项目
成员学习共享	项目实施前合作各方就共同进行了需求分析，即了解目前企业的管理模式；了解已有数据的数据存储方式，数据的管理方式，数据的变换流程，数据权限控制方式等；调查人员的计算机水平等。另外还通过三个阶段的培训来确保相互之间学习顺利进行：一是售前培训；二是系统开发安装培训；三是应用培训。	吉利金刚在研制过程中韩国大宇派了 30 多个专家，与吉利汽研院的研发人员组成了一支 200 多人的研发队伍，每名韩国专家配备两名中方人员，互相切磋和学习。而在跟 FEV 合作时，吉利员工通过对技术解剖分解，有针对性地发现问题并利用向对方提技术要求和设计确认的过程向 FEV 请教。	海尔卡萨帝法式对开门冰箱项目成员的学习共享则是统一双方的编码规则，并就不同系统的集成方案通过全球创新平台进行随时的沟通交流，如冰箱在美国南卡州工厂生产时，海尔的主要研发人员在那里 100 多天，主要是沟通、培训工人以及监控产品的量产过程。
知识产权共享	成员企业间开发共享了多项专利，如冷藏集装箱顶板与侧板的密封连接装置、冷藏集装箱地板与侧板的密封连接装置、集装箱自动排堵水装置、改进型集装箱地板等。	吉利金刚项目一共申请了 100 多项专利，大部分是与合作的项目企业一起申请，通过改进后主要由吉利集团进行申请，其中吉利自主开发的产品技术，如发动机、自动变速器、液压助力转向器、生产流水线等，获得专利成果 22 项，形成了整车产品的自主知识产权。	项目的企划、工业设计来自美国；结构设计来自德国的工程师团队；日本三洋的工程师团队和一些韩国专家一起，提供了风冷系统、电控系统的设计方案。集合了众多全球先进的技术和设计理念：如采用大圆弧设计、引入欧洲的抽屉式设计、增加了亚洲独有的风幕技术并应用了海尔最新研发的全球领先的专利 Vc 诱导保鲜技术等 27 项专利技术。
创新绩效	大大缩短产品的设计和开发周期；明显降低了企业的综合运营成本；更好满足客户期望和产品质量需求；改进了多工厂协同制造管理和全球运营管理；极大改进了业绩的可视性。	吉利金刚的研制过程共获得独有及共有 100 多项专利技术，其中吉利自主开发获得专利成果 22 项，显著降低了开发和制造成本。截至 2009 年 2 月底，金刚家族累计销售近 13 万辆车。	冰箱先后获得 2007 年"IF 工业设计奖"、2008 年"红点设计大奖"和"金锤奖"，以及"德国家电展"2009 年度最佳技术创新奖。自 2007 年开始，与传统的对开门冰箱每年至少以超过 5% 的速度在递减相比，以海尔卡萨帝法式对开门冰箱为代表的高端冰箱销量以超过 12% 的速度猛增。

资料来源：本书作者整理

　　项目的分布式认知主要体现在项目成员间的信任、分布式领导及认知模式相似度等三方面。如上海冷箱 CIMS 项目成员中来自中集团公司与上海思普公司的主要技术人员相对稳定，双方的项目主管自始至终，项目成员之间建立了良好的信任关系；另外，由于项目成员全部来自技术和信息部门，一般都具有工程师和助理工程师的职称，专业技术背景或相近或互补，这样的认知模式给项目的顺利开发奠定了基础；由于项目同时在三地四处进行，除了项目领导小组对项目的总体指导，各个模块开发中的负责人都充当了该领域的领导角色，并根据不同阶段进行角色轮换。吉利金刚项目的成员大部分来自"父子配套"关系中的"义子企业"，一般相互之间都已经合作了十几年，而与其他外部成员的合作也是经过了至少三年时间，因而成员间具有相当高的信任度；项目成员全部来自汽车相关的上下游产业，因而专业背景相近或互补，同时由于项目按照模块化开发，在日常开发过程中不同模块由模块负责人进行领导，并与不同模块进行交流对接，表现出明显的分布式领导特征。海尔卡萨帝法式对开门冰箱项目组建了"无边界"的研发团队，这些团队成员全部来自海尔集团的全球创新网络，具有多年的合作经历，相互之间有较高的信任。他们虽然来自不同的专业背景，但是在各自的团队却承担着项目子模块负责人的角色，在整合各自设计时按照模块化接口规则进行，这样项目利用不同时区的时间差保证了研发的连续性。

项目的分布式协同可以分为两部分内容，一是项目的分布式协同技术；二是项目的创新激励。前者从物理上进行协同，后者从成员动机方面进行精神协同。上海冷箱 CIMS 项目的分布式协同技术采用了国产化软件 MAS、计算机辅助工艺（DH-CAPP）、产品数据管理系统（SIPM/PDM）、白玉兰 CAD（BYL-CAD）等，同时为项目制定了完善的创新激励措施，一是对个人进行结合 KPI 的定期考核，优秀者可享受升职、加薪的奖励；二是对整个项目团队的绩效进行奖励。吉利金刚项目主要是通过零部件体系、规划体系和供应商体系等平台体系来协同各地的创新，而对于项目的创新激励主要是制定了项目经费节余的项目团队分享计划及项目团队参与项目成果两年内的利润分享计划。海尔卡萨帝法式对开门冰箱项目以海尔中央研究院的技术创新平台为信托，协同海尔集团在全球建立的外部创新体系，即战略联盟工作系统、海外工作子系统、产学研工作系统和博士课题工作系统，包括在国际范围内建立的信息中心和技术分中心。在创新激励方面，海尔实施的"人单合一"制度极大地调动了项目成员的创新积极性，不但能获取项目开发过程的奖励，而且还可以参与该项目上市后的利润分享。

其次，在这三个分布式创新项目过程中，项目的知识共享机制主要有文档资料共享、成员学习共享和知识产权共享三种。

文档资料共享机制。如上海冷箱 CIMS 项目成员企业间整理物料 4000多条，其中青岛占 3500 多条，重新编码 600 多条。另外，相互数据整理共享还包括确定企业产品、部件、零件等代号编码规则、外购件（物料）的编码规则、整理企业的物料清单、设计图档、技术文档等。吉利金刚研制过程中的所有文档资料共享可以分为 10 个互动方面：技术图纸和标准、手工样件、检具方案、检具验收、工装样件、PPAP 资料提交、1PP、达产审核、2PP 和生产件的最终批准。海尔卡萨帝法式对开门冰箱项目采用接力研发模式，文档资料的共享主要是图纸和在当地采购的零部件编码规则等。

成员学习共享机制。如上海冷箱 CIMS 项目成员在项目实施前合作各方就共同进行了需求分析，即了解目前企业的管理模式；了解已有数据的数据存储方式，数据的管理方式，数据的变换流程，数据权限控制方式等；调查人员的计算机水平等。另外还通过三个阶段的培训来确保相互之间学习顺利进行：一是售前培训；二是系统开发安装培训；三是应用培训。吉利金刚在研制过程中韩国大宇派了 30 多名专家，与吉利汽研院的研发人员组成了一支 200 多人的研发队伍，每名韩国专家配备两名中方人员互相切磋和学习。而在跟 FEV 合作时，吉利员工通过对技术解剖分解，有针对性地发现问题并利用向对方提技术要求和设计确认的过程向 FEV 请教。海尔卡萨帝法式对开门冰箱项目成员的学习共享则是统一双方的编码规则，并就不同系统的集成方案通过全球创新平台进行随时的沟通交流，如冰箱在美国南卡罗来纳州工厂生产时，海尔的主要研发人员在那里 100 多天，主要是沟通、培训工人以及监控产品的量产过程。

知识产权共享机制。上海冷箱 CIMS 项目在成员企业间开发共享了多项专利，如冷藏集装箱顶板与测板的密封连接装置、冷藏集装箱地板与测板的密封连接装置、集装箱自动排堵水装置、改进型集装箱地板等。吉利金刚项目一共申请了 100 多项专利，大部分是与合作的项目企业一起申请，不过通过改进后主要由吉利集团进行申请，其中吉利自主开发的产品技术，如发动机、自动变速器、液压助力转向器、生产流水线等，获得专利成果 22 项，形成了整车产品的自主知识产权。海尔卡萨帝法式对开门冰箱项目的企划、工业设计来自美国；结构设计来自德国的工程师团队；日本三洋的工程师团队和一些韩国专家一起，提供了风冷系统、电控系统的设计方案。这使海尔卡萨帝法式对开门冰箱中集合了众多全球先进的技术和设计理念：如采用大圆弧设计、引入欧洲的抽屉式设计、增加了亚洲独有的风幕技术并应用了海尔最新研发的全球领先的专利 Vc 诱导保鲜技术等 27 项专利技术。

最后，这三个分布式创新项目的绩效都非常显著。三个案例的分析表明，这些企业开展分布式创新项目最终都达成了理想的效果，三个企业均获得了经济上的效益。如上海冷箱 CIMS 项目大大缩短产品的设计和开发周期；明显降低了企业的综合运营成本；更好满足了客户期望和产品质量需求；改进了多工厂协同制造管理和全球运营管理；极大改进了业绩的可视性。吉利金刚的研制过程共获得独有及共有 100 多项专利技术，其中吉利自主开发获得专利成果 22 项，显著降低了开发和制造成本。截至 2009 年 2 月底，金刚家族累计销售近 13 万辆。海尔卡萨帝法式对开门冰箱先后获得 2007 年"IF 工业设计奖"、2008 年"红点设计大奖"和"金锤奖"以及德国家电展"2009 年度最佳技术创新奖"。自 2007 年开始，与传统的对开门冰箱每年至少以超过 5% 的速度在递减相比，以海尔卡萨帝法式对开门冰箱为代表的高端冰箱销量以超过 12% 的速度猛增。

并且通过项目过程中的文档资料共享、成员学习共享和知识产权共享不但缩短了项目周期及减少了项目成本，而且还提升了相关项目成果的质量，同时丰富了企业的知识库，消化吸收了大量外部隐性知识。从案例实践结合理论综述来看，在这三个分布式创新过程中，项目本身的分布式结构、成员间的分布式认知和项目分布式协同似乎成为三种知识共享机制顺利运行的重要影响因素。

第六节　本章小结

本章首先介绍了案例的研究方法与过程，并对三个分布式创新项目知识共享机制进行了详细研究，案例分析获得了一些新的发现，如综合归纳出了三个案例企业分布式创新项目全新的维度特征，如较清晰的分布式结构、分布式认知和分布式协同。同时，也发现在分布式创新过程有三种不同有效的知识共享方式，分别为文档资料共享、成员学习共享和知识产权共享。案例分析结果表明，本书中众多的理论综述内容在案例实践中得到了体现，可见本研究所针对的问题符合产业现实情况，这为后文提出本研究的研究框架奠定了产业实践基础。

第四章

企业分布式创新过程中知识共享机制的理论假设

本章在借鉴国内外有关分布式创新与知识共享研究的基础上，提出我国企业分布式创新过程中知识共享机制的概念模型，依据这个模型，本章对我国企业的分布式创新要素如何通过影响知识共享程度来提高创新绩效提出了理论研究假设，这些假设是本书后续研究的基础。

第一节　概念模型提出的理论背景

冯·希普尔（1988）从竞争对手间的诀窍交易来理解分布式创新的过程及其管理，以半导体工艺设备创新的案例说明分布式创新过程中知识共享的重要作用，即可以进行创新源的预测和转移来促进创新。汉德伦德（1993）及巴特勒和古雪（1998）从跨国公司的分布式创新管理进一步阐述了这类现象，认为跨国公司通过众多地理上分散的学习中心；下属组织的管理自主性；全球分散部门之间开放且非科层式的知识交换；全球项目和团队的强力作用以及信息和沟通技术的广泛应可以推动全球分布式创新项目。

面对分布式创新这一崭新的研究领域，众多学者已经对其进行了理论和实证的初步研究，如库姆斯和麦特卡夫（2002）分析了分布式创新的创新项目人员及技术的分布式结构，继而库姆斯等（2003）又分析了分布式的供应及创新主体间的关系模式等问题。为应对产品建构的集成型陷阱和模块型陷阱，切斯布鲁夫等（2001）认为以技术和组织治理的组合为基础的分布式创新和中心式创新是较好的解决方案。McMeekin等（2002）用案例分析了某生物信息技术的分布式创新过程，明确了该分布式创新的模块化特征。奥苏利和康米坎（2003）提出了个体创新、项目创新、合作创新和分布式创新四个创新科层，讨论了建立基于互联网的协同技术及合作伙伴之间的认知关系构建。凡拉丁等（2003）和劳伦斯等（2004）研究了正式和非正式两种实践社区的作用及其管理，说明在分布式创新过程中参与人员的分布式认知关系对知识共享具有极其重要的作用。裴建新（2002）和张红（2002）等通过分布式协同设计的研究，阐述了分布式团队的异构性特点。爱凡内斯特等（2004）解构了分布式项目管理中"分布度"的10个维度，进一步表明了分布式创新的多维度特征。罗杰斯基（2006）和兰姆洛坎（2007）等以社会网络分析方法，分别用虚拟距离和知识网络表征了分布式创新过程中团队成员之间的关系，以及基于知识共享的创新模式。桂彬旺（2006）认为模块化创新有助于技术与知识共享、降低创新资源的投入。

罗家德（2005）和卡内尤等（2006）以社会计量学为工具，更具体地测度了分布式创新的成员网络关系和企业网络间的知识流动性。Kelly（2006）从八个方面对分布式创新的影响因素进行了描述型解释。上述这些研究虽然角度不同，但是综合来看已经明确了分布式创新的大部分特征，其中最重要的就是分布式创新的多维度特征。这也与前述文献综述中分布式创新的内涵相对应，即分布式创新的多维度特征：一是分布式创新的成员多元化；二是分布式创新强调模块化；三是分布式创新的绩效受成员之间的关系模式影响；四是分布式创新依赖于信息技术及相关制度的支撑。

而在实证研究方面，安德森和德内贾（2005）以荷兰的近海风力发电产业电机涡轮的分布式创新为例，证明参与主体通过知识共享能在这样的系统性创新过程中获益。而安德森和默尔斯（2006）以英国音乐行业为例，分析了三个版权机构在分布式知识资源的生产、转化、合并及积累等四个方面的作用。卡内姆（2006）以创新激励网站和开放源代码社区两个案例分析为基础，对自我管理及分布式创新系统的功能进行了探索，重点关注核心及外围参与者的主要动机及他们之间的知识共享活动。康索利和保罗（2007）认为分布式创新的顺利开展需要相应的协同治理结构，即建立技术平台。奥莉和卡密斯（2007）用具体公司测度了分布式创新团队结构的空间、时间及成员配置这三个主要维度，并提出了对知识共享影响的初步假设。希杰姆（2008）选取了明尼苏达创新模型中的12个创新过程阶段作为基准，同五个企业的分布式创新案例作比较，分析了成员分散度及信息技术对知识共享的正向影响。杰格勒卡和安德森（Joglerkar & Anderson，2005）用控制理论的方法，基于知识流动对分布式创新过程中主导企业及供应商之间的外包决策进行了研究。

另外，部分学者对分布式创新的作用进行了描述性研究，如许庆瑞（2008）从全面创新管理的角度提出的全时空创新概念。耶等（2008）依据创新主体间的控制和协调及创新异质性这两个维度提出的双分布创新网络概念。高（2007）用罗宾森的议价模型讨论了分布式新产品合作研发的帕累托最优。继而高和刘（2008）讨论了高新技术的扩散速度对开展分布式创新的影响，即怎样平衡自身能力和扩散速度。李佩璘和黄国群（2008）以跨国公司为例，讨论了分布式创新的机制及促进因素。

上述这些研究对分布式创新的维度特征进行了探索，而随着分布式创新项目的广泛出现，一些研究者开始对其相应的知识共享机制进行分析，如分布式创新经常以虚拟团队、合作研发等具体形式进行，克洛森等（1999）认为要有效共享跨项目的知识，知识共享机制是良好的途径，通过正式和非正式的机制，用以共享、整合、解释和运用隐含在个人及群体间有助于项目任务绩效的事实知识、技能知识和原理知识，个人就可以从其他项目获取知识和信息。爱斯皮诺沙（Espinosa 等，2002）和奥莉和卡密斯（2002）指出影响虚拟团队知识共享的因素主要包括时间、距离、组织结构和文化等。古德曼和达尔（1998）认为要存储大量知识并为所有员工建立一个组织记忆，编码化是一个很好的机制。普瑞丝帕和泰尔（Prencipe & Tell，2001）认为个人化作为一种知识共享机制，对于传递隐性知识有内在的灵活性，顾及了讨论和分享解释，这极有可能导致形成新的知识。汉森等（1999）整合了编码化机制及个人化机制这两种知识共享机制，前者主要应用于有形的文档资料共享，而后者则比较适合隐性知识的共享。但是无论编码化机制和个人化机制都有不足，如达夫特和胡佛（Daft & Huber，1987）认为编码化机制通常不提供丰富的交流媒介，而波卡提和克洛斯（Borgatti & Cross，2003）的研究认为当人们去求助别人时，由于自尊和声誉问题使他们避免采取可能危及其积极的自我意识的行动，因而通过个性化进行知识共享只能发生在当知识寻求者知道别人知道什么，并且他有能力接近知识提供者而知识提供者也愿意积极参与知识寻求者的知识共享（Cross & Borgatti，2000）。波（2007）则融合了一个能把项目型组织所使用的知识共享机制进行分类的框架，加入了个性化与制度化这两个维度，从而通过该框架编码化与个性化及个人化与制度化两个层面的相互作用，为不同企业应用相应的知识共享机制提供了指导。我国学者对知识共享机制的整合研究方面，如魏江和王艳（2004）分析了企业内部知识共享三个主要模式，即：个体—个体模式；个体—组织模式和组织—个体模式，实现正反向的知识共享的双循环，使员工和组织的知识体系都得以不断完善，能力不断获得提升。姜俊（2006）区分了企业中的三种常见知识共享模式：一是基于团队任务的知识共享模式；二是基于运作流程的知识共享模式；三是非正式知识共享模式。韩吉韬（2004）提供了一个知识共享的整合框架（图4.1），认为完整的知识共享首先要有效识别存在于企业中的知识及其类型和存在形态。企业内部的知识可以是显性的，也可以是隐性的，可以是静态结构的知识，也可以是伴随业务流程产生的流动的知识。不同的知识对应不同的共享方式和共享策略，因此在建立知识共享的整合框架之前必须先识别企业内部的知识。

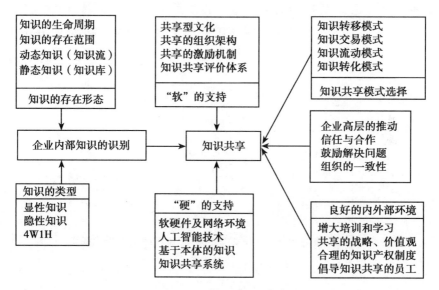

图4.1　知识共享的整合框架

资料来源：韩吉韬（2004）

知识共享过程的"软""硬"支持是实现有效知识共享的基础和手段，只有建立了基于人工智能技术的知识共享系统、构建了基于本体的知识库并且实现了企业内部知识共享的软硬件平台及网络环境，跨时空、跨地域的知识共享才能得以有效地实现，信息技术不是万能的，但离了信息技术的知识共享也是无序、无效的。当然，光有"硬"的支持还是远远不够的，知识共享是与人紧密结合的，由人构成的知识共享过程就需要考虑文化、组织、激励等方面的因素，这些问题解决了，才能形成企业内部知识共享的氛围，打消员工共享的顾虑，创造有效的共享的"人"的环境，当然这里合理的知识评价体系也是实现"软"的支持的关键。

影响知识共享的还有企业的内外部环境，主要包括鼓励培训和学习的风气、企业知识共享的战略实施、企业内外部合理的知识产权体系以及一群倡导知识共享的员工。另外，企业高层的支持、信任与合作的机制、鼓励解决问题的态度及组织发展的一致性等因素也都会影响企业内部知识共享。

另外，李随成等（2007）在分析文献资料的基础上，总结出研发合作企业间知识共享与合作绩效关系的理论模型（见图4.2）。该模型从知识共享的过程模型和知识共享的情境因素出发，分析了研发合作企业间知识共享程度与合作绩效的关系问题，并从逻辑上推证出具有实证意义的12个子命题，为研发合作企业间知识共享与合作绩效的实证研究指出了方向。

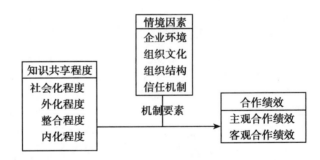

图4.2 研发合作企业间知识共享与合作绩效的理论模型

资料来源：李随成等（2007）

在传统知识共享机制研究的基础上，随着产业实践中大量出现的分布式创新，新出现的一种知识共享方式——知识产权共享现象也引起了学者们的注意，如全球IT产业之间的广泛知识产权共享潮流和全球医药产业日益盛行的知识产权共享趋势。背后的理论解释部分可见 Appleyard（1996）知识共享平衡公式，即企业应选择对知识保密还是公开的标准基于知识共享的整体收益。而王敬稳和陈春英（2003）认为知识产权与学习的知识共享并举可以解决合作研发过程中知识垄断与共享的矛盾。汪忠等（2005）研究了合作创新过程中的知识产权风险，认为可以从合作创新的组织特性、知识及知识产权特性和环境等三个方面的优化来实施知识产权共享。具体要怎样平衡知识共享与知识产权保护，格瑞巴兹（2003）研究了跨国公司分布式创新的"知识组合"和"认知金字塔"模式，第一层核心知识基础往往存在于一个主要的地点，经常与企业总部靠近，特点是包含模糊知识、认知多样性及需要整合任务的项目及技术。任何被认为与企业战略相关以及被评价为关键技术和核心能力的资产，大型跨国公司都趋向于高度科层化并考虑清晰的所有权与控制权。对于第二层知识基础，跨国公司实施战略导向的多中心配置，项目较少受模糊知识和认知多样性困扰，次级任务模块化且研发部门被授予清晰的职能。这些研发部门及能力中心大多处于最发达国家，关键的活动仍然留在母国。来自发达国家的跨国公司（如美国和英国、德国等），选择海外地点作为战略研发部门的补充技术来源，或战略上次级重要部门的可分离关键技术。第三层是分布式的知识，跨国公司接受更开放、扁平的模式以进行搜索和探索。一些全球分布的地点选择开放网络，在这样的网络中"弱连接"非常重要，跨国公司与不同的知识社区相联系以获取未来技术。但是一旦业务前景变得明朗，跨国公司马上把该知识领域移向中心的第二或第一层（见图4.3）。

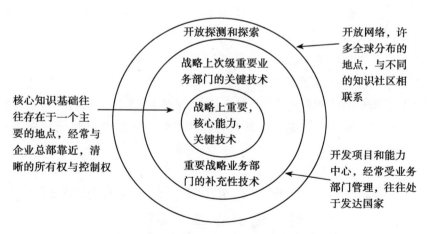

图 4.3 跨国公司的能力组合及认知"金字塔"

资料来源：本书据格瑞巴兹（2003）修改整理

因而，本书在总结了上述国内外有关分布式创新要素维度及知识共享机制研究的基础上，尤其是借鉴采用罗伯特等（2004）分布度、罗杰斯基（2006）虚拟距离及格瑞夫等（2003）虚拟度的理论框架基础上，构建了企业开展分布式创新知识共享的概念模型，如图4.4所示。

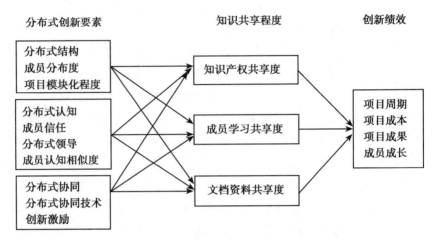

图4.4　基于分布式创新的知识共享机制概念模型

这个模型可以分为三个部分，第一部分为分布式创新对知识共享程度及企业创新绩效的影响要素，即分布式结构、分布式认知及分布式协同等三个因素，其中分布式结构包括成员分布度及项目模块化；而分布式认知包括信任、分布式领导和成员认知相似度；分布式协同则包含创新激励制度和协同技术。企业可以控制这三个因素对文档资料共享、成员学习共享和知识产权共享三种知识共享的影响关系。第二部分为知识共享与创新绩效之间的关系，主要考察了企业的文档资料共享、成员学习共享和知识产权共享是否有助于提高分布式创新活动绩效。第三部分为分布式创新要素、知识共享与企业创新绩效的整体作用机制，主要考察知识共享的中介效应。

第二节　企业分布式创新知识共享机制的
概念模型和理论假设

本书提出的理论研究假设具体地体现在企业分布式创新知识共享机制的概念模型之中，模型的关键构成要素之间的关系是实证研究本书提出的各种假设的基础，以下进行详细阐述和分析。

一 分布式创新要素与企业创新绩效

冯·希普尔（1988）认为通过用户或供应商拓展创新源可以带来创新绩效的提升。汉德伦德（1993）及巴特勒和古雪（1998）认为跨国公司实施分布式创新的五种趋势可以极大地促进创新绩效。安德森和德内贾（2005）证明企业采用分布式创新战略，可以参与系统性的创新项目却不用担心陷入集成型陷阱。卡姆斯等（2003）指出分布式的供应及创新即主体间的关系模式、动态过程及创新的等级变化会促进创新绩效。麦克米金等（2002）通过案例研究认为分布式创新加快了生物信息技术的发展。豪威斯等（2003）认为通过动态组合分布式创新的三种外包形式可以促进企业的创新绩效。安德森和默尔森（2006）则研究了音乐行业中分布式知识资源的生产、转化、合并及积累等保障了音乐行业的持续创新。卡内姆（2006）分析了创新激励网站和开放源代码社区这两个分布式创新模式案例，证明此类分布式创新突破了组织的知识限制，带来效率更高的创新产出。接着卡内姆（2007）进一步以基于互联网的在线创新证明了分布式创新模式的广泛应用及对创新绩效的巨大作用。

康索利和保罗（2007）指出成功的分布式创新信赖于创新技术平台的构建，即协同技术的支撑使得技术知识的产生和扩散促进整个创新系统的发展。奥利和卡密斯（2007）研究了空间、时间及成员配置这三个维度不同的组合对创新绩效有不同的正向和负向的影响。罗杰斯基（2006）指出通过调节成员间的虚拟距离这三个关系可以改变企业的创新绩效，不过不同距离对创新成功及团队绩效的影响也不一样。

辛（2008）利用来自1127家公司超过50万专利的数据探讨了公司地域分散的研发活动对其高质量创新产出的影响。他的结论非常有趣，一方面认为企业地理上的分布式研发本身对企业创新的质量没有提高，甚至分布式的研发似乎与创新的平均价值负相关；另一方面又有证据显示跨区域的知识集成和创新质量间有积极关系，即创新团队的成员至少有跨区域的联系。因而，对于分布式创新的分散研发活动对创新绩效的影响是复杂的。库古特和赞德（1993）通过实证研究，发现由于技术的难以编码性和难以传授性，使得公司更可能向全资子公司进行知识转移。杰格拉和安德森（2005）用控制理论的方法，即用基于状态空间描述对混有噪声的信号进行滤波的方法，对分布式创新过程中主导企业及供应商之间的外包决策进行了研究，认为成本结构不对称对主导企业及供应商之间任务外包的影响较大。

奥苏利凡和康米坎（2003）认为分布式创新建立在低阶科层的"合作""项目"及"个体"创新基础上，它整合了企业、供应商及顾客去促进增强跨供应链的创新。

基于上述分析，本书提出如下假设：

假设 H1：分布式创新对企业创新绩效有正向影响

假设 H1a：分布式创新的分布式结构对企业创新绩效有正向影响

假设 H1b：分布式创新的分布式认知对企业创新绩效有正向影响

假设 H1c：分布式创新的分布式协同对企业创新绩效有正向影响

二　知识共享程度与创新绩效

斯科特（Scott，1994）认为团队成员通过知识共享，不仅提升自身的知识存量，而且不断使得知识系统化、社会化，创造出新知识，并不断提高创新能力和改进创新行为。团队只有快速获取创新所需要的相关知识资源，才能具备快速进行创新能力，而这种快速获取知识的途径是知识共享，知识共享对于提高创新绩效是非常重要的。格瑞尔（Grayr，2001）也认为，团队无法实现创新目标最主要的问题之一是缺乏知识共享，团队创新所需的技术知识往往是通过知识共享快速获取，并且技术知识共享越好的团队，其创新效率也越好，创新绩效也越高。库伯（Cooper，1998）认为市场的多变与竞争，对于能迅速回应的企业比较有利，加上产品生命周期缩短的影响，加速新产品开发项目完成时间是势在必行的。当团队成员间知识共享活动程度越高时，成员可随时获得新知识，并不断创造出新知识（Nonaka et al.，2000），也可减少成员搜寻资讯时间（Hansen，1999），并将过去某个项目的经验应用在新的项目上，以减少重蹈覆辙或重新摸索的时间（Nancy，2000），也因此可以大幅减少新产品开发的项目完成时间。此外，Hoopes & Postrel（1999）的研究也指出，当组织中缺乏共享知识时，对新产品开发绩效有负面影响。最后，Tsai（2001）则认为知识的移转提供了互相学习与单位间的合作，刺激了新知识的创造，同时增加组织的创新能力，以因应市场需求，以及提高竞争优势。

综上研究，本研究提出如下假设：

假设 H2：分布式创新过程中知识共享对创新绩效具有正向影响

然而通过前面的理论和探索性案例研究，本书已经发现知识共享一般有多种方式，最常见的是编码化和个人化，其实质是有形的文档资料的共享和无形的成员之间的学习共享，因此本书把这两种知识共享方式命名为文档资料共享和成员学习共享。而尤其为了应对分布式创新，不同的产业中又出现了知识产权共享这种新型的知识共享方式，因此本书探索性地把知识产权共享加入上述两种知识共享方式中，下面分别论述其与创新绩效的关系。

（一）文档资料共享度与创新绩效

汉森等（1999）将组织知识的共享分为编码化方法和个人化方法，编码化方法即用信息技术存储编码化的信息，基本思想是将解决问题所需的知识标准化。其编码体系一般有工作流程和数据库两种形式。工作流程将知识嵌入组织的业务流程、信息流程等，将工作流程编码化、规范化甚至标准化。而数据库形式是最显性的表达知识的方法，知识通过编码进入数据库后，就可以方便地被其他组织内部成员使用。汤建影和黄瑞华（2005）认为研发联盟企业间知识共享绩效的考察应从客观与主观两个层次展开。企业竞争激烈与顾客需求改变快速等两大原因，促使企业的长期生存与成长必须依靠组织发展新产品及新方法的能力（Zander & Kogut，1995）。曼德哈凡和格瑞弗（Madhavan & Griver，1998）认为新产品开发可视为一种将企业镶嵌（embedded）在组织内部或外部的知识做重新的整合方式，并将其体现（embodied）在产品上的过程。在产品生命周期日益缩短的今日，新产品开发成为企业持续成长与永续经营的关键。能否有效地运用新产品开发管理来开发高品质、低成本的产品或服务，更是企业在市场上竞争的优势。而在竞争激烈的现代，企业面临着如何比竞争者更快速地推出符合市场需求的新产品的挑战。综上所述，这些学者的研究其实都在强调 NPD（新产品开发）团队成员间，若在知识分享的意愿与能力都很高时，则有利于产品相关知识的流通、交换以及移转，缩短 NPD开发时间。此外，成员间知识分享有助于加速组织学习，以重组组织内部既有知识，或结合外部新知识，进而创造与蓄积组织知识，并具体呈现在新产品开发的创新绩效上。陶厚永和刘洪（2008）采用计算机建模方法，动态模拟了知识共享机制对群体绩效的影响，通过分析得出以下主要结论：（1）知识共享主要受个体预期的成本收益的影响，同时也受知识性质、高位势知识个体的表达能力、低位势知识个体的吸收能力、环境等因素的影响；（2）对于动态的开放系统，知识共享的作用具有两面性，一方面，知识共享有助于把组织做大做强，有利于群体绩效的提高；另一方面，由于个体的流动性较高，如果没有科学、合理的知识共享机制来维护个体的收益平衡，随着高位势知识个体的不断离开组织，群体绩效会明显的降低。（3）通过知识共享机制可以实现高位势知识个体、低位势知识个体和组织环境三要素之间的耦合，但是不同的知识共享机制的耦合效果是不同的，需针对个体的特征构建符合组织实际情况的知识共享机制，最大程度地促进知识共享行为的发生，提高知识共享的效果，实现群体绩效最大化。

基于上述分析，本书提出如下假设：

假设 H2a：分布式创新过程中文档资料共享对创新绩效具有正向影响

（二）成员学习共享度与创新绩效

当知识比较复杂，或者被包含在一系列复杂的技术或组织框架之中，最合适的共享方法可能就是"干中学"或"从经验中学习"。达文波特和普鲁沙克（1998）同时提出了市场交易和自学习的知识共享观点，其中的自学习观点强调知识未经接受者吸收，并带来行为的改变或产生新的行为模式，就不能称为真正的分享成功。他们提出"知识共享＝传递+吸收+利用"的概念，认为知识转移的目的在于改善组织做事的能力，进而提升组织的价值。野中郁次郎（1994）则是以"知识互动"的观点来说明知识分享，它是一种个人与个人之间，内隐知识与外显知识相互动的一个过程；该过程包括共同化、外化、结合化及内化，形成了一个知识的螺旋。圣吉（1998）也从学习的角度出发，认为知识共享并不是单纯的给予和获取的动作，而是一种通过学习使他人获得有效行动能力的过程。他建议企业的组织要精简、扁平化、弹性适应、终身学习、不断自我组织再造，以维持竞争力。企业要进行五项修炼，即：一要建立共同愿景；二要团队学习；三要改变心智模式；四要自我超越；五要系统思考。因而，知识共享是学习型组织的一个重要特征，而团队的共同学习是知识共享的实现方式之一。其主要有三类学习：一是交互感应式的学习，团队成员在知识的交流学习中相互感应、互相启发来促进团队成员的创造性思维不断得到激发和强化；二是解决问题式的学习，围绕着某个问题的解决而展开学习；三是超越式的学习，团队学习往往打破旧有知识体系的屏障。罗志勇（2003）也认为知识共享是指在知识开发和利用的层面上，通过个体之间相互接触和会话或组织之间建立紧密互利关系（如知识联盟、协同竞争、技术授权等），以实现知识资源的复用和知识创新的不断推进，知识共享是一种组织学习过程。知识共享依赖于知识类型，更多地表现为组织的学习过程，目的是促进知识的创新。

基于上述分析，本书提出如下假设：

假设H2b：分布式创新过程中成员学习共享对创新绩效具有正向影响

（三）知识产权共享度与创新绩效

余平和黄瑞华（2005）对基于合作创新虚拟企业三种不同运作模式中的知识产权问题进行了分析。第一，业务外包模式由于存在流动性和信息共享的特点，往往存在着核心技术外泄的风险；此外，虚拟企业内部各成员企业之间的知识产权归属不明确，如合作创新期间产生的专利、技术秘密如何分享，这些问题从现有法律制度中无法找到满意的答案。第二，企业共生模式中，成员企业在合作中的作用不同、地位具有变化性，导致知识产权权属分配的复杂性，从而该模式中的共同分享利益机制遇到了挑战；此外，基于合作创新虚拟企业打破了传统企业组织机构的界限和层次，各成员企业之间在技术水平、管理水平、人员素质、企业文化等方面存在一定的差异，这些差异大大增加了知识产权协作风险。第三，战略联盟模式的不稳定的动态性特征使得成员企业的知识产权在虚拟企业中快速扩散，给所有者的权利和利益带来较大损害；此外，战略联盟模式中的成员企业往往在地域上较分散，甚至跨越国界，其运作中的知识产权归属不明确还可能带来知识产权法律适用冲突。针对上述这些问题，作者认为应完善契约制度并构建公平的分享机制。任志安（2007）认为合作型自主创新有利于企业间知识共享。但在实际运作中，其知识产权有共享冲突，具体表现为因成员企业的机会主义行为引起的知识产权被"劫盗"风险、因知识产权的公共物品属性而诱使的成员企业的"搭便车"行为以及因知识产权的外溢性而引致的知识产权流失风险。作者认为可以从治理结构和治理机制两个方面对此进行有效治理和防范。

苏世彬和黄瑞华（2005）认为企业在通过合作联盟来实现知识的积累和创新过程中，容易产生知识产权的专有性和知识共享性的冲突，在没有任何外部约束的条件下，理性的盟员是不会共享专有知识产权的，最终的结局便是联盟的失败；只有在联盟中引入中立协调人，并赋予该协调人一定权力（如协调、惩罚等等），才能产生专有知识产权共享。但是作者只是从理论上而不是实证上证明上述结论，对于如何保持协调人的中立地位并保证该协调人能够积极努力地为合作联盟服务的探讨有待研究。类似地，林慧岳等（2002）认为知识是过程与实体的矛盾统一体。作为过程的知识共享要求加大和完善知识交流，以支持知识创新；作为实体的知识共享要求知识产权制度的建立，应注意在知识共享者和知识权利人的经济利益之间保持均衡。王敬稳和陈春英（2003）也认为解决上述矛盾的方式是知识产权与学习的知识共享并举，因为知识产权以一种市场化的生产方式生产知识，具有清晰的产权边界，知识生产与消费之间的交换，是以市场为中介。而一般的资料与学习知识共享则相反，它用非市场化的生产方式生产知识，突破主客体的产权边界，实现生产与消费的直接合一。这样，利用知识产权可以保障知识产权人的利益，而利用知识共享则可以发挥其外部性，以支持知识创新。组织可以针对具体的情况，权衡经济利益来选择合适的知识生产方式。汪忠等（2005）从合作创新的组织特性、知识和知识产权特性和环境的伴生风险三个方面分析了合作创新过程中的知识产权风险。认为合作成员之间形成的是一种松散的组织关系，它们在合作中经常形成既合作又竞争的态势，不可避免地产生知识产权风险。

针对这种窘境，艾普亚德（1996）对企业应选择对知识保密还是公开的标准进行了分析，认为只要满足知识共享平衡公式，即如果企业认为排他性地使用一条技术知识比共享知识获益更大，那么企业就可能寻求知识的保密，否则，企业就会寻求有效的共享途径。所有这些理论上的研究与分析近期在全球的 IT 产业与医药产业中得到了验证，原来竞争关系的企业通过共同的分布式创新活动，交叉共享大量的知识产权，极大地提升了参与各方的创新绩效。麦克米金等（2002）对某生物信息技术的分布式创新过程的分析也表明，六个创新主体的组合动态变化，非常重要的连接纽带是知识产权，通过共享不同的知识产权，各创新主体不但在各自的知识领域更加专业，同时增加了全球获取知识的能力，更加灵活应对动态的环境变化。

基于上述分析，本书提出如下假设：

假设 H2c：分布式创新过程中知识产权共享对创新绩效具有正向影响

三　分布式结构与知识共享程度

本书从文献阅读与探索性案例分析过程中发现，分布式创新自身具有结构性的特征，即成员分散、技术模块化，这样的组合最常见也最有效。因而本书确定分布式结构包含成员分布度与项目模块化这两个主要内容。

对于成员分布度已有众多学者进行了研究，如库姆斯和麦特卡夫（2002）在"分布式创新"定义中认为，创新所需要的技术及其另外能力在一系列企业和其他知识创造机构之间分布，即在地理上分散的员工通过认知与技术的连接，可以成功地实施创意、任务及流程，因此分布式创新可以是企业内也可以是企业间（Kelly，2006）的。他们的研究都隐含了分布式创新过程中成员是在地理上或组织间分布的，从定义本身就假定这样的分布组合有利于创新完成或组织的知识共享及充分利用。安德森和德内贾（2005）对荷兰近海风力发电产业中5个主要企业参与电机涡轮系统创新的研究表明，分布式的成员能积极进行网络动态学习，从而把相关技术应用于不同产业，有效避免结构化陷阱。安德森和默尔斯（2006）以音乐行业内不同创新主体的作用为例，认为这样的模式能促进音乐行业分布式知识资源的生产、转化、合并及积累等。而卡密斯（2004）研究了团队结构多样性和外部知识共享价值之间的关系，这里的多样性指团队成员分散于不同的地域、来自不同公司、向多位管理者汇报并承担不同职能。他认为，有效的工作团队致力于外部知识共享，即与客户、组织专家和团队外部的其他人交流信息、技术知识和反馈意见。他的研究结果表明，当团队在结构上更加多样化时，外部知识共享与绩效之间的相关性更加显著。卡内姆（2006）以自我组织型社区、商业社区及局外人参与创新的案例说明，这些案例中分散于不同地方的人员能更好地进行相互学习、共享相关的文档资料，甚至促进了知识产权的共享。

而对于项目模块化与知识共享的关系，青木昌彦（2001）认为在所有的产业中，产品本身的模块性都会提高国际竞争力。分布式是大系统架构的基本思想，而模块化是分布式架构的一种实现方法。分布式和模块是不可分割的，没有模块化就难以实现分布式。西蒙（1962）最早对模块的巨大作用进行了研究，他通过列举两个制表工人的制造过程例子说明将复杂系统简单化的方法。尤里奇（Ulrich，1991）将模块化（制品）结构定义为：将功能结构中的功能元素到产品物理部件的一对一映射，并对要素间的非成对界面做详细说明。而鲍德温和克拉克（Baldwin & Clark，2006）则认为："模块，就是指这样一种单元，其内部的结构元素相互之间的联系非常紧密，而与其他单元内部元素之间的联系相对松散，这种不同的关联度导致了不同的模块化等级。"青木昌彦（2003）认为"模块化"是指半自律的子系统通过和其他同样的子系统按照一定的规则相互联系而构成更加复杂的系统的过程。20 世纪 90 年代开始，模块化原理广泛用于飞机、汽车制造业以及软件行业等领域的产品设计与生产制造中。从知识的角度分析，模块化的基本原理在于通过体系结构和标准界面的建立，降低了知识之间的相互依赖。因而，模块化具有分解复杂系统的作用，一是有利于提高组合创新的机会，即通过各个独立模块内部的知识创新可以改变整体系统的功能；二是应付未来不确定性，由于模块化使相互依赖的系统分解为依照既定的规则联系起来的模块，因此多个研究团队（或外部企业）可以同时展开独立的竞争性研究，基于不同假设条件展开的实验能够针对未来的不确定性预留多种选择方案；三是提高创新速度，由于关于模块设计的总体规则是高度明晰的知识，任何一个企业都可以在此条件下进行独立模块的知识创新，通过利用外部资源来提高创新速度。

芮明杰和陈娟（2004）认为从知识的视角看，模块化的基本原理在于通过体系结构和标准界面的建立，降低知识之间的相互依赖性。企业中以项目团队形式出现的正式团队以任务为中心，需要各个领域知识的协作，一般是跨功能团队并且成员由各个领域的员工组成。在当今高度不确定的环境中，企业往往需要在建设项目团队时考虑多种技术选择。企业更需要将一个项目小组分成多个相互竞争的次级小组，让他们根据不同的假设、以不同的方式完成同一个项目，然后对这些次级小组的成果展开讨论，做出评价，最终选择或者整合出一个最佳的方案。

进而，芮明杰和刘明宇（2006）以模块化对知识共享作用的三个层次进行了分析，首先是设计规则的创造和传播，它确定了模块的任务范围和交流界面。其次是模块的设计，物化了大量的隐性知识。再次，模块的操作过程就是一个知识创造和知识转换的过程，它使得知识组合所需要的学习成本下降。所有这些都促进了创新过程中的知识共享，从而提高了产品的创新绩效。

鲍德温和克拉克（1997）认为，模块化设计通过产品及其部件的界面设计使得产品特征与任务在模块内相互依赖，在模块间相互独立。尤里奇（1991）从产品构造上将产品分为模块化产品与集成化产品。模块化产品的各个组件分别执行一个或多个功能，而集成化产品每个组件通常承担多项功能。模块化与外包是制造行业，特别是电子行业的新趋势，它对一定范围内的不同功能或相同功能不同性能、不同规格的产品进行功能分析的基础上，分解出一系列功能模块，通过模块的选择和组合可以构成不同的产品，以满足市场不同需求的设计方法。

目前，企业的专有知识越来越成为战略性资源，合理地管理、利用企业的专有知识是赢得竞争的重要筹码，而企业产品中包含的知识是企业知识资源的最重要部分，因此重视模块就是重视知识，可以大大节省时间和开支。

模块化是一种有效应用于制造业的产品设计方法，主要功能是分解复杂系统。独立模块之间通过简单明晰的规则联系大大降低了知识转移的需求，同时由于形成模块化可以在模块内部形成大群体中难以形成的协调机制，在小团体中大大提高知识转移的效率，而产权独立、产出的可监督性则从根本上降低代理成本。模块化作为一种解决授权与控制悖论的有效工具，通过竞争机制、协调机制与规制机制可同时降低知识成本与代理成本。鲍德温和克拉克（1997）在研究 IBM System360 计算机的过程中发现，模块化促进产品创新的要素如下：一是系统架构设计，即是用于界定各模块在系统中的地位、作用和功能的信息；二是界面协调，用于描述不同模块交互的细节，包括各模块之间的连接和沟通的信息；三是模块化技术标准，用于检测各模块设计与设计规则的一致程度以及衡量比较各模块性能的信息（图 4.5）。

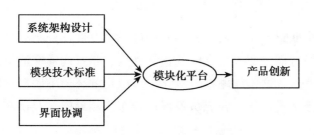

图 4.5　模块化促进产品创新的机制

资料来源：鲍德温和克拉克（1997）

汉德森和克拉克（1990）提出了一个产品创新分类的新框架（图4.6）：一是渐进性创新，指那些现有技术被加强，产品技术有较小改进，而组件之间的联系不变的创新；二是模块创新，指一个或多个组件发生变化而组件之间的联系保持不变的创新；三是构架创新，即通过对现有技术的优化，改变组件连接的方式；四是突破性创新，用全新的科学技术替代现有技术。

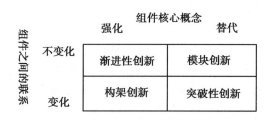

图 4.6　汉德森和克拉克的产品创新分类

资料来源：汉德森和克拉克（1990）

企业要发起或者采用一项模块创新只要具备该组件的专业知识就行，而发起或者采用一项构架创新企业要掌握组件之间如何连接并整合起来组成整个系统的结构知识，因此构架创新常常对产业内竞争者和技术用户产生深远的影响（汉德森和克拉克，1990）。

基于上述分析，本书提出如下假设：

假设 H3：分布式创新的分布式结构对知识共享具有正向影响

假设 H3a：分布式创新的分布式结构对文档资料共享具有正向影响

假设 H3b：分布式创新的分布式结构对成员学习共享具有正向影响

假设 H3c：分布式创新的分布式结构对知识产权共享具有正向影响

四　分布式认知与知识共享程度

本书从文献阅读与探索性案例分析过程中发现，分布式创新自身具有成员认知性的特征，即成员之间的信任程度、相互沟通交流方式以及各自的技术知识背景，这些问题在分散化、虚拟化的环境下表现比较突出。因而本书确定分布式认知包含成员信任、分布式领导模式及认知相似度等三个主要内容。

（一）信任与知识共享关系

由于分布式创新的特点，项目成员一般不崇尚权力而认可权威，但是也不能过分依靠权威，因为权威有可能会破坏团队中的平等氛围，从而给团队知识共享带来极大的负面影响。因此分布式创新团队的关键就是要平等与信任，要能够创造一种开放的环境，使团队成员愿意分享其希望、想法、感情、恐惧和批评。这样，建立了彼此信任、相互关怀和支持的团队氛围，团队成员将乐意为一个共同的团队目标奋斗。纳尔逊和库伯瑞德

（Nelson & Cooprider，1996）把相互信任定义为"伙伴间所分享的一种对于落实彼此承诺的期望"，其可区分为"基于理性认知"的信任和"基于社会情感"的信任（McAllister，1995；Tyler and Kramer，1996）。认知性信任是一种理性的观点，包含着能力、责任、诚实、确实、可靠和可依赖（McAllister，1995；Mishra，1995；Tyler & Kramer，1996），它与组织过去的表现有关。情感性的信任是一种社会观点，属于比较情绪性的意义，它包含着关怀、关心、仁慈、利他、承诺、相互尊重、包容、倾听和理解的能力，以及对"感情互惠"的信念（Badaracco，1991；Hart & saunders，1997；Mayer et al. 1995；McAllister，1995；Mishra，1995）。信任的发展会慢慢地从认知性的信任开始增进至情感性的信任。

组织关系建立和科技合作上的学习的最大障碍便是缺乏信任（Davidow & Malone，1992；Dodgson，1993；Levicki & Bunker，1996），一旦参与项目的组织彼此缺乏信任，知识共享和完成项目的承诺便出现问题，同时因为知识密集的活动不容易由合约约定，因此缺乏信任可能会增加合作伙伴的风险（Bakos & Brynjoflsson，1993）。相互的利益和对建立长期关系的期望皆可促进信任的发展（Dodgson，1993；McAllister，1995；Tyler & Kramer，1996）。信任是组织学习和变革初步所必须的（Robey et al.，1995），例如流程变革和再造（shaw，1997），因此只有相互信任的伙伴才能够坦诚地共享信息和知识（Hart & saunders，1997；Nelson & Cooprider，1996；shaw，1997）。而且不担心自身知识的泄漏（Hamel，1991）。因而，信任影响组织学习和知识转移的过程，紧密的信任关系有助于知识共享的进程（Gulati et al.，2000）。

而对于跨国团队来说，其成员通常较没有足够时间去彼此了解，往往都专注于各自关键的工作，或是由于地理区域的分散，极少有面对面接触的机会（Schoder，2000）。因此成员间高度的互信是一个成功的跨国团队不可或缺的因素。尤其信任对于地理区域分散的跨国团队更是格外的重要（Smith，1997）。

信任问题的研究表明，提高人际信任可以增强组织凝聚力、有利于成员之间的协作并提高工作效率，合理配置资源并降低组织运行和管理成本。罗特（Rotter，1971）就认为个人生活经历和对人性的看法会形成对他人可信赖程度的期望或信念，而罗宾斯（1997）认为团队成员之间的信任是彼此相信各自的正直个性特点和工作能力，霍思默（Hosmer，

1995）认为信任是当个体面临预期损失大于预期收益的事件时所做的一种非理性选择行为。信任已经成为一项重要的社会资本，在社会经济生活中发挥着重要作用。信任是指交往双方关系的一种属性，是交往的一方在环境存在不确定性的情况下对另一方持有的他不会利用己方弱点的信心和心理期待。亚瑟·安德森公司和美国生产力与质量中心对 70 多家公司进行的调查研究显示，88％的人感到营造开放和信任的气氛对知识共享很重要（宋建元、陈劲，2005）。相互信任是知识交易的灵魂。企业员工之间彼此信任，会减少沟通的成本和障碍，促进知识共享（厉荣，2003）。知识所有者一般不会完全共享或完全不共享其知识资源，而是共享其中的一部分，并随着对共享对象信任程度的改变而不断地调节知识共享份额（陈娟、王文平，2004）。因而扁平化、网络化、弹性化的企业组织结构能够创造更多的交流与沟通，有利于交流结果的共享，从而促进知识共享的进程，反之将会阻碍这一过程。

霍思特（Holste，2003）通过实证研究的方法证明了信任与跨组织的知识分享和使用之间的关系。其中信任分成以意愿为基础的信任和以认知为基础的信任，知识分成显性知识和隐性知识。并且通过实证研究证明在个体之间以意愿为基础的信任和以认知为基础的信任与显性知识和隐形知识共享都有正相关性。

瑞格兹和罗伯特等（Ragatz & Robert 等。1997）基于对 60 个企业的调查认为，模块分包商参与产品创新所需要的条件之一是紧密、开放和长期的信任机制；另外，良好的信息交流与沟通机制能便利地获得供应商的知识和特长，合理的利益分配机制能发展稳定的合作关系（图 4.7）。

图 4.7　模块分包商参与产品创新的机制

资料来源：瑞格兹和罗伯特等（1997）

凡察（Fache，2000）调查发现在众多推行知识管理的公司中信任合作支持的文化有助于知识共享。纳尔逊和库伯瑞德（1996）指出信任是知识共享的一个重要的影响因素：当人们通过社会互动不断沟通时，彼此间会产生吸引力，而这种吸引力将带来问题的解法、工作流等信息的共享，进而促成知识共享。达文波特和普鲁沙克（1998）同样认为信任是知识市场运作、促进知识共享的因素之一。一方面，信任能够促进企业间合作，从而促进其知识共享；另一方面，信任能够加强知识共享的程度，从而实现企业之间知识的有效利用。陶蕾（2008）从友好信任和能力信任的角度，分析了信任对于知识共享的促进作用，认为联盟成员对其伙伴的友好信任越多，联盟成员与其伙伴的知识共享也越多。赫雅风等（2007）通过对 120 家企业的实证调查，认为信任对知识转移具有较大的影响力，尤以情感为主的 X 信任对知识传递意愿的影响力最大。

在分布式创新团队中，团队成员彼此间的信任，可以促使员工在一个和谐的氛围工作，有助于团队成员间交流，员工间的交流也就促进了员工的知识共享，尽管员工交流的内容并不一定都是知识，但是这种交流的机制还是促进了他们共同解决问题的意愿，从而当有问题产生的时候，在自己解决不了的情况下就会寻求他人的帮助，也就产生了知识共享。信任的形成有三种可能：一是对利益的算计，此信任往往是单次交易中的短期信任，囚徒困境就是其典型例证；二是长期多次交易而形成的熟悉，合作的出现使得长期信任机制形成；三是具有可预见性和可依赖性的规则。

当知识共享双方存在信任时，彼此将更愿意给予对方有用的知识，同时也将更愿意接受和吸收他人提供的知识。豪逊德和明奈（Haunschild & Miner，1997）研究对比了成员之间相互信任不同水平的实验组，发现具有较高信任水平的实验组知识共享的准确性和及时性都较高，这是由于信任主体减少了对同伴的控制，并且更愿意接受同伴对自己的影响及给予同伴更为准确和完整的数据信息。而思祖兰斯基（Szulanski，2000）则从反面验证了不信任对于知识共享的消极作用，认为接受方认为提供方不可靠，那么接受方将不愿意吸收、运用提供方所提供的知识，导致知识转移在前三个阶段中出现困难。安德鲁和德拉汉（Andrews & Delahay，2000）认为，提供方的可靠性和接受方的可信性分别在知识的获取和共享过程中起着重要的促进作用。阿马松和穆宁（Amason & Mooney，1999）的研究指出，团队信任越高，团队越愿意冒险，因而可激荡出不同的想法与意见，致使团队绩效也越高，而且团队成员间的人际信任越高，其合作满意度越高；团队成员的制度信任越高，其合作满意度越高。

（二）分布式领导模式与知识共享关系

罗伯特（1971）认为当项目团队高度结构化，命令型领导方式就显得多余，且效率低下；因而此时就需要参与型领导，此类领导往往就工作任务主动与下属协商，征求下属意见和建议。

古曼（Goleman 等，2002）提出了远见型、教练型、合作型、民主型、领头型和命令型六种领导风格，认为高效领导要能够从容驾驭这六种领导风格，并根据不同的形势需要，进行运用、变换。

吉伯（Gibb，1954）率先提出了分布式领导的概念，但当时这一概念并没有引起学者们的广泛关注。直到20世纪90年代中后期随着跨职能团队、自我管理团队、虚拟团队等的不断出现，组织的扁平化趋势日益明显。相应地，"集权、控制、指挥、个人关注"等正统的领导观念和领导方式逐渐地被"授权、民主、合作、集体参与"等话语和行为所替代。因而，在知识型团队中才开始实施分布式领导决策模式，即通过让领导角色根据任务情境的变化和团队成员的个人特长而动态更替，来激发组织成员参与领导的愿望，发挥个人的专长，提高组织决策的正确性，促进组织的知识创新，从而保持组织的竞争优势。明兹伯格（2006）指出组织应该将以个人为中心的集权式领导转变为分布式领导，而所谓的分布式领导就是组织的不同成员根据自己的能力和环境条件的变化动态地分享领导角色。从现有的研究成果来看，分布式领导模式主要适用于高层管理团队、应急行动团队、咨询团队等团队，并对团队绩效产生积极的影响。分布式领导（distributed leadership）概念常常等同于分享式领导（shared leadership），与以个人为中心的集权式领导相对。至今对于这一术语没有统一的定义，有些研究侧重于行为分析，认为分布式领导不是个人对其他人做一些事，或者人们对团体或组织所做的一系列个人的行动，而是通过关系作用的团体行为。领导不是一个居于高位的、单一个体所行使的职能，而是在一种共同文化之下，合作工作中发生的集体行为。另外的一些研究关注工具分析，如斯皮兰（2006）认为，分布式领导是一个重要的诊断性框架，是帮助领导者战略性的思考、开发技能的一种工具。还有些研究进行综合分析，指出分布式领导概念更多的是关于行为（behaviour）而非角色（role），领导不再是个人的事，而是分布于组织之中，领导角色随着不同的组织发展需要而更替、转变。总结众多研究，可以发现学者从三个不同的角度对其进行了定义：第一是数量观定义，吉伯（1954）首先指出，领导角色可以从群体的视角来观察，是由群体共享的一组职能，这样的领导模式称为分布式领导。简而言之，分布式领导是由多人担任领导角色的领导模式，是一种集体领导模式。卡森等（2007）认为，分享式领导是因领导力分布于多个群体成员之中而自然产生的一种领导模式。第二是动态互动观定义，与数量观相比，更多学者从领导角色关系的角度来定义分布式领导，格容（Gronn，2002）、皮尔斯和康奈（Pearce & Conger，2003）、明兹伯兹（2006）以及斯皮兰（2006）的观点较有代表性。皮尔斯和康奈（2003）更加关注领导的影响力方向对领导角色分布的影响。他们将分享式领导定义为"一个群体中的多个个体为了实现群体目标和个体目标而动态互动的影响过程"。这种影响过程既包括同事之间的横向影响，也包括向上或向下的层级间纵向影响。斯皮兰（2006）把分布式领导视为领导者、下属和情境三者的互动过程，即随着时间的推移，领导和下属的角色可以更替。第三是整合的定义，分布式领导是根据任务特点和组织成员能力，由多个组织成员共同承担和动态更替领导角色的集体领导模式。这一概念有几个要点：其一，领导角色由多个组织成员共同承担，但不一定由全体组织成员来承担，只要由一人以上共同承担领导角色，就应该认为相应领导模式是分布式领导模式。其二，领导角色更替的依据是任务特点和成员能力的匹配程度。其三，领导角色是动态更替的：一方面，任务情境的变化会导致新的领导角色的出现，或某种领导角色的暂时消失；另一方面，组织成员会在领导—下属两种角色间动态转换，即组织成员可能在某一时点是领导者，在另一时点则是下属，这种转换要根据任务特点和成员能力水平来定。

因为分布式领导的上述特点，皮切特（Pinchot，2006）认为其概念可能存在下列四个误区：误区一是分布式领导会导致多头领导。分布式领导是一种集体领导模式，但是不等于多头领导。在这种集体领导模式中，组织成员根据组织任务的需要以及个人完成任务的能力轮换担任领导角色。误区二是分布式领导等于无领导的无政府状态。分布式领导给予每个组织成员担任领导角色的机会，但是，个体能否担任领导角色，要视其能力与任务要求是否匹配而定。组织成员通过长期共事逐渐了解了各自的才能，他们基于信任和实现共同目标的需要，愿意在不同阶段根据任务特点的变化听从最有能力的成员的安排。误区三是组织不可以再指派领导者。但是据兰切奈（Lechner，2000）对17个团队的100多名成员进行的实证研究表明，组织无论是否指派领导者，均可以实施分布式领导。误区四是分布式领导排斥集权式领导。分布式领导的实施有利于组织扁平化，提高组织运作效率。但必须指出的是，分布式领导并不排斥集权式领导。实施分布式领导的团队是一个自我管理的集体，在集体外部，有关该团队的基本决定——该做什么和由谁来做——仍然由层级制组织来做出。此时，组织领导者应学会倾听下属的意见，但不应成为主要的参与者或者教练。

森贾·琼斯（Sandra Jones，2002）研究了改善员工工作条件、员工参与决策和员工分享知识意愿之间的关系。指出只有改善员工的工作条件，给予员工参与决策的机会，员工才会有分享知识的动机，这样才能帮助组织成为智能组织。李洁芳（2008）总结了分布式领导的两个重要特点：（1）多个成员根据任务的不同特点共同担任领导角色；（2）领导角色随时间的推移而在多个成员间更替。将担任领导角色的人数作为一个维度，将环境从稳定到动态的变化作为另一个维度，可以把领导模式分为集权式领导、愿景型领导、雁式领导、动态分布式领导四类。图4.8左侧的集权式领导和愿景型领导是现有领导理论集中研究的个人领导模式。图4.8右侧的两种领导模式为集体领导模式。对于领导者人数多于一人的集体领导模式，我们可以将其划分为雁式领导（静态分布式领导）和动态分布式领导。雁式领导是一种稳定环境中的静态分布式领导模式。在这种领导模式下，领导角色根据任务或时间的变化而稳定地更替。而在动态环境中，组织并不事先安排领导角色的更替，领导角色根据任务要求和成员的能力灵活更替。在这种情况下，环境的动态变化使得组织无法准确预测组织成员应担任的角色，但组织成员有担任领导角色的主动性，当任务的要求与他们的个人专长相吻合时，他们就会主动担任领导角色。

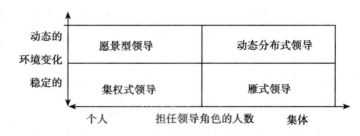

图4.8　以环境变化和领导者人数为维度的领导模式分类

资料来源：李洁芳（2008）

黄培伦（2003）认为分布式领导是知识型组织应对环境变化的一种

新型合作领导模式，主张领导不应局限于个人，而应是组织成员均可参与的动态过程，领导力也不应仅仅局限于正式的职位权力。知识创新型组织更加强调以专业技术为背景的非职位权力。如果仅仅运用职位权力对知识员工进行强制性管理，其后果可能是知识员工口服而心不服，不利于激发他们的工作主动性和奉献精神。

在组织扁平化的环境里，在权力更为分散的组织中，在决策更大地依赖于团队的条件下，在工作和责任需要更多的角色分担的情况下，分布式领导有更大的适应性。分布式领导也尤其适合于动员更多有能力者的积极性和参与意识，集合更多人的才干，放大团队成员的整体智慧、能量和效果。

（三）认知相似度与知识共享关系

安卡纳和卡德威（Ancona & Caldwell，1992），以及麦克勒和洛伯（Mcleod & Lobel，1992）的研究显示团队组成的异质性或多元化（diversity）与团队的创新效能或创意品质有正面影响。但是米利肯和马丁斯（Milliken & Martins，1996）认为异质性或多元化犹如双面刃，一方面虽然有机会提高创造力，但却也使得团队成员满足感降低，对团队失去认同感。Hogg & Terry（2000）指出，当团体成员组成异质时，由于个人的社会认同各异，成员将透过自我类化的过程将彼此区分为不同的社会群体，团体将因此区分为各个次群体，成员对圈内人的评价将明显优于圈外人，并认为群体内的成员较其他群体更为优秀，此将引发彼此间的敌意与冲突（Tsui et al.，1992）。这些团队内社会互动的问题将可能对知识共享及知识创造造成不良影响。研究中发现团队知识转换能力的异质性与知识共享与创造间具负相关。另一个可能的原因则是，团队异质性对绩效的正面影响通常是借由团队成员间的创造性摩擦或任务冲突而达成（Jehn et al.，1999），因为各人抱持观点的差异，借由团体讨论过程中不同观点的呈现，进而激发出新观念与知识。

组成团队的成员具有比较相似的生活经历、教育水平、价值观，以及较为一致的工作方式时，这样容易产生较为一致的心智模型（Rentseh & Klimoski，2001）。

以往的研究证实，在物理上分布的虚拟团队可能在团队新形成的时候效率不高，但这种在效能上的差异却随着团队成员间发展了共享理解而消失。共享认知理论认为，高绩效的虚拟团队成员间拥有相似的或兼容的知识，他们运用这些知识来指引他们的协同行动，从而有别于低绩效的虚拟团队。

格兰多瑞（Grandori，2001）也指出，由于知识的复杂性与异质性等特质，致使组织内（或组织间）知识交换（或知识流）的有效运作，已不只是诱因/激励的问题而已。在很多情况下，是由于认知失灵（Cognitive failure）引起知识交换双方的利益冲突（双方对该交换所衍生的利益有不同的认知）以及对交换过程与最终结果的不了解（各自的专业差异太大导致缺乏共同的了解）。

夏皮拉（Shapira，2000）认为由于成员具有不同的专业背景，来自不同的功能部门，以及在组织内部各自差异的职位与职权，因此各自具有不同的认知架构。有时候此架构在某群组织成员间差异很大，而在另一群组织成员间则较邻近。

奴特步（Nooteboom，2004）称这种组织（群组）成员间认知架构的差异为认知距离（Cognitive distance），并强调成员间（或跨组织间）的认知距离，会阻碍彼此间的沟通、合作与协调。如果认知距离太大，就不利于成员（组织）间的沟通协调，进而影响成员间互动所伴随而来的知识流（例如知识的使用与移转）的流量、流向与品质；但是过度邻近的认知架构（成员间认知距离太小），则将会由于彼此的思考、观点太过一致（Coherence），反而不利于新知识的创造与探索性的创新学习等。

卡普兰等（Kaplan等，2005）指出在概念上存在所谓的最佳认知距离，因而认知距离对于组织而言一方面可能是知识流有效流通的阻碍因素，另一方面却也有可能是有利的机会（如新知识的流入）。当组织进行知识管理时可通过个别成员（跨部门/跨团队）间认知架构的安排，作为平衡组织使用知识与创造新知识的诱因。奴特步（2004）认为这种认知架构的安排包括降低或连接（Bridging）成员彼此间的认知距离。如认知距离的降低是指通过成员对组织与任务目标的"认同"，而让彼此的认知架构聚焦；而连接则指提高成员与不同意见及思考模式的成员间，对组织任务目标的相互调适与沟通能力，具体机制如发展信任及互动学习。

基于上述分析，本书提出如下假设：

假设 H4：分布式创新的分布式认知对知识共享有正向影响

假设 H4a：分布式创新的分布式认知对文档资料共享有正向影响

假设 H4b：分布式创新的分布式认知对成员学习共享有正向影响

假设 H4c：分布式创新的分布式认知对知识产权共享有正向影响

五　分布式协同与知识共享程度

本书从文献阅读与探索性案例分析过程中发现，分布式创新需要协同技术的支撑，即要有硬件方面的技术信息设施，也要有软性方面的制度协同。因而本书确定分布式协同包含协同技术及创新激励制度这两个主要内容。

1. 协同技术与知识共享程度

知识共享的实现技术主要有信息与沟通技术（Information and Communication Technology，ICT），它为知识管理提供了两种基本的能力：一是知识的编码化；二是知识网络化。知识的编码化与网络化都能为知识共享提供一定程度的支持。此外，国内外许多学者还运用资源描述框架（Resource Description Framework，RDF）和本体论（Ontology）两大关键技术，针对不同的研究领域，分别从知识建模、工作流和其他信息技术等方面研究知识共享的实现方式，提出了各种各样的技术方案来帮助与支持知识共享。

商业周刊调查服务公司（2006）在分布式产品开发全球成功案例研究中，针对各大制造企业改进 GPD 的有效方法重要性排序时发现：标准的产品开发工具，标准的和明文规定的流程及精确有效的绩效指标在 628 家实施了 GPD 的企业中都排列在前，三者在先型企业、略有成就型企业及正在奋斗型企业中的排序基本相似，这说明协同工具及创新激励对 GPD 的成功有极大的影响（见图 4.9）。

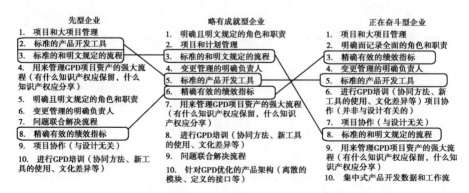

图 4.9　制造企业改进 GPD 的有效方法重要性排序图

资料来源：商业周刊调查服务公司（2006）

　　分布式创新要实现模块化产品的协同设计，难题在于如何很好地利用不同团队提供的异构平台上的模块来进行组合。分布式虚拟现实技术的发展很好的解决了这一难题。如：CORBA、DCOM/ODM+和 HLA/RTI 等技术的发展和应用，以及 PDM 技术的发展和应用。CORBA（通用对象请求代理体系结构）可以让分布的应用程序完成通信，无论这种应用程序是什么厂商生产的，只要符合 CORBA 标准就可以相互通信。PDM 是管理产品数据和产品开发过程的一种工具，它能够使企业各个部门、单位和供应链环节的人们参与到产品全生命周期的活动中去。PDM 集成和管理是从设计、制造、维护到技术支持阶段，用于定义产品的所有应用、信息和过程。

　　实施知识共享，还需要建设好知识共享的基础设施，充分利用知识管理技术来促进知识共享。如可以利用数据仓库、文件管理系统、管理信息系统、数据采掘、专家系统、人工智能等技术来获取和挖掘信息中隐含的知识；利用网络技术、群件技术、知识地图、计算机支持的协同工作（CSCW）、新型检索技术等保证知识的充分共享（见表 4.1）。

表 4.1　　　　　　　　　　　　　知识共享协同技术

	协同技术及作用
社会化技术	群件系统、专家系统，促进隐性知识到隐性知识的转化
外化技术	协作系统/群件系统/新闻组/论坛
组合技术	知识捕获技术、音频识别技术、搜索技术、分类技术如知识地图和分类、门户和元数据技术如索引和摘要技术
内化技术	在线教育和远程学习系统中的一些工具和软件，文档分类使得用户更好理解信息适用性和潜在的价值，减少信息冗余与重复的技术，可视化技术等，能更好地理解显性知识

　　资料来源：本书作者整理

　　协同技术有助于知识的创造、知识的外显化，以及知识在组织间的传播，协同技术的基础设施是促进知识管理项目成功的因素之一（Davenport & Prusak，1998）。良好的协同技术有助于迅速地收集、处理以及传递知识，并准确地活用知识。企业利用协同技术所提供的网络化能力，不需将知识加以外显化，就能促进内隐知识在组织间移转（Bloodgood & Salisbury，2001）。协同技术可促使组织的知识资产流通，整合片段的信息、知识流，提供内部创造新知识或查询连接外部知识资源（Teece，1998）；协同技术也能够撷取、结构化蕴藏于个人与团体中的知识，支援不同类型的知识及沟通型态，让组织成员或交易伙伴分享与利用（Davenport & Prusak，1998）。

　　总之，在知识共享的手段中，信息与沟通技术（ICT）是知识共享的物质基础，为知识共享提供了硬环境；而组织结构调整与文化建设为知识共享构造了软环境。只有在组织中建立起相互学习、共享知识的文化或氛围，信息与沟通技术才能发展出巨大的作用。模块化虚拟企业的产品开发集成了产品设计、制造和管理过程，是一种并行工程，主要包括：复杂的设计和制造过程；分布在各地的设计和制造团队；异构的设计和制造环境。因此必须利用虚拟现实、信息和计算机网络等技术，构建虚拟协同的模块化设计系统，开展虚拟协同的模块化设计。这是模块化虚拟企业实现的关键技术。

　　2. 创新激励与知识共享程度关系

　　左美云（2001）对企业知识管理的激励机制作了详细的论述，将知识管理的激励系统分为知识运行、知识明晰、知识绩效和知识奖惩四大机制组成。基本涵盖了内部激励（知识成果价值评估等）和外部激励（知识薪酬支付等）的主要内容。巴特尔（2002）阐述了经济激励在通过四个知识共享机制（知识库、正式交流、非正式交流、实践协会）进行知识共享中的作用，认为经济激励对于基于知识库的知识共享行为有重要影响。在团队内部和团队之间的正式交往中，基于团队的奖励也同样可能创造一种在员工间合作的氛围。基于团队的奖励和公司范围的激励（收益共享、利润共享和员工持股）也将分别对增强团队内部及跨团队的知识共享行为有所帮助。分布式创新因合作协议的存在而形成，其成员间的权利义务关系也以此契约为纽带。合作协议中通常规定了互相信任、以诚相待的基本合作原则，合作方式，知识产权的归属、使用及保护，利益的分享、风险与责任承担的原则和方法等。

　　激励是一种内化的力量，即自我振作、控制和满足，并不受外在环境的限制，隐含内在驱动的观念（Herzberg，1959）。激励是愿意为组织目标努力的意愿，但此意愿是受努力所能得到的结果，满足个人需求的程度所影响；或努力能够满足个人需求情况，朝着组织目标付出高度努力的意愿（Robbins，1998）。人类的所有行为，都是为了满足自己的各种需求，创新者也不例外。

　　基于上述分析，本书提出如下假设：

假设 H5：分布式创新的分布式协同对知识共享有正向影响

假设 H5a：分布式创新的分布式协同对文档资料共享有正向影响

假设 H5b：分布式创新的分布式协同对成员学习共享有正向影响

假设 H5c：分布式创新的分布式协同对知识产权共享有正向影响

第三节　本章小结

在综合已有国内外学者有关分布式创新影响因素分析和研究的基础上，结合企业探索性案例分析中不同的知识共享机制，本书从增强我国企业分布式创新过程中知识共享的角度出发，提出了本书研究的概念模型，即企业分布式创新要素分布式结构、分布式认知与分布式协同是通过增强文档资料共享、成员学习共享和知识产权共享这三个机制来更好地促进企业的分布式创新活动（如图4.4所示），并在此基础上提出了相应的理论假设（总结如表4.2所示）。

表 4.2　　　　　　　　　　本研究理论假设小结

假设	内　　容
H1	分布式创新对企业创新绩效有正向影响
H1a	分布式创新的分布式结构对企业创新绩效有正向影响
H1b	分布式创新的分布式认知对企业创新绩效有正向影响
H1c	分布式创新的分布式协同对企业创新绩效有正向影响
H2	分布式创新过程中知识共享对创新绩效具有正向影响
H2a	分布式创新过程中文档资料共享对创新绩效具有正向影响
H2b	分布式创新过程中成员学习共享对创新绩效具有正向影响
H2c	分布式创新过程中知识产权共享对创新绩效具有正向影响
H3	分布式创新的分布式结构对知识共享具有正向影响
H3a	分布式创新的分布式结构对文档资料共享具有正向影响
H3b	分布式创新的分布式结构对成员学习共享具有正向影响
H3c	分布式创新的分布式结构对知识产权共享具有正向影响
H4	分布式创新的分布式认知对知识共享有正向影响
H4a	分布式创新的分布式认知对文档资料共享有正向影响
H4b	分布式创新的分布式认知对成员学习共享有正向影响
H4c	分布式创新的分布式认知对知识产权共享有正向影响

续表

假设	内　容
H5	分布式创新的分布式协同对知识共享有正向影响
H5a	分布式创新的分布式协同对文档资料共享有正向影响
H5b	分布式创新的分布式协同对成员学习共享有正向影响
H5c	分布式创新的分布式协同对知识产权共享有正向影响

第五章

研究设计与方法论

对我国企业分布式创新的知识共享机制进行深入有效的分析，除了需要规范性的理论研究推理之外，还需要运用正确的实证研究方法。由于本书实证研究所需数据是通过以问卷调查为主的方式并结合调研访谈得到的，问卷设计和数据收集过程的合理与否，所收集数据是否符合研究的基本要求等，将直接关系到本书研究的质量。因此，本章将从问卷设计、数据收集过程、数据的初步统计分析等方面对本书的研究设计与实证研究方法进行阐述。

第一节　问卷设计

一　问卷设计内容及过程

问卷设计最重要的是问卷量表的构思与目的，不同的研究目的和理论依据决定了问卷项目的总体安排、内容和量表的构成（王重鸣，1990）。本书的问卷设计，主要是围绕我国企业分布式创新过程中知识共享机制的分析框架而展开，要求问卷内容能为各部分研究内容提供所需的有效数据。围绕各部分研究的研究目的和研究内容，本书所设计的调查问卷包括了四个方面的基本内容：

（1）公司及项目背景；

（2）关于分布式创新的构成因素判断；

（3）关于知识共享程度的判断；

（4）关于分布式创新团队的创新绩效判断。

本书最终所使用的问卷是在参考大量文献研究成果、企业分布式创新项目访谈结果，以及国内外一些较为成功的调查问卷设计形式的基础上逐步形成的。

首先，通过检索查阅关于技术创新、分布式创新、知识共享、创新绩效评价、企业或产业开展分布式创新等方面的研究文献，将相关文献中已论证的分布式创新的构成因素与知识共享机制，以及创新绩效评价指标等进行归纳，结合组织学习和社会网络分析等与本研究有关的知识，形成初步研究思路。

其次，选取深圳、青岛、浙江三地曾进行过分布式创新的 4 家代表企业进行深入现场访谈。访谈对象是企业内负责技术工作的高层领导、技术中心的主任和承担具体研发工作的项目经理，了解企业分布式创新的基本情况（如研发成员分布、本企业技术模块化划分、信任机制、领导模式、研发人员的认知模式、协同技术、激励制度及创新绩效等）以及在分布式创新过程中知识共享所遇到的主要问题。访谈目的包括两方面：一是验证初步研究思路，就初始研究假设征询被访谈者的意见，以检验该研究思路是否与现实情况相符合；二是征询被访谈者对本研究重要问题的意见，包括研究概念模型的表面有效性以及各变量的测度，以充实完善调查问卷，并通过现场访谈逐步形成初始调查问卷。

再次，征求学术团队的意见。将问卷以电子邮件的形式发给作者所在的学术团队（包括浙江大学管理学院 3 位教授、5 位副教授以及 30 多位博士生和研究生），以征求团队中各位专家教授和相关研究人员对初步问卷的意见，根据团队的建议对初始调查问卷进行了修改，形成了修改后的调查问卷。

最后，对修改后的调查问卷进行小范围的预测试，以验证调查问卷中所有指标设置和问卷表述的合理性。预测试的范围主要选择上海、江苏、浙江、深圳四地的 30 家企业进行，调查对象为企业内的高层技术领导和承担分布式创新项目的负责人、普通成员和外部专家。根据被测试者的反馈和建议，对部分测度题项的表述方式和语言进行了修改，在此基础上形成了最终调查问卷。

二　问卷设计的可靠性

由于本研究的调查问卷多数题项均采取 Likert 七级量表进行测度，信赖于答卷者的主观评价，而佛勒（Fowler，1988）指出了答卷者对题项做非准确性回答的四大主要原因导致数据结果出现偏差。本研究分别采取了相应措施以尽量降低其对获取准确答案的负面影响，一是针对因答卷者不了解相关信息而带来的负面影响，本研究选择参与分布式创新的负责人、普通成员与外部专家来填写问卷；二是为了减少因答卷者回忆问题而带来的负面影响，本问卷题项所涉及的问题均是近三年内的分布式创新项目情况；三是为了减少因答卷者不愿回答的问题，本问卷明确纯属学术研究目的而不涉及商业机密，并承诺对答卷者提供的信息予以保密；四是为了减少因答卷者不能理解所提问题而带来的负面影响，本问卷通过对问卷表述与措辞的反复修改完善，以尽量排除题项难以理解或表意含混不清的情况发生。因此，问卷设计的可靠性也就是要注意问卷设计的合理性和科学性，一些学者已从不同方面作过论述。如王重鸣（1990）认为问卷量表的设计包含理论构思与目的、问卷格式、问卷项目的语句和问卷用词这四个层次。研究者在进行相关问卷设计时，相关内容和子量表构成要根据问卷设计的目的而确定；问卷应避免复杂语句或带有引导性的问题，能避免多重含义或隐含某种假设，项目用语要明确、具体；另外，问卷用词要避免过于抽象；同时要控制答卷者的反应偏向。马庆国（2002）认为，正确设计问卷的要点是：根据研究目标设立问卷问题；设置问题要依据调查对象的特点；避免设置得不到诚实回答的问题；变换问题的提法从而得到不能直接回答而又必须了解的数据。

按照波德沙科夫和奥坎（Podsakoff 和 Organ，1986）以及李等（2001）的研究建议，本书的调查问卷没有说明拟研究的内容和逻辑，并在题项安排上将创新绩效题项放在其他因素测度题项的后面，以防止答卷者可能受到的因果关系暗示，并在实际回答过程中受暗示影响而降低最终问卷结果的可靠性。

第二节　数据收集程序

一　样本及被调查对象选择

本研究的样本框架选自浙江省、广西壮族自治区、上海市、广东省、福建省、江苏省、河南省等地 2007 年统计局的规模以上企业名单，采取随机抽样并辅助判断抽样的方法，从中筛选出通信、电子、医药、制造、化工、建筑、纺织、服务等行业的 400 家企业。针对佛勒（1988）认为可能会导致被调查者对问题做出不准确回答的 4 个主要的原因，本书为避免在这方面出现的信息失真，除了在问卷设计过程中对问题表述方式进行优化以外，在被调查对象选择方面也进行了控制，即确定被调查对象是参加过分布式创新项目的负责人、外部专家或普通成员。

二　问卷发放及收集

问卷发放分两种形式进行：第一种形式是采用以信函方式进行间接发放。本研究借鉴克里斯丁（Christine et al.，2003）的经验，并根据弟曼（Dillman，2000）描述的全面设计方法（Total Design Method，TDM），向所选择的 400 家样本企业的技术部门领导人寄出 400 份调查问卷和邮资已付的返回信封及说明信函，并附上样本选择、被调查对象选择的基本要求，请他们选择本企业曾开展过分布式创新的 1—2 个项目负责人进行调查。说明信函用来说明调查的目的和重要性，并向被调查者保证机密性及承诺有关研究发现的反馈。在问卷寄出 3 星期后再次寄出催函，并且通过社会关系与被调查者联系，以提高其回答问卷的积极性。但是以这种间接形式发放的问卷回收率不是太高，这类问卷共收回 153 份。第二种形式是现场发放。研究者对事先有联系的 28 家符合条件的企业，采用现场访谈发放的形式，共发放调查问卷 28 份。由于双方的信任度较高，现场发放的问卷回收率及完整率达到100%。另外，研究者还通过电子邮件委托在企业中的同学和朋友代为发放电子问卷，这部分问卷回收了 22 份，问卷回收率及完整率也达到了 100%。经过对回收的问卷进行完整性检查后，删除漏答、一致性回答等不符合要求的 32 份，最后得到有效问卷 171 份。

第三节　变量度量与指标选择

一　被解释变量

在本研究中，创新绩效为被解释变量。创新绩效的好坏，直接影响企业所能创造的价值。根据已有研究，对于分布式创新绩效的度量，一般不能采用单一指标，因为单一指标往往只能反映企业创新绩效的某一个方面，很难反映总体创新绩效。因此，采用多指标共同反映企业分布式创新的绩效更为科学，例如汉德伦德（1993）、库姆斯等（2003）、辛（2008）、奥苏利凡和康米坎（2003）、张洪石（2005）等采用了多指标来衡量企业的创新绩效。在他们的研究基础上，本书采用 7 级李克特（Likert-type）打分法，用 4 个题项来对企业的创新绩效进行度量（见表5.1），这 4 个题项分别为：（1）本项目团队缩短了项目周期；（2）本项目团队降低了项目成本；（3）本项目团队增强了公司对核心知识产权的掌握；（4）本项目团队提升了成员的专业知识水准。对每个题项从 1 分到 7 分表示从最不同意到最同意。

表 5. 1　　　　　　　　　　变量度量——创新绩效

测度题项	测度依据
本项目团队缩短了项目周期	Hedlund（1993）、Coombs et al.（2003）
本项目团队降低了项目成本	Singh（2008）、O'Sullivan & Cormican（2003）
本项目团队增强了公司对核心知识产权的掌握	Hedlund（1993）、张洪石（2005）、本书研究案例调研
本项目团队提升了成员的专业知识水准	Coombs et al.（2003）、张洪石（2005）

二　解释变量

（一）分布式结构

项目分布式结构包括项目成员分布度及项目的模块化程度，对于成员分布度，卡密斯（2004）通过研究团队结构多样性和外部知识共享价值之间的关系，认为如果团队成员分散于不同的地域、来自不同公司、向多位管理者汇报并承担不同职能，就能与客户、组织专家和团队外部的其他人交流信息、技术知识和反馈意见，因而当团队在结构上更加多样化时，外部知识共享与绩效之间的相关性更加显著。卡内姆（2006）和卡内姆（2007）研究均表明分散于不同地方的人员能更好地进行相互学习、共享相关的文档资料，甚至促进了知识产权的共享。本书采用 7 级李克特（Likert-type）打分法，用 2 个题项来对分布式创新团队成员的分布度进行度量，这 2 个题项分别为：（1）项目团队成员多数来自不同公司；（2）项目团队成员普遍承担多种工作职能。对每个题项从 1 分到 7 分表示从最不同意到最同意。

根据鲍德温和克拉克（1997）、尤里奇（1991）、芮明杰和刘明宇（2006）、桂彬旺（2006）、汉德森和克拉克（1990）及本书案例调研，本书采用 7 级李克特（Likert-type）打分法，用 3 个题项来对分布式创新项目的模块化程度进行度量，这 3 个题项分别为：（1）本项目以技术领域为模块划分标准；（2）本项目以产品结构划分模块；（3）本项目各模块之间集成的技术方案合理。对每个题项从 1 分到 7 分表示从最不同意到最同意。

综合成员分布度及模块化的题项，本书使用 5 个题项来度量项目分布式结构，具体题项如表 5.2 所示。

表 5.2　　　　　　　变量度量——项目分布式结构

测度题项	测度依据
项目团队成员多数来自不同公司	Cummings（2004）、McMeekin et al.（2002）
项目团队成员普遍承担多种工作职能	Cummings（2004）、Karim（2006）、Kelly（2006）、Andersen & Drejer（2005）
本项目以技术领域为模块划分标准	Baldwin & Clark（1997）、Ulrich（1991）、芮明杰和刘明宇（2006）、桂彬旺（2006）
本项目以产品结构划分模块	Henderson & Clark（1990）、本书案例调研
本项目各模块之间集成的技术方案合理	Baldwin & Clark（1997）、桂彬旺（2006）

（二）分布式认知

瑞格兹和罗伯特等（1997）、克洛里和凡察（2000）的研究表明，信任对创新过程中的知识共享有显著影响，良好的信任关系能增加成员的沟通与交流。纳尔逊和库伯瑞德（1996）、罗宾斯（1997）、霍思默（1995）、宋建元和陈劲（2005）、古拉提等（2000）、史密斯（1997）和逊德（Schoder, 2000）等人的研究也验证了信任作为创新成员之间的基础，促进成员积极地贡献自己的知识与技术，继而对创新产生正向的影响。本书采用 7 级李克特（Likert-type）打分法，用 3 个题项来对分布式创新团队成员的信任程度进行度量（表 5.3），这 3 个题项分别为：（1）项目团队成员能信守彼此做出的承诺；（2）项目团队成员交流的信息真实且富有价值；（3）项目团队成员相互之间乐于提供技术帮助。对每个题项从 1 分到 7 分表示从最不同意到最同意。

表 5.3　　　　　　　变量度量——信任

测度题项	测度依据
项目团队成员能信守彼此做出的承诺	Ragatz 和 Robert et al.（1997）、Arthur E. Gross 和 Fache（2000）、Nelson 与 Cooprider（1996）

测度题项	测度依据
项目团队成员交流的信息真实且富有价值	罗宾斯（1997）、Hosmer（1995）、宋建元和陈劲（2005）
项目团队成员相互之间乐于提供技术帮助	Gulati et al.（2000）、Smith（1997）、Schoder（2000）

　　黄培伦（2003）认为分布式领导是知识型组织应对环境变化的一种新型合作领导模式，李洁芳（2008）指出分布式领导的两个重要特点：一是多个成员根据任务的不同特点共同担任领导角色；二是领导角色随时间的推移而在多个成员间更替。琼斯（2002）认为改善员工工作条件、员工参与决策和员工分享知识意愿之间有正向关系。来切奈（2000）、黄培伦（2003）和皮切特（2006）则区分了分布式领导的实践误区。基于已有研究以及本书探索性案例研究的成果，本研究改进了分布式创新的分布式认知中分布式领导的量表，并根据学术专家意见进行修改完善后，采用7级李克特（Likert-type）打分法用4个题项来对分布式领导程度进行度量（表5.4），这4个题项分别为：（1）本项目团队策略由项目领导与成员共同决定；（2）项目团队成员依据需要轮流承担项目领导的部分职责；（3）项目领导注重与成员的沟通来凝聚共识；（4）项目团队成员对任务分配可以充分发表意见。对每个题项从1分到7分表示从最不同意到最同意。

表5.4　　　　　　　　　　变量度量——分布式领导

测度题项	测度依据
本项目团队策略由项目领导与成员共同决定	李洁芳（2008）、Jones（2002）、Lechner（2000）、本书案例调研
项目团队成员依据需要可以轮流承担项目领导的部分职责	黄培伦（2003）、李洁芳（2008）、Spillane（2006）、本书案例调研
项目领导注重与成员的沟通来凝聚共识	李洁芳（2008）、Pinchot（2006）
项目团队成员对任务分配可以充分发表意见	黄培伦（2003）、Lechner（2000）

　　安卡奈和卡德威（1992）和麦克勒和洛伯（1992）的研究显示团队组成的异质性或多元化与团队的创新效能或创意品质有正面影响，团队异质性对绩效的正面影响通常是通过团队成员间的创造性摩擦或任务冲突而达成（Jehn et al.，1999），因为组成团队的成员具有比较相似的能力及较

为一致的工作方式时容易产生较为一致的心智模型（Rentseh & Klimoski，2001）。卡普兰等（2005）指出在概念上存在所谓的最佳认知距离，奴特步（2004）强调成员间（或跨组织间）的认知距离，会阻碍彼此间的沟通、合作与协调。基于已有研究以及本书探索性案例研究的成果，本研究改进了分布式创新的分布式认知中认知相似度的量表，并根据学术专家意见进行修改完善后，采用7级李克特（Likert-type）打分法用4个题项来对成员认知相似程度进行度量（表5.5），这4个题项分别为：（1）我和项目团队成员都有类似的知识传递经验；（2）每个项目团队成员都有丰富的相关工作经历；（3）项目团队成员的个人专业能力比较接近；（4）项目团队成员讨论和交流专业问题没有困难。对每个题项从1分到7分表示从最不同意到最同意。

表5.5 变量度量——认知相似度

测度题项	测度依据
我和项目团队成员都有类似的知识传递经验	Cummings（2004）、Grandori（2001）
每个项目团队成员都有丰富的相关工作经历	Ancona & Caldwell（1992）、Mcleod & Lobel（1992）
项目团队成员的个人专业能力比较接近	Kaplan et al.（2005）、Nooteboom（2004）
项目团队成员讨论和交流专业问题没有困难	Shapira（2000、Hogg & Terry（2000）

（三）分布式协同

协同技术有助于知识的创造、知识的外显化，以及知识在组织间的传播（Davenport & Prusak，1998），企业通过协同技术所提供的网络化能力，就能促进内隐知识在组织间移转（Bloodgood & Salisbury，2001），因而协同技术可促使组织的知识资产流通，整合片段的信息、知识流，提供内部创造新知识或查询连接外部知识资源（Teece，1998）。根据上述研究本书采用7级李克特（Likert-type）打分法，用4个题项来对企业的技术机会能力进行度量，这4个题项分别为：（1）本项目团队相互协作的规定和过程清晰、易懂且已定义完善；（2）项目团队用来分享知识的工具和技术是可靠及实用的；（3）共享知识的工具和技术可以根据个人的需要进行定制；（4）本项目团队拥有项目成员沟通和共同工作所需的协作技术。对每个题项从1分到7分表示从最不同意到最同意。

左美云（2001）认为知识管理的激励系统分为知识运行、知识明晰、知识绩效和知识奖惩四大机制组成，巴特尔（2002）阐述了经济激励在通过4个知识共享机制（知识库、正式交流、非正式交流、实践协会）进行知识共享中的作用，认为经济激励对于基于知识库的知识共享行为有重要影响。罗宾斯（Robbins，1998）认为激励是愿意为组织目标努力的意愿，受努力所能得到的结果及满足个人需求的程度所影响。本书采用7级李克特（Likert-type）打分法，用2个题项来对分布式创新团队的激励制度进行度量，这2个题项分别为：（1）项目团队的考核机制中对成员的知识共享行为有明确的物质及精神奖励；（2）公司主要依据项目团队绩效给予奖励。对每个题项从1分到7分表示从最不同意到最同意。

本书使用6个题项来度量分布式协同，具体题项如表5.6所示。

表5.6 变量度量——分布式协同

测度题项	测度依据
本项目团队相互协作的规定和过程清晰、易懂且已定义完善	Bloodgood & Salisbury（2001）、商业周刊调查服务公司（2006）
本项目团队拥有项目成员沟通和共同工作所需的协作技术	Kathryn M. Bartol（2002）、本书案例调研
项目团队用来分享知识的工具和技术是可靠及实用的	Bloodgood & Salisbury（2001）、本书案例调研
共享知识的工具和技术可以根据个人的需要进行定制	Teece（1998）、Davenport & Prusak（1998）
项目团队的考核机制中对成员的知识共享行为有明确的物质及精神奖励	Bartol（2002）、左美云（2001）
公司主要依据项目团队绩效给予奖励	Robbins（1998）、左美云（2001）

三 中间变量

（一）文档资料共享程度

汉森等（1999）认为组织知识的共享重要的是编码化方法，把知识信息化为文档资料，陶厚永和刘洪（2008）动态模拟了知识共享机制对群体绩效的影响，文档资料的共享有重要作用，而汤建影和黄瑞华（2005）认为研发联盟企业间知识共享绩效的考察应从客观与主观两个层次展开，客观方面是程序化的文档资料的共享。本书根据文献已有的测度题项并结合案例调研结果，采用7级李克特（Likert-type）打分法用5个题项来对分布式创新团队的文档资料共享程度进行度量（见表5.7），这5个题项分别为：（1）我经常通过把我的知识存入知识库或公司数据库

（包含已有的专业知识、经验教训和最佳工作方法）的形式来分享我的知识；（2）团队成员经常查阅与参考已有的档案资料库；（3）项目团队成员之间经常共享技术文档资料；（4）本团队将新知识及流程编成工作手册及文件；（5）本团队将相关成文项目知识分发给需要的成员。对每个题项从1分到7分表示从最不同意到最同意。

表 5.7　　　　　　　　变量度量——文档资料共享度

测度题项	测度依据
我经常通过把我的知识存入知识库或公司数据库的形式来分享我的知识	汤建影和黄瑞华（2005）、韩吉韬（2004）、本书案例调研
团队成员经常查阅与参考已有的档案资料库	Hansen et al.（1999）、Goodman & darr（1998）
项目团队成员之间经常共享技术文档资料	Hansen et al.（1999）、Boh（2007）
本团队将新知识及流程编成工作手册及文件	汤建影和黄瑞华（2005）、Crossan et al.（1999）
本团队将相关成文项目知识分发给需要的成员	陶厚永和刘洪（2008）、本书案例调研

（二）成员学习共享程度

达文波特和普鲁沙克（1998）认为"干中学"或"从经验中学习"最适用于复杂知识的共享，而野中郁次郎（1994）则是以"知识互动"的观点来说明内隐知识的共享，圣吉（1998）进一步从学习的角度认为知识共享是一种通过学习使他人获得有效行动能力的过程，罗志勇（2003）也认为知识共享是指在知识开发和利用的层面上，通过个体之间相互接触和会话或组织之间建立紧密互利关系。根据这些研究，本书采用7级李克特（Likert-type）打分法，用4个题项来对分布式创新团队的成员学习共享程度进行度量（见表5.8），这4个题项分别为：（1）我经常与团队成员互相交流项目成功和失败的经验及教训；（2）我经常与团队成员分享对项目问题洞察和分析方面的感受；（3）本团队定期召开项目进度报告会；（4）本团队项目成员经常就某一技术问题开展专题讨论会。对每个题项从1分到7分表示从最不同意到最同意。

表 5.8　　　　　　　　变量度量——成员学习共享度

测度题项	测度依据
我经常与团队成员互相交流项目成功和失败的经验及教训	Senge（1998）、Davenport & Prusak（1998）、李随成等（2007）
我经常与团队成员分享对项目问题洞察和分析方面的感受	Senge（1998）、Laurence et al.（2004）、Davenport & Prusak（1998）

续表

测度题项	测度依据
本团队定期召开项目进度报告会	Laurence et al.（2004）、Hedlund（1993）
本团队项目成员经常就某一技术问题开展专题讨论会	罗志勇（2003）、Karim（2006）、Karim（2007）

（三）知识产权共享程度

任志安（2007）和汪忠等（2005）研究了合作型自主创新过程中的知识产权共享冲突，余平和黄瑞华（2005）对基于合作创新虚拟企业三种不同运作模式中的知识产权问题进行了分析，针对这些冲突，苏世彬和黄瑞华（2005）认为应该引入协调人制度。艾普亚德（1996）认为只要满足知识共享平衡公式，企业可以灵活选择对知识保密还是公开。麦克米金等（2002）通过案例分析，说明分布式创新过程非常重要的连接纽带是知识产权。本书根据文献已有的测度题项并结合案例调研结果，采用7级李克特（Likert-type）打分法，用5个题项来对分布式创新团队的知识产权共享程度进行度量（见表5.9），这5个题项分别为：（1）项目成员间经常共享技术诀窍；（2）项目团队基于系统化过程来确定需要共享和保护的知识产权；（3）本项目知识产权及其所有权都已定型并经过明确定义；（4）本公司擅长监视与控制对知识产权的访问；（5）本公司积极消化并改进项目中共享的所有知识产权资料。对每个题项从1分到7分表示从最不同意到最同意。

表 5.9　　　　　　　变量度量——知识产权共享度

测度题项	测度依据
项目成员间经常共享技术诀窍	McMeekin et al.（2002）
项目团队基于系统化过程来确定需要共享和保护的知识产权	Appleyard（1996）、本书案例调研
本项目知识产权及其所有权都已定型并经过明确定义	王敬稳和陈春英（2003）、苏世彬和黄瑞华（2005）、任志安（2007）
本公司擅长监视与控制对知识产权的访问	任志安（2007）、本书案例调研
本公司积极消化并改进项目中共享的所有知识产权资料	余平和黄瑞华（2005）

第四节　数据整理与样本描述

通过对回收的203份问卷的初步检查，发现共有32份问卷填写不完整而属于不合格问卷，不合格问卷都属于间接发放的问卷之列。剔除不合格问卷后，有效问卷共 171 份。

一　样本与变量的描述性统计

样本企业的行业分布：本研究所收集的样本企业属于通信行业的有 11 家（6.43%）、电子行业 13 家（7.60%）、制造行业 102 家（59.65%）、建筑行业 3 家（1.75%）、医药行业 5 家（2.92%）、自动化行业 7 家（4.09%）、服务行业 7 家（4.09%）、化工行业 4 家（2.34%）和其他行业 19 家（11.11%），如图 5.1 所示。

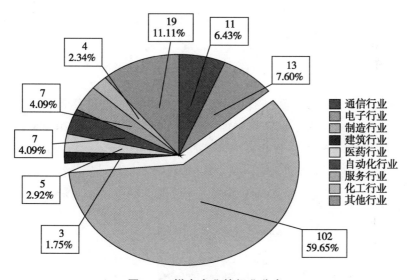

图 5.1　样本企业的行业分布

在本研究所收集的 171 份样本中，有 10 份样本（5.85%）的企业成立年限在 1 年以下，33 份样本（19.30%）的企业成立年限在 1—5 年之间，37 份样本（21.64%）的企业成立年限在 5—10 年之间，48 份样本（28.07%）的企业成立年限在 10—15 年之间，27 份样本（15.79%）的企业成立年限在 15—20 年之间，有 8 份样本（4.68%）的企业成立年限在 20—25 年之间，有 6 份样本（3.51%）的企业成立年限在 25—30 年之间，有 2 份样本（1.17%）企业成立年限超过 30 年，如图 5.2 所示。

本研究用年销售总额来表示企业的规模，在所收集的样本企业中，有 38 家（22.22%）企业的年销售总额小于 1 亿元，有 42 家（24.56%）企业的年销售总额在 1 亿—5 亿元之间，有 23 家（13.45%）企业的年销售

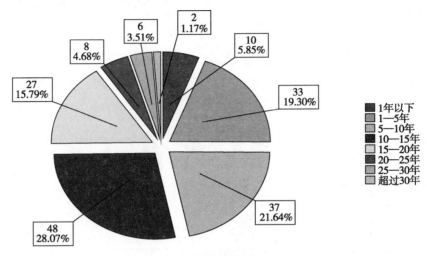

图 5.2　样本企业的成立年限分布

总额在 5 亿—10 亿元之间, 有 20 家（11.70%）企业的年销售总额在 10
亿—20 亿元之间, 有 3 家（1.75%）企业的年销售总额在 20 亿—50 亿元
之间, 有 10 家（5.85%）企业的年销售总额在 50 亿—100 亿元之间, 有
24 家（14.04%）企业的年销售总额在 100 亿—200 亿元之间, 有 11 家
（6.43%）企业的年销售总额在 200 亿元以上, 如图 5.3 所示。

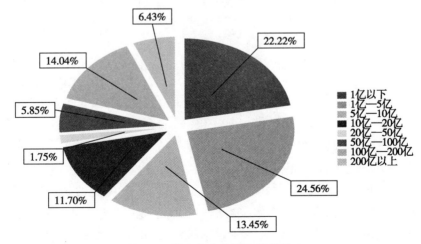

图 5.3　样本企业的销售总额分布

表 5.10 和表 5.11 分别给出了样本创新绩效各个测度指标的均值、最

大值、最小值和频次分布。从表 5.10 的初步描述性统计可以看出，各测度指标的均值都超过 4.9，初步表明样本整体上的创新绩效是好的。从表 5.11 的频次分布看，本项目团队缩短了项目周期、本项目团队降低了项目成本、本项目团队增强了公司对核心知识产权的控制、本项目团队提升了成员的专业知识水准的百分比指标的评价值最集中在 4、5（样本数占总样本数的百分比分别为 45%、57.9%、72.6%、74.9%）；所有 4 个指标的评价值都没有 1。这两项统计结果表明，样本可用于进行分布式创新的机理分析。

表 5.10　　　　创新绩效测度指标的基本描述性统计

指　标	样本量	最小值	最大值	均值	标准差
本项目团队缩短了项目周期	171	2.00	7.00	5.11	.091
本项目团队降低了项目成本	171	2.00	7.00	5.04	.083
本项目团队增强了公司对核心知识产权的控制	171	2.00	7.00	4.94	.068
本项目团队提升了成员的专业知识水准	171	3.00	7.00	5.00	.066

表 5.11　　　　　　创新绩效测度指标的频次统计

指标	统计类别	评价值						
		1	2	3	4	5	6	7
本项目团队缩短了项目周期	频次		3	13	39	38	63	15
	百分比（%）		1.8	7.6	22.8	22.2	36.8	8.8
本项目团队降低了项目成本	频次		2	8	48	51	48	14
	百分比（%）		1.2	4.7	28.1	29.8	28.1	8.2
本项目团队增强了公司对核心知识产权的控制	频次		1	4	49	75	35	7
	百分比（%）		0.6	2.3	28.7	43.9	20.5	4.1
本项目团队提升了成员的专业知识水准	频次			2	47	81	31	10
	百分比（%）			1.2	27.5	47.4	18.1	5.8

二　数据合并的有效性

由于样本特征具有分散性，且样本收集的途径也不同，为了将样本合并后从整体上进行分析，按样本收集途径对样本创新绩效测度指标数据进行方差分析，以检验样本合并的有效性。表 5.12、5.13 为通过信函形式间接发放和收集的问卷及现场发放现场收集的问卷中样本创新绩效测度指标评价值的方差分析结果，各指标的 F 统计值的显著性概率都大于 0.05，表明以不同形式收集的样本创新绩效测度指标的评价值没有显著性差异，表明样本可以在合并后进行分析。

表 5.12   不同途径样本的方差齐性检验

	Levene 统计值	自由度 （df2）	显著性 （Sig.）
本项目团队缩短了项目周期	1.872	169	.063
本项目团队降低了项目成本	.619	169	.537
本项目团队增强了公司对核心知识产权的控制	.903	169	.368
本项目团队提升了成员的专业知识水准	1.346	169	.180

表 5.13   不同途径样本的方差分析表 （ANOVA）

	方差来源	平方和	自由度	均方和	F 值	显著性概率
本项目团队缩短了项目周期	组间差异	2.936	1	2.936	3.504	.063
	组内差异	141.590	169	.838		
	总和	144.526	170			
本项目团队降低了项目成本	组间差异	.322	1	.322	.383	.537
	组内差异	142.204	169	.841		
	总和	142.526	170			
本项目团队增强了公司对核心知识产权的控制	组间差异	.541	1	.541	.815	.368
	组内差异	112.312	169	.665		
	总和	112.854	170			
本项目团队提升了成员的专业知识水准	组间差异	1.266	1	1.266	1.811	.180
	组内差异	118.079	169	.699		
	总和	119.345	170			

第五节　主要分析方法与程序

为了验证本书概念模型中的研究假设，除了前述的数据收集、问卷设计和变量度量，怎样选择合适的研究方法或程序也是非常重要的。本研究利用收集的有效问卷建立题项数据库，以验证理论分析所提出的假设。统计分析主要运用 SPSS 15.0 统计软件包，对模型中各题项要素及其相互关系进行描述性分析、信度与效度检验、因子分析和相关分析，模型拟合则采用 AMOS 7.0 软件包检验并确定包含前述假设关系的最终结构方程模型。

结构方程模型（Structural Equation Modeling）是基于变量的协方差来分析变量之间关系的一种统计方法，它综合了计量经济学、计量社会学与计量心理学等领域的统计分析方法。由于社会科学研究中的智力、能力、学习动机、信任等很多变量都不能准确、直接测量，只能以另外可观察的变量作为这些潜变量的替代性标识，然而这些潜在变量的观察标识不可避免地包含大量的测量误差。传统的统计分析方法由于要求不存在测量误差的可观察变量，因而难以妥善处理社会科学研究中存在测量误差的潜变量。结构方程模型的优点是没有严格的假定限制条件，允许自变量和因变量存在测量误差，并且可以分析潜在变量之间的结构关系，因而广泛应用于心理学、社会学、经济学和行为科学等领域的研究（侯杰泰等，2004；黄芳铭，2005）。

结构方程模型不仅能够反映模型中要素和要素之间单独的关系，还能够反映要素之间的相互影响。侯杰泰等（2004）认为应用结构方程模型一般可以粗略分为四个步骤：一是模型建构。确定观测变量与潜变量的关系及各潜变量之间的相互关系。二是模型拟合。即对模型参数的估计，最常用的模型参数估计方法是最大似然法和广义最小二乘法。三是模型评价。分析结构方程的解是否适当，常用整体拟合指数，如 TLI、CFI、RMSEA、X2 等，以衡量模型的拟合程度（MacCallum et al, 1996）。四是模型修正。如果模型不能很好地拟合数据，根据"修正指数"（MI）和"期望改变量"（CH）修正模型。只能放宽一个固定参数，逐个进行。

在实证分析的程序上，本书运用 AMOS 7.0 软件，采用结构方程模型方法检验本书第四章中提出的分布式创新要素与企业创新绩效的关系，知识共享程度与创新绩效关系以及分布式创新要素、知识共享与创新绩效三者关系的理论假设 H1—H5。

第六节　本章小结

本章从问卷设计、数据发放及收集等方面对本书的研究设计和方法进行了阐述，并对样本数据进行了初步的描述性统计。问卷设计经历四个不断修改和测试的阶段，同时根据专家观点在可靠性方面做了深入考虑，可以基本保证问卷的合理性和科学性；数据收集过程中在样本选择、被调查对象选择以及样本发放和回收方面做了严格限制，可为有效数据的收集初步奠定基础；样本数据的初步统计推断结果表明数据是有效的。

第六章

基于企业分布式创新的
知识共享机制实证研究

本书第四章分析和构建了我国企业开展分布式创新知识共享机制的理论模型，并在此基础上提出了相应的理论假设；第五章对本书的研究设计和研究方法进行了简要的介绍；本章主要通过结构方程建模（SEM）和经典统计分析对 171 份有效回收的问卷进行定量处理，以检验本书所提出的理论假设的合理性。

第一节　变量的信度与效度检验

信度和效度检验是所有实证研究过程中的一个重要环节。只有满足信度和效度要求的实证研究，其相应的分析与结果才具有说服力。对于本书而言，不但需要研究模型的构建和数据收集等是否符合信度和效度要求，还要分析本书研究所涉及的变量内部测试题项是否也达到信度和效度的要求。

一　变量分类

按照可测性的角度，结构方程模型研究所涉及的变量可分为两类：显变量和潜变量。显变量是指可以直接观察并测量的变量，又称为观测变量。而潜变量则是指不能够直接观察的变量，但是它可以通过显变量测度来表征，潜变量在因子分析中等同于因子等术语。本书的潜变量包括创新绩效、项目分布式结构、项目分布式认知、项目分布式协同、文档资料共享度、成员学习共享度、知识产权共享度等 7 项，显变量共 40 项，变量分类如表 6.1 所示。

表 6.1 模型中的变量分类

潜变量	显变量符号	显变量内容
项目分布式结构（Y1）	X1	项目团队成员多数来自不同公司
	X2	项目团队成员普遍承担多种工作职能
	X3	本项目以技术领域为模块划分标准
	X4	本项目以产品结构划分模块
	X5	本项目各模块之间集成的技术方案合理
分布式认知—信任（Y2）	X6	项目团队成员能信守彼此做出的承诺
	X7	项目团队成员交流的信息真实且富有价值
	X8	项目团队成员相互之间乐于提供技术帮助
分布式认知—分布式领导（Y2）	X9	本项目团队策略由项目领导与成员共同决定
	X10	项目团队成员依据需要轮流承担项目领导的部分职责
	X11	项目领导注重与成员的沟通来凝聚共识
	X12	项目团队成员对任务分配可以充分发表意见
分布式认知—认知相似（Y2）	X13	我和项目团队成员都有类似的知识传递经验
	X14	每个项目团队成员都有丰富的相关工作经历
	X15	项目团队成员的个人专业能力比较接近
	X16	项目团队成员讨论和交流专业问题没有困难
分布式协同（Y3）	X17	项目团队的考核机制中对成员的知识共享行为有明确的物质及精神奖励
	X18	公司主要依据项目团队绩效给予奖励
	X19	本项目团队相互协作的规定和过程清晰、易懂且已定义完善
	X20	项目团队用来分享知识的工具和技术是可靠及实用的
	X21	共享知识的工具和技术可以根据个人的需要进行定制
	X22	本项目团队拥有项目成员沟通和共同工作所需的协作技术
文档资料共享度（Y4）	X23	我经常通过把我的知识存入知识库或公司数据库（包含已有的专业知识、经验教训和最佳工作方法）的形式来分享我的知识
	X24	团队成员经常查阅与参考已有的档案资料库
	X25	项目团队成员之间经常共享技术文档资料
	X26	本团队将新知识及流程编成工作手册及文件
	X27	本团队将相关成文项目知识分发给需要的成员
成员学习共享度（Y5）	X28	我经常与团队成员互相交流项目成功和失败的经验及教训
	X29	我经常与团队成员分享对项目问题洞察和分析方面的感受
	X30	本团队定期召开项目进度报告会
	X31	本团队项目成员经常就某一技术问题开展专题讨论会

续表

潜变量	显变量符号	显变量内容
知识产权 共享度 （Y6）	X32	项目成员间经常共享技术诀窍
	X33	项目团队基于系统化过程来确定需要共享和保护的知识产权
	X34	本项目知识产权及其所有权都已定型并经过明确定义
	X35	本公司擅长监视与控制对知识产权的访问
	X36	本公司积极消化并改进项目中共享的所有知识产权资料
创新绩效 （Y7）	X37	本项目团队缩短了项目周期
	X38	本项目团队降低了项目成本
	X39	本项目团队增强了公司对核心知识产权的控制
	X40	本项目团队提升了成员的专业知识水准

二　信度检验

量的方差对潜变量的解释程度。信度越大，说明用来解释一个潜变量的各观测变量具有共方差的程度越高。李怀祖（2004）认为，Cronbachα系数值最小为 0.6；林杰斌和刘明德（2002）认为，当 Cronbach α 系数值<0.35为低信度，0.35≤Cronbach α<0.7 为信度尚可，当 Cronbach α 系数值≥0.7 则属于高信度。本研究以 Cronbach α 系数作为评判标准，从量表的构思层次化入手，根据其内部结构的一致性程度，对量表整体及子量表的内部一致信度进行检验。如表 6.2 所示，变量测度题项对所有题项的相关系数大于 0.6，各潜变量的测度变量量表的 Cronbach α 系数值都达到了 0.7 以上，符合 Corrected item-total 相关系数应大于 0.35，Cronbach α 系数值应大于 0.7 的判断标准，检验结果表明各个量表的信度较高，变量之间具有较高的内部结构一致性。

表 6.2　　　　　　　　各子量表的信度检验

潜变量	显变量	Corrected Item-Total Correlation	Cronbach α 值	潜变量	显变量	Corrected Item-Total Correlation	Cronbach α 值
分布式 结构	X1	.714	0.805	分布式 协同	X17	.725	0.785
	X2	.701			X18	.692	
	X3	.684			X19	.685	
	X4	.714			X20	.821	
	X5	.815			X21	.836	
					X22	.773	

续表

潜变量	显变量	Corrected Item-Total Correlation	Cronbach α 值	潜变量	显变量	Corrected Item-Total Correlation	Cronbach α 值
文档资料共享度	X23	.767	0.900	知识产权共享度	X32	.651	0.857
	X24	.791			X33	.753	
	X25	.811			X34	.803	
	X26	.755			X35	.606	
	X27	.767			X36	.651	
成员学习共享度	X28	.701	0.862	创新绩效	X37	.659	0.807
	X29	.697			X38	.671	
	X30	.742			X39	.554	
	X31	.707			X40	.643	
分布式认知	LD	.674	.779				
	XR	.556					
	RZ	.703					

注：分布式认知的三个题项 **LD**、**XR** 与 **RZ** 来自于后面对三个子因子分布式领导、信任及认知相似分别取题项平均值。

三　效度检验

王重鸣（1990）认为效度反映测度量表在测量时的一致性和稳定性。常用的量表效度主要有以下三种：内容效度（content validity）、效标关联效度（criteria-related validity）和构思效度（construct validity）三类（吴明隆，2003）。效标关联效度指所用衡量工具与外在效标之间关联的程度，如果衡量工具与外在效标间的相关度越高，表示此衡量工具的校标关联度越高（吴明隆，2003）。而内容效度是指量表指标能否充分涵盖所探讨概念的程度。本书研究模型中分布式创新因素、知识共享程度和团队绩效相关关系量表的各变量具体指标的提出，是经过相关文献研究结果总结、现场访谈和专家咨询、小样本预试三个阶段修改而成的，量表概括了相关研究文献的已有成果，因此可认为具有相当的内容效度。当研究采用的变量是企业管理中的软性因素，需要凭借答卷者自身认知来判断时，就很难找到概念上完全重合的客观效标。本研究正是属于这样的情况，在前人很少涉及分布式创新知识共享这个领域的情况下，几乎没有现成的评价标准，在同一时间内很难找到其他标准资料作辅助，因此无法直接进行效标关联效度检验，需要通过实证检验来验证效度。最后，构思效度则指量表能够测度出理论的特质或概念的程度（吴明隆，2003），帮助检验研究模型中的变量测量模型，通常包括收敛效度（convergent validity）和区别效度（discriminant validity）。收敛效度是指用不同的方法测量同质的各变量之间的一致性程度，即解释潜变量的各可观测变量的一致性程度，目的是选取对因子解释程度最大的几个题项；区别效度要求各因子之间具有显著性差异。本节采用因子分析并结合潜变量的平均抽取方差（AVE）指数来检验各量表的构思效度。AVE 表示潜变量中各维度能够解释多少变异，是收敛效度的衡量指标，即如果 AVE 值超过0.50 就表明量表具有充分的收敛效度。这意味着相应维度上的所有项目在该维度上的负荷要大于其他维度上的负荷。当模型里的指标与其所属潜变量的共同方差大于该潜变量与其他潜变量的共同方差时，则测度模型就具有较好的区别效度。而其中潜变量的 AVE 值会大于该潜变量与其他所有潜变量之间相关系数的平方，也就是说潜变量 AVE 的平方根应该大于该潜变量与其他潜变量的相关系数。

　　因子分析可以帮助判断同一变量的多个题项之间是否具有较强的相关性，是否可以合并为因子以简化数据的结构（马庆国，2002）。本书用因子分析提取测量题项的共同因子，若得到的共同因子与理论假设结构较为接近，就判定测验工具具有较好的构思效度（吴明隆，2003）。按照统计经验判断，Bartlett 球体检验（Bartlett test of sphericity）统计值的显著性概率小于等于 α，KMO（Kaiser-Meyer-Olkin）值大于 0.7，并且各个题项的负荷系数大于 0.5 时，可以通过因子分析将这些测量题项合并为一个因子（马庆国，2002）。本书采用 SPSS 15.0 软件包对本节实证中 7 个潜变量的40 个题项逐一进行因子分析，以判断同一变量的不同测度项是否比较准确地反映了这 7 个被测度变量的特性，并将这些题项合并为一个因子。

　　采用探索性因子分析（取特征根>1）对知识共享程度所包含的 14 个题项进行分析。首先进行 KMO 和 Bartlett 检验，结果如表 6.3 所示，KMO为 0.897，适合做因子分析；Bartlett 球体检验的显著性概率为 0.000，表明数据具有相关性，适宜做因子分析。因子分析结果如表 6.4 所示，有 3个因子被识别出来，分别命名为文档资料共享、成员学习共享和知识产权共享，各题项都较好地负载到其预期测量的因子之上，相应的因子负荷系数均大于 0.5（最大值为 0.855，最小值为 0.616），因子的特征根累积解释了总体方差的 71.159%，因子分析效果可以接受。

表 6.3　　　　　　　　　　KMO 和 Bartlett 检验——知识共享程度

KMO 值		.897
Bartlett 球体检验	卡方值	1562.326***
	自由度	91
	显著性概率	.000

显著性概率：$P^* < 0.05$；$P^{**} < 0.05$；$P^{***} < 0.001$

表 6.4　　　　　　　　　　知识共享程度因子分析表

题项	因子负荷系数			AVE		
	文档资料共享	知识产权共享	成员学习共享	文档资料共享	成员学习共享	知识产权共享
我经常通过把我的知识存入知识库或公司数据库（包含已有的专业知识、经验教训和最佳工作方法）的形式来分享我的知识	.810	.268	.100			
团队成员经常查阅与参考已有的档案资料库	.801	.309	.168			
项目团队成员之间经常共享技术文档资料	.836	.165	.305	0.6439	—	—
本团队将新知识及流程编成工作手册及文件	.780	.248	.255			
本团队将相关成文项目知识分发给需要的成员	.784	.236	.301			
我经常与团队成员互相交流项目成功和失败的经验及教训	.426	.302	.653			
我经常与团队成员分享对项目问题洞察和分析方面的感受	.319	.119	.766			
本团队定期召开项目进度报告会	.127	.236	.830	—	0.5899	—
本团队项目成员经常就某一技术问题开展专题讨论会	.173	.224	.811			
项目成员间经常共享技术诀窍	.175	.703	.350			
项目团队基于系统化过程来确定需要共享和保护的知识产权	.193	.826	.215			
本项目知识产权及其所有权都已定型并经过明确定义	.201	.8553	.167	—	—	0.553
本公司擅长监视与控制对知识产权的访问	.299	.616	.281			
本公司积极消化并改进项目中共享的所有知识产权资料	.302	.624	.042			

注：主成分分析，Varimax 旋转；$N = 171$；总解释变差为 71.159% 抽取均方差（简称 AVE）等于相应维度因素负荷的平方和的平均值

采用探索性因子分析（取特征根>1）对分布式认知所包含的 11 个题项进行分析。首先进行 KMO 和 Bartlett 检验，结果如表 6.5 所示，KMO 为 0.883，适合做因子分析；Bartlett 球体检验的显著性概率为 0.000，表明数据具有相关性，适宜做因子分析。因子分析结果如表 6.6 所示，有 3 个因子被识别出来，分别命名为分布式领导、信任和认知相似，各题项都较好地负载到其预期测量的因子之上，相应的因子负荷系数均大于 0.5（最大值为 0.768，最小值为 0.630），因子的特征根累积解释了总体方差的 77.4%，因子分析效果可以接受。

采用探索性因子分析（取特征根>1）对分布式结构所包含的 5 个题项进行分析。首先进行 KMO 和 Bartlett 检验，结果如表 6.7 所示，KMO 为 0.761，适合做因子分析；Bartlett 球体检验的显著性概率为 0.000，表明数据具有相关性，适宜做因子分析。因子分析结果如表 6.8 所示，有一个因子被识别出来，命名为分布式结构，各题项都较好地负载到其预期测量的因子之上，相应的因子负荷系数均大于 0.5（最大值为 0.755，最小值为 0.681），因子的特征根累积解释了总体方差的 51.25%，因子分析效果可以接受。

表 6.5　　　　　　　　　KMO 和 Bartlett 检验——分布式认知

KMO 值		.883
Bartlett 球体检验	卡方值	1202.278 ***
	自由度	55
	显著性概率	.000

显著性概率：$P^* < 0.05$；$P^{**} < 0.05$；$P^{***} < 0.001$

表 6.6　　　　　　　　　分布式认知因子分析表

题项	因子负荷系数			AVE		
	分布式领导	认知相似度	信任度	认知相似度	分布式领导	信任度
项目团队成员能信守彼此做出的承诺	.134	.140	.727	—	—	0.5086
项目团队成员交流的信息真实且富有价值	.213	.214	.721			
项目团队成员相互之间乐于提供技术帮助	.314	.072	.691			

续表

题项	因子负荷系数			AVE		
	分布式领导	认知相似度	信任度	认知相似度	分布式领导	信任度
本项目团队策略由项目领导与成员共同决定	.630	.303	.247	—	0.5302	—
项目团队成员依据需要可以轮流承担项目领导的部分职责	.768	.119	.271			
项目领导注重与成员的沟通来凝聚共识	.753	.218	.262			
项目团队成员对任务分配可以充分发表意见	.753	.158	.074			
我和项目团队成员都有类似的知识传递经验	-.025	.737	.292	0.5166	—	—
每个项目团队成员都有丰富的相关工作经历	.187	.657	.281			
项目团队成员的个人专业能力比较接近	.270	.716	-.110			
项目团队成员讨论和交流专业问题没有困难	.199	.761	.067			

注：主成分分析，Varimax 旋转；$N = 171$；总解释变差为 77.395% 抽取均方差（简称 AVE）等于相应维度因素负荷的平方和的平均值

表 6.7　　　　　KMO 和 Bartlett 检验——分布式结构

KMO 值		.761
Bartlett 球体检验	卡方值	156.004***
	自由度	10
	显著性概率	.000

显著性概率：$P^* < 0.05$；$P^{**} < 0.05$；$P^{***} < 0.001$

表 6.8　　　　　　　分布式结构因子分析表

题项	因子负荷系数	AVE
	团队创新绩效	团队创新绩效
项目团队成员多数来自不同公司	0.755	0.5126
项目团队成员普遍承担多种工作职能	0.681	
本项目以技术领域为模块划分标准	0.720	
本项目以产品结构划分模块	0.738	
本项目各模块之间集成的技术方案合理	0.682	

注：主成分分析，Varimax 旋转；$N = 171$；总解释变差为 51.25% 抽取均方差（简称 AVE）等于相应维度因素负荷的平方和的平均值

采用探索性因子分析（取特征根>1）对分布式协同所包含的 6 个题项进行分析。首先进行 KMO 和 Bartlett 检验，结果如表 6.9 所示，KMO 为 0.784，适合做因子分析；Bartlett 球体检验的显著性概率为 0.000，表明数据具有相关性，适宜做因子分析。因子分析结果如表 6.10 所示，有 1 个因子被识别出来，命名分布式协同，各题项都较好地负载到其预期测量的因子之上，相应的因子负荷系数均大于 0.5（最大值为 0.727，最小值为 0.578），因子的特征根累积解释了总体方差的 52.02%，因子分析效果可以接受。

表 6.9   KMO 和 Bartlett 检验——分布式协同

KMO 值		.784
Bartlett 球体检验	卡方值	156.004 ***
	自由度	10
	显著性概率	.000

显著性概率：$P^* < 0.05$；$P^{**} < 0.05$；$P^{***} < 0.001$

表 6.10   因子分析结果

题项	因子负荷系数	AVE
	团队创新绩效	团队创新绩效
项目团队的考核机制中对成员的知识共享行为有明确的物质及精神奖励	0.6583	
公司主要依据项目团队绩效给予奖励	0.578	
本项目团队相互协作的规定和过程清晰、易懂且已定义完善	0.596	.5203
本项目团队拥有项目成员沟通和共同工作所需的协作技术	0.727	
项目团队用来分享知识的工具和技术是可靠及实用的	0.684	
共享知识的工具和技术可以根据个人的需要进行定制	0.694	

注：主成分分析，Varimax 旋转；$N = 171$；总解释变差为 52.02% 抽取均方差（简称 AVE）等于相应维度因素负荷的平方和的平均值

采用探索性因子分析（取特征根>1）对团队创新绩效所包含的 4 个题项进行分析。首先进行 KMO 和 Bartlett 检验，结果如表 6.11 所示，KMO 为 0.729，适合做因子分析；Bartlett 球体检验的显著性概率为 0.000，表明数据具有相关性，适宜做因子分析。因子分析结果如表 6.12 所示，有 1 个因子被识别出来，命名团队创新绩效，各题项都较好地负载

到其预期测量的因子之上，相应的因子负荷系数均大于 0.5（最大值为 0.818，最小值为 0.752），因子的特征根累积解释了总体方差的 64.03%，因子分析效果可以接受。

表 6.11　　　　　　　　KMO 和 Bartlett 检验——团队创新绩效

KMO 值		.729
Bartlett 球体检验	卡方值	244.572***
	自由度	6
	显著性概率	.000

显著性概率：$P^* < 0.05$；$P^{**} < 0.05$；$P^{***} < 0.001$

表 6.12　　　　　　　　　创新绩效因子分析表

题项	因子负荷系数	AVE
	团队创新绩效	团队创新绩效
本项目团队缩短了项目周期	.814	
本项目团队降低了项目成本	.818	0.6404
本项目团队增强了公司对核心知识产权的控制	.752	
本项目团队提升了成员的专业知识水准	.815	

注：主成分分析，Varimax 旋转；$N = 171$；总解释变差为 64.027% 抽取均方差（简称 AVE）等于相应维度因素负荷的平方和的平均值

因为拟设想的分布式认知维度中已经识别出了 3 个因子分别为分布式领导、信任与认知相似，经对这 3 个因子题项分别取平均值得到 LD、XR 及 RZ 这 3 个新的因子题项，进而采用探索性因子分析（取特征根>1）对这 3 个因子题项进行分析。首先进行 KMO 和 Bartlett 检验，结果如表 6.13 所示，KMO 为 0.766，适合做因子分析；Bartlett 球体检验的显著性概率为 0.000，表明数据具有相关性，适宜做因子分析。因子分析结果如表 6.14 所示，有 1 个因子被识别出来，命名为分布式认知，各题项都较好地负载到其预期测量的因子之上，相应的因子负荷系数均大于 0.5（最大值为 0.808，最小值为 0.763），因子的特征根累积解释了总体方差的 61.17%，因子分析效果可以接受。

表 6.13　　　　　　　KMO 和 Bartlett 检验——分布式认知

KMO 值		.766
Bartlett 球体检验	卡方值	80.738***
	自由度	3
	显著性概率	.000

显著性概率：$P^* < 0.05$；$P^{**} < 0.05$；$P^{***} < 0.001$

表 6.14　　　　　　　分布式认知因子分析表

题项	因子负荷系数	AVE
	团队创新绩效	团队创新绩效
LD	0.763	
XR	0.808	0.6118
RZ	0.775	

注：主成分分析，Varimax 旋转；$N = 171$；总解释变差为 61.178% 抽取均方差（简称 AVE）等于相应维度因素负荷的平方和的平均值

第二节　SEM 模型分析与结果

本章首先采用结构方程验证分布式创新与企业绩效关系及作用机制的理论假设。SEM 是一种综合运用多元回归、路径分析和肯证式因素分析的数据分析工具（李怀祖，2004），它能有效弥补传统回归分析的一些弱点，如变量观测性、多重共线性等。关于结构方程模型中样本量大小的选择问题，侯杰泰等（2004）在总结各种文献研究结果后认为，大多数模型需要至少 100—200 个样本。当样本不够大时，应尝试以更多的指标测量每个因子。一般而言，每个因子至少应有 3 个指标。前述已经对研究变量进行的信度和效度分析表明，本研究样本数据具有较高的可靠性。SEM 模型评价的核心内容是模型拟合性，主要包括研究者所提出的变量间关联的模式是否与实际数据拟合以及拟合的程度如何。模型整体拟合优度指标主要有四类：绝对拟合优度指标（$\chi 2$、$\chi 2/d.f.$、GFI、AGFI）、增量拟合优度指标（TLI、CFI）和近似误差指数（RMR 和 RMSEA）。需要指出的是，由于 $\chi 2$ 值对样本量非常敏感，样本越大就越容易显著，导致理论模型被拒绝，因此研究中大都采用 $\chi 2/d.f.$ 指标。参考前人研究常用的拟合指标，本书采用 $\chi 2/d.f.$、RMSEA、AGFI、TLI、CFI、IFI 和 PGFI 共 7 个

拟合指数来判断实证模型的拟合程度（表 6.15 所示）。

表 6.15　　　　　　　　　　SEM 模型拟合指数的判断标准

模型拟合统计值	测量模型	参考值
$\chi 2/d.f.$	卡方值与自由度之比	<5<3
AGFI	调整拟合优度指数	>=0.8
CFI	比较拟合优度指数	>=0.9
TLI	Tucker-Lewis 指数	>=0.9
RMSEA	近似误差均方根估计	<=0.1
IFI	增值拟合优度指数	>=0.9
PGFI	简约拟合优度指数	>=0.5

资料来源：根据黄芳铭（2005）、侯杰泰等（2004）等整理而成

Amos 7.0 软件不仅能给出模型的检验结果，同时还会给出相应的修改指标，若干变量的修改指标比较大，这说明原来假设的模型没有考虑到这几个变量的强相关关系，使得路径分析的条件无法达到，需要对模型做出修改，以承认这些变量之间的关系，主要是增加残差间的协方差关系。Amos 的模型调整并不是一次或两次就能够完全实现的，每次经过 Amos 计算之后的模型，其在计算结果中都会给出相应的调整参考，根据 Amos 的这种功能，通过建立变量之间的相关关系来消除路径的偏差，最终得到能够跟数据拟合的模型。由于本节涉及的结构方程模型较多，限于篇幅，本书不再给出每次的模型修改中所增删的残差间协方差关系和变量间的路径关系说明，只给出最终修正后的 SEM 拟合检验结果和测度模型中潜变量的估计参数。

一　分布式创新要素与创新绩效的关系模型

从表 6.16 看，$\chi 2/d.f.$ 为 1.350（显著性概率为 0.000），小于最高上限 5，甚至低于更严格的标准 3；RMSEA 为 0.045，小于最高上限 0.1；AGFI 为 0.862，大于最低下限 0.8；TLI、CFI 和 IFI 分别为 0.962、0.968、0.969，均大于 0.9；PGFI 为 0.676，大于 0.5。结果表明，模型拟合程度较好。而从潜变量的估计参数来看，所有参数的标准化估计值适中，且 C.R. 检验值都大于 1.96，参数估计的标准差都大于零，表明模型满足基本拟合标准。从图 6.1 来看，模型中分布式创新因子分布式结构、分布式认知和分布式协同与企业创新绩效之间的标准化路径系数分别为

0.62、0.24 和 0.69，P 值为 0.000，分别在 0.001 水平和 0.01 水平上显著，表明分布式创新对企业创新绩效有显著的正向影响，因此假设 H1 得到支持，即 H1a、H1b、H1c 都通过验证。

表 6.16　测度模型中潜变量的估计参数（分布式创新要素—创新绩效）

变量←	因子		估计值	标准误（S. E.）	临界比（C. R.）	显著性 P
JG5	←	分布式结构	1.000			
JG4	←	分布式结构	1.170	.179	6.552	***
JG3	←	分布式结构	1.366	.198	6.910	***
JG2	←	分布式结构	1.211	.193	6.285	***
JG1	←	分布式结构	1.339	.195	6.875	***
RZ	←	分布式认知	1.000			
XR	←	分布式认知	.875	.101	8.641	***
LD	←	分布式认知	.967	.112	8.656	***
XT6	←	分布式协同	1.000			
XT5	←	分布式协同	1.015	.162	6.256	***
XT4	←	分布式协同	1.194	.176	6.788	***
XT3	←	分布式协同	.812	.134	6.052	***
XT2	←	分布式协同	1.029	.159	6.488	***
XT1	←	分布式协同	1.079	.158	6.805	***
JX1	←	创新绩效	1.000			
JX2	←	创新绩效	.978	.104	9.384	***
JX3	←	创新绩效	.770	.088	8.783	***
JX4	←	创新绩效	.761	.087	8.702	***
$\chi 2/d. f$	RMSEA	AGFI	TLI	CFI	IFI	PGFI
1.350	0.045	.862	0.962	0.968	0.969	0.676

注：显著性水平中，$P^* < 0.05$，$P^{**} < 0.01$，$P^{***} < 0.001$

二　分布式创新要素对知识共享的关系模型

从表 6.17 看，$\chi 2/d. f.$ 为 1.283（显著性概率为 0.000），小于最高上限 5，甚至低于更严格的标准 3；RMSEA 为 0.041，小于最高上限 0.1；AGFI 为 0.820，大于最低下限 0.8；PGFI 为 0.708，大于 0.5。TLI、CFI 和 IFI 分别为 0.957、0.962、0.962，均大于 0.9，结果表明，模型拟合程

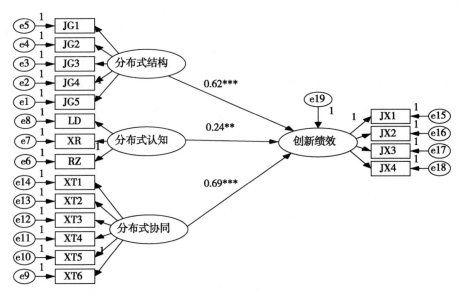

图 6.1   分布式创新要素对企业创新绩效的影响关系模型

度较好。再从测度模型中潜变量的估计参数来看，所有参数的标准化估计值适中，且 C.R. 检验值都大于 1.96，参数估计的标准差都大于零，表明模型满足基本拟合标准。

表 6.17   测度模型中潜变量的估计参数（分布式创新要素—知识共享）

变量← 因子			估计值	标准误 （S. E.）	临界比 （C. R.）	显著性 P
文档资料共享	←	分布式结构	.163	.075	2.190	.028
知识产权共享	←	分布式结构	.190	.087	2.198	.028
文档资料共享	←	分布式认知	.439	.092	4.757	***
成员学习共享	←	分布式认知	.547	.110	4.989	***
知识产权共享	←	分布式认知	.521	.106	4.900	***
文档资料共享	←	分布式协同	.495	.115	4.303	***
成员学习共享	←	分布式协同	.555	.124	4.461	***
知识产权共享	←	分布式协同	.656	.138	4.747	***
成员学习共享	←	分布式结构	-.031	.094	-.326	.745
JG5	←	分布式结构	1.000			
JG4	←	分布式结构	1.148	.153	7.519	***
JG3	←	分布式结构	1.238	.163	7.583	***

续表

变量 ← 因子			估计值	标准误 （S. E.）	临界比 （C. R.）	显著性 P
JG2	←	分布式结构	1. 270	. 169	7. 511	***
JG1	←	分布式结构	1. 176	. 159	7. 402	***
RZ	←	分布式认知	1. 000			
XR	←	分布式认知	. 884	. 109	8. 142	***
LD	←	分布式认知	. 989	. 120	8. 239	***
XT6	←	分布式协同	1. 000			
XT5	←	分布式协同	. 952	. 154	6. 171	***
XT4	←	分布式协同	1. 198	. 171	7. 025	***
XT3	←	分布式协同	. 778	. 129	6. 046	***
XT2	←	分布式协同	. 980	. 151	6. 481	***
XT1	←	分布式协同	1. 049	. 152	6. 910	***
WD1	←	文档资料共享	1. 000			
WD2	←	文档资料共享	1. 124	. 132	8. 534	***
WD3	←	文档资料共享	. 921	. 116	7. 962	***
WD4	←	文档资料共享	1. 046	. 131	7. 992	***
WD5	←	文档资料共享	. 915	. 120	7. 612	***
XX1	←	成员学习共享	1. 000			
XX2	←	成员学习共享	1. 057	. 126	8. 406	***
XX3	←	成员学习共享	1. 197	. 136	8. 799	***
XX4	←	成员学习共享	1. 168	. 134	8. 706	***
CQ1	←	知识产权共享	1. 000			
CQ2	←	知识产权共享	. 920	. 100	9. 176	***
CQ3	←	知识产权共享	. 764	. 087	8. 824	***
CQ4	←	知识产权共享	. 860	. 098	8. 781	***
CQ5	←	知识产权共享	. 877	. 097	9. 013	***
$x2/\mathrm{d.\,f}$	RMSEA	AGFI	TLI	CFI	IFI	PGFI
1. 283	0. 041	. 820	0. 957	0. 962	0. 962	0. 708

注：显著性水平中，$P^* < 0.05$，$P^{**} < 0.01$，$P^{***} < 0.001$

　　从图 6.2 来看，模型中分布式创新因子分布式认知与文档资料共享、成员学习共享和知识产权共享之间的标准化路径系数分别为 0.439、0.547 和 0.521；分布式协同与文档资料共享、成员学习共享和知识产权共享之间的标准化路径系数分别为 0.495、0.555 和 0.656，P 值为 0.000，分别在 0.001 水平上显著。但是分布式结构与文档资料共享和知识产权共享之间的标准化路径系数分别为 0.163 和 0.190，P 值均为 0.028，分别在 0.05 水平上显著；分布式结构与成员学习共享之间的标准化路径系数为-0.031，P 值不显著，这表明分布式创新要素中的分布式认知和分布式协同对知识共享有显著的正向影响，因此假设 H3 部分得到支持，即 H3b 没有通过假设验证，分布式结构只对文档资料共享和知识产权共享有不太显著的正向作用。其余两个假设 H4 和 H5 都获得了验证。

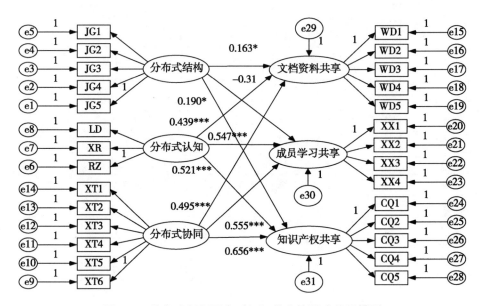

图 6.2　分布式创新要素对知识共享的影响关系模型

三　知识共享对创新绩效的关系模型

从表 6.18 看，$\chi2/d.f.$ 为 1.441（显著性概率为 0.000），小于最高上限 5，甚至低于更严格的标准 3；RMSEA 为 0.051，小于最高上限 0.1；AGFI 为 0.845，大于最低下限 0.8；PGFI 为 0.666，大于 0.5；TLI、CFI 和 IFI 分别为 0.958、0.964、0.965，均大于 0.9，结果表明，模型拟合程度较好。再从测度模型中潜变量的估计参数来看，所有参数的标准化估计值适中，且 C.R. 检验值都大于 1.96，参数估计的标准差都大于零，表明模型满足基本拟合标准。从图 6.3 来看，模型中文档资料共享、成员学习

共享、知识产权共享与企业创新绩效之间的标准化路径系数分别为
0.510、0.217 和 0.452，P 值为 0.000，分别在 0.001 水平上显著，表明
知识共享对创新绩效有显著的正向影响，因此假设 H2 得到支持。

表 6.18　　　　测度模型中潜变量的估计参数（知识共享—创新绩效）

变量← 因子			估计值	标准误 （S.E.）	临界比 （C.R.）	显著性 P
WD5	←	文档资料共享	1.000			
WD4	←	文档资料共享	1.126	.148	7.589	***
WD3	←	文档资料共享	.990	.131	7.550	***
WD2	←	文档资料共享	1.208	.150	8.042	***
WD1	←	文档资料共享	1.076	.141	7.634	***
XX4	←	成员学习共享	1.000			
XX3	←	成员学习共享	1.030	.115	8.952	***
XX2	←	成员学习共享	.906	.107	8.475	***
XX1	←	成员学习共享	.900	.104	8.680	***
CQ5	←	知识产权共享	1.000			
CQ4	←	知识产权共享	.974	.115	8.496	***
CQ3	←	知识产权共享	.851	.101	8.414	***
CQ2	←	知识产权共享	1.032	.117	8.784	***
CQ1	←	知识产权共享	1.136	.125	9.066	***
JX1	←	F4	1.000			
JX2	←	F4	.995	.116	8.576	***
JX3	←	F4	.740	.097	7.602	***
JX4	←	F4	.831	.099	8.434	***
X2/d.f	RMSEA	AGFI	TLI	CFI	IFI	PGFI
1.441	0.051	.845	0.958	0.964	0.965	0.666

注：显著性水平中，$P^* < 0.05$，$P^{**} < 0.01$，$P^{***} < 0.001$

四　分布式创新要素、知识共享与创新绩效关系的整体 SEM 模型

根据上述分析结果，我们建立了包括分布式创新要素、知识共享与创
新绩效的整体 SEM 模型，由于知识共享在分布式创新要素影响创新绩效
中起到完全中介作用，因此在模型中去掉了分布式创新要素与创新绩效的

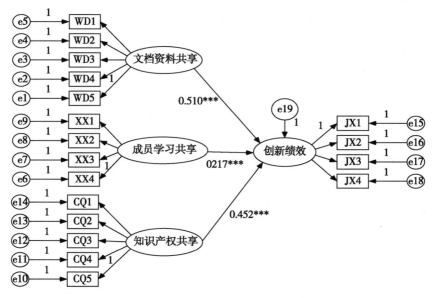

图 6.3　知识共享对创新绩效的影响关系模型

直接作用路径。

从表 6.19 看，$\chi2/d.f.$ 为 1.319（显著性概率为 0.000），小于最高上限 5，甚至低于更严格的标准 3；RMSEA 为 0.043，小于最高上限 0.1；AGFI 为 0.792，略低于最低下限 0.8，PGFI 为 0.700，大于 0.5。TLI、CFI 和 IFI 分别为 0.948、0.953、0.953，均大于 0.9，结果表明，模型拟合程度较好。再从测度模型中潜变量的估计参数来看，所有参数的标准化估计值适中，且 C. R. 检验值都大于 1.96，参数估计的标准差都大于零，表明模型满足基本拟合标准。从图 6.4 来看，模型中分布式认知与文档资料共享、成员学习共享、知识产权共享之间的标准化路径系数分别为 0.333、0.629 和 0.444，分布式协同与文档资料共享、成员学习共享、知识产权共享之间的标准化路径系数分别为 0.468、0.567 和 0.675，它们的 P 值为 0.000，分别在 0.001 水平上显著，表明分布式认知与分布式协同对知识共享有显著的正向影响，这也验证了前述假设 H1a。分布式结构与文档资料共享、成员学习共享、知识产权共享之间的标准化路径系数分别为 0.159、−0.210 和 0.202，其中只有分布式结构对文档资料共享在 0.001 水平上显著，而分布式结构对成员学习共享呈负相关。分布式结构对知识产权共享也只在 0.05 水平上显著。这可以在前述的理论研究中得到解释（表 6. 20）。

表 6. 19　测度模型中潜变量的估计参数（分布式创新、知识共享与创新关系）

变量← 因子			估计值	标准误（S. E.）	临界比（C. R.）	显著性 P
JG5	←	分布式结构	1. 000			
JG4	←	分布式结构	1. 126	. 151	7. 449	***
JG3	←	分布式结构	1. 256	. 164	7. 654	***
JG2	←	分布式结构	1. 256	. 168	7. 475	***
JG1	←	分布式结构	1. 205	. 160	7. 523	***
RZ	←	分布式认知	1. 000			
XR	←	分布式认知	. 879	. 101	8. 701	***
LD	←	分布式认知	. 982	. 112	8. 798	***
XT1	←	分布式协同	1. 000			
XT2	←	分布式协同	. 944	. 129	7. 324	***
XT3	←	分布式协同	. 757	. 112	6. 785	***
XT4	←	分布式协同	1. 145	. 142	8. 061	***
XT5	←	分布式协同	. 936	. 133	7. 015	***
XT6	←	分布式协同	. 967	. 137	7. 065	***
WD5	←	文档资料共享	1. 000			
WD4	←	文档资料共享	1. 164	. 156	7. 454	***
WD3	←	文档资料共享	1. 011	. 137	7. 358	***
WD2	←	文档资料共享	1. 244	. 158	7. 849	***
WD1	←	文档资料共享	1. 104	. 148	7. 458	***
CQ1	←	知识产权共享	1. 000			
CQ2	←	知识产权共享	. 918	. 101	9. 050	***
CQ3	←	知识产权共享	. 769	. 088	8. 775	***
CQ4	←	知识产权共享	. 859	. 099	8. 664	***
CQ5	←	知识产权共享	. 869	. 098	8. 830	***
JX1	←	创新绩效	1. 000			
JX2	←	创新绩效	. 986	. 107	9. 248	***
JX3	←	创新绩效	. 753	. 089	8. 425	***
JX4	←	创新绩效	. 800	. 090	8. 874	***
XX4	←	成员学习共享	1. 132	. 131	8. 638	***

续表

变量 ← 因子			估计值	标准误 （S. E.）	临界比 （C. R.）	显著性 P
XX3	←	成员学习共享	1. 177	. 133	8. 821	***
XX2	←	成员学习共享	1. 045	. 124	8. 458	***
XX1	←	成员学习共享	1. 000			
$\chi^2/d.f$	RMSEA	AGFI	TLI	CFI	IFI	PGFI
1. 319	0. 043	. 792	0. 948	0. 953	0. 953	0. 700

注：显著性水平中，$P^* < 0.05$，$P^{**} < 0.01$，$P^{***} < 0.001$

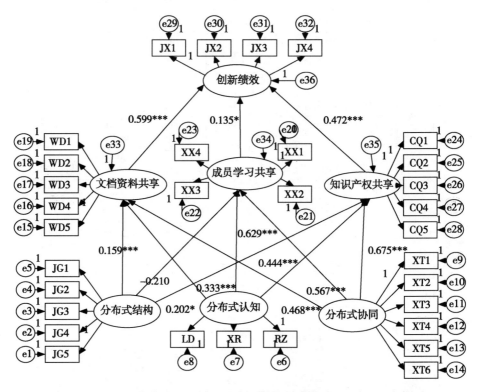

图 6.4　分布式创新要素、知识共享与创新绩效关系的整体 SEM 模型

表 6.20　　　　　　　整体 SEM 模型中结构模型的估计参数

变量 ← 因子			估计值	标准误 （S. E.）	临界比 （C. R.）	显著性 P
文档资料共享	←	分布式结构	. 159	. 065	2. 445	. 014*
成员学习共享	←	分布式结构	-. 210	. 138	-1. 524	. 128

续表

变量 ← 因子			估计值	标准误 （S. E.）	临界比 （C. R.）	显著性 P
知识产权共享	←	分布式结构	.202	.083	2.419	.0168*
文档资料共享	←	分布式认知	.333	.078	4.258	***
成员学习共享	←	分布式认知	.629	.143	4.384	***
知识产权共享	←	分布式认知	.444	.100	4.458	***
文档资料共享	←	分布式协同	.468	.095	4.931	***
成员学习共享	←	分布式协同	.567	.132	4.283	***
知识产权共享	←	分布式协同	.675	.123	5.491	***
创新绩效	←	成员学习共享	.135	.061	2.225	.026*
创新绩效	←	知识产权共享	.472	.090	5.259	***
创新绩效	←	文档资料共享	.599	.128	4.693	***

注：显著性水平中，$P^*<0.05$，$P^{**}<0.01$，$P^{***}<0.001$

五　假设检验结果讨论

分布式创新三要素对创新绩效具有显著的正向影响，如分布式结构、分布式认知、分布式协同对创新绩效的标准化回归系数分别为 0.620、0.240 和 0.690（$P=0.000$）。假设 H1 及其三个子假设均得到了实证支持，对于企业来说要减少由于地理时区分散而带来的技术创新活动的"信息孤岛"风险，就要注意配置不同专业领域和职能的项目成员，同时要在创新活动过程中提高项目成员之间的信任并缩小彼此间的知识距离，从而加大项目成员的认知相似度，以弥补不能面对面沟通导致的知识交流缺失。另外，参与分布式创新的成员多数是知识型员工，他们具有专业特长与独立自主的工作能力，应注意适当采取分布式领导模式，以激发大部分项目成员的创新积极性。分布式协同的回归系数最大，意味着分布式创新更加依赖信息技术及激励制度，以连接项目成员的沟通并促进知识交流。

从知识共享机制的中介作用实证结果来看，三种知识共享机制对创新绩效的直接作用都非常显著，文档资料共享、成员学习共享和知识产权共享对创新绩效的标准化回归系数为分别为 0.510、0.217 和 0.452（$P=0.000$），这与分布式创新案例企业的实践经验相符合，如在上海冷箱的

CIMS 项目、吉利集团的金刚汽车项目和海尔卡萨帝法式对开门冰箱项目中，大量共享的是文档资料，如各种技术文档和图纸等，这些有形的资料共享显著促进了项目的创新绩效。而成员学习共享影响明显比文档资料共享小的原因是缺乏面对面的交流减少了项目成员之间的熟悉过程，再加上大部分的技术工作模块化也使得项目成员各自的工作比较独立，除了模块接口的对接与联系之外，很少有机会在一起讨论。知识产权的重要影响反映出我国目前多数企业的技术水平还比较弱，在创新合作过程中它们积极寻求外部的专利技术甚至是诀窍，如本研究所访谈的所有企业都已经与国内外的高校、研究机构甚至是同行建立了大量的合作关系，目的就是得到相应的知识产权。而对于分布式创新要素对三种知识共享机制的影响实证结果，分布式结构对文档资料共享、成员学习共享和知识产权共享的标准化回归系数分别为 0.163（$P = 0.05$）、-0.31、0.19（$P = 0.05$），这印证了理论研究方面的结论，即分布式创新仅仅人员及技术分散并不能显著带来绩效的提升及知识共享，必须辅助以其他要素。这也是已有部分研究争论的焦点，如认为地理上的分散会减少交流与合作 [Allen，1977；科洛特、富赛和布莱南等（Kraut、Fussell 和 Brennan et al.，2002）]，而本研究的结论对此做了定量的肯定回答。分布式认知对文档资料共享、成员学习共享和知识产权共享的标准化回归系数分别为 0.439、0.547、0.521（$P = 0.001$），这一结果说明了分布式创新更加信赖于成员之间的信任、专业背景认知相似及发挥成员主观能动性，满足了这几个条件，就会减少分布式创新过程中的知识"搭便车"行为而全面加入知识创新和知识共享中。分布式协同对文档资料共享、成员学习共享和知识产权共享的标准化回归系数分别为 0.495、0.555、0.565（$P = 0.001$），再次说明了分布式创新过程中软硬协同技术的重要性，如三个探索性案例企业项目中的创新平台非常明显，可以支撑全国甚至全球的创新活动。

总之，分布式创新要素、知识共享机制及创新绩效的影响关系实证结果表明，在加入文档资料共享、成员学习共享和知识产权共享这三个中介变量后，从"分布式创新—企业创新绩效"的总效应来看，分布式结构对创新绩效的间接效应为（0.599 * 0.159）+（0.202 * 0.472）= 0.20；分布式认知对创新绩效的间接效应为（0.333 * 0.599）+（0.629 * 0.135）+（0.444 * 0.472）= 0.495；分布式协同对创新绩效的间接效应为（0.468 * 0.599）+（0.567 * 0.135）+（0.675 * 0.472）= 0.67。这三个数值都比分布式创新要素对创新绩效的直接影响要小，而且分布式协同与分布式认知对创新绩效的正向影响要略高于分布式结构对创新绩效的正向影响，这和前面的实证结果是一致的，也说明本研究选择的中介变量（知识共享机制）是符合理论原理与企业实际。除假设 H2b 之外，其他假设均获得实证验证通过。

这样，本节实证结果确证了知识共享机制的中介作用，为分析企业分布式创新和企业创新绩效二者间的关系架起了"桥梁"，并能为产业实践提供指导。

六 SEM 模型分析小结

通过运用结构方程建模（SEM）方法对我国企业的分布式创新要素与创新绩效相互作用的路径关系分析表明，分布式创新要素并非直接作用于创新绩效，而是通过影响文档资料共享、成员学习共享和知识产权共享三个中间因素，进而提高创新绩效，其作用机制如图 6.4 所示。

由图 6.4 可知，我国企业实施分布式创新知识共享机制的主要路径有：分布式结构→文档资料共享→创新绩效；分布式结构→知识产权共享→创新绩效；分布式认知→文档资料共享→创新绩效；分布式认知→成员学习共享→创新绩效；分布式认知→知识产权共享→创新绩效；分布式协同→文档资料共享→创新绩效；分布式协同→成员学习共享→创新绩效；分布式协同→知识产权共享→创新绩效。

而知识共享对创新绩效的直接作用主要有三种方式：文档资料共享→创新绩效；成员学习共享→创新绩效；知识产权共享→创新绩效。

第三节 本章小结

本章首先运用结构方程建模（SEM）方法对我国企业分布式创新知识共享的机制路径关系进行了分析，分析结果显示，我国企业是通过影响项目自身能够控制的分布式结构、分布式认知和分布式协同这三个创新要素来影响分布式创新过程中的文档资料共享、成员学习共享和知识产权共享这三个知识共享程度因素，继而影响创新绩效的。除本书所预期的项目分布式结构对成员学习共享的正向影响这个理论假设 H2b 未获得支持外，其余假设均获得实证验证通过，见表 6.21。

表 6.21   **我国企业分布式创新知识共享机制理论假设的检验结果**

假设	内容	检验
H1	分布式创新过程中知识共享对创新绩效具有正向影响	通过
H1a	分布式创新过程中文档资料共享对创新绩效有正向影响	通过
H1b	分布式创新过程中成员学习共享对创新绩效具有正向影响	通过
H1c	分布式创新过程中知识产权共享对创新绩效有正向影响	通过
H2	分布式创新的分布式结构对知识共享具有正向影响	部分通过
H2a	分布式创新的分布式结构对文档资料共享具有正向影响	通过
H2b	分布式创新的分布式结构对成员学习共享具有正向影响	未通过
H2c	分布式创新的分布式结构对知识产权共享具有正向影响	通过
H3	分布式创新的分布式认知对知识共享有正向影响	通过
H3a	分布式创新的分布式认知对文档资料共享有正向影响	通过
H3b	分布式创新的分布式认知对成员学习共享有正向影响	通过
H3c	分布式创新的分布式认知对知识产权共享有正向影响	通过
H4	分布式创新的分布式协同对知识共享有正向影响	通过
H4a	分布式创新的分布式协同对文档资料共享有正向影响	通过
H4b	分布式创新的分布式协同对成员学习共享有正向影响	通过
H4c	分布式创新的分布式协同对知识产权共享有正向影响	通过
H5	分布式创新对企业创新绩效有正向影响	通过
H5a	分布式创新的分布式结构对企业创新绩效有正向影响	通过
H5b	分布式创新的分布式认知对企业创新绩效有正向影响	通过
H5c	分布式创新的分布式协同对企业创新绩效有正向影响	通过

第七章

分布式创新背景下企业开展
知识共享的管理策略研究

第一节　合理设计创新项目的分布式结构

分布式创新项目的一个重要维度就是分布式结构，主要包括项目成员分布度及项目模块化两方面。

一　优化配置分布式创新项目成员

在技术与智力全球化的背景下，分布式创新在实践中使用成熟的数字网络技术，用富有弹性的项目团队模式将分散在不同地方而为了同一目标的技术人员通过互联网组织起来。分布式创新突破了组织边界的限制，非但没有削弱自身的研发功能，反而由于组织柔性的增强而夯实了科研开发的底蕴。综合前述相关的研究，分布式创新项目团队存在四个方面的特征：（1）团队成员具有共同的目标；（2）团队成员地理位置的离散性；（3）采用电子沟通方式；（4）宽泛型的组织边界。这样，分布式创新就克服了时间、空间的隔离，采用创新的技术、提供丰富的沟通渠道，促进分散性成员间的任务协调。因而，分布式创新项目团队成员的选择必须考虑以下四个关键因素：一是独立性。分布式创新项目团队的每一位成员必须自主、自我依赖，但又能相互依存。作为某个领域的专家，这些成员既有独立研究与开发的能力，又有合作的愿望和能力。二是领导分享。分布式创新项目团队的每一位成员能随着团队进程，担当领导者角色，领导者随任务的变化而变动，每一位成员在任务进程中发挥自己的才能和专长。三是整合水平。分布式创新项目团队不仅仅是横向连接的团队，它必须能与组织上下连接。四是分布式创新项目团队成员相互必须具有互补性资源，即创新成员必须提供实现项目团队目标所需的某些资源或能力。这就是所谓项目团队成员间战略配合的要求，意味着项目团队已开发出或者能够开发出实现可持续竞争优势的源泉，这是参与分布式创新各成员"多赢"的基础。分布式创新的核心企业（权威核心）作为组织者，必须将创新职责委派给各创新成员，并给予分布于世界各区域的创新小组以自主权，并使之完成自我管理，同时，鼓励各区域创新小组共享各种项目信息和合作关系网络。

二　按标准化流程划分项目模块化结构

分布式是大系统架构的基本思想，而模块化是分布式架构的一种实现方法。模块化最主要的特点是组合化加标准化，它很好地应对了现代产业呈现的多样化、分散化、柔性化的分布式创新特点。即以组合式产品结构满足多样化的需要，以单元模块的柔性制造和组合实现柔性化生产。如在计算机领域，大部分的计算机创新都是围绕两大关键模块：英特尔的芯片、微软的操作系统；而在互联网系统创新中的关键模块则主要是思科路由器、Sun 的服务器、EMC 的存储器、ORACLE 的数据库。这样通过模块化后，企业可以把关键部件或者附属业务外包，使得企业实现内外部更加紧密的合作，便于纵向一体化管理到水平式的横向一体化管理；并且，在模块化基础上的分布式创新使得企业能够控制日益增加的复杂技术，即通过把产品分成子系统即模块，各个参与分布式创新的主体均获得了很大的灵活性。

企业实施分布式创新过程中实施模块化要遵循两个基本过程：一是进行系统"分解"并建立模块系统；二是进行模块"组合"。即要对技术开发过程进行重组、对任务合理分配。如首先建立模块化的体系框架，详细说明哪些模块是该系统的组成部分以及相应的功能；其次是定义模块之间的接口，详细说明模块之间相互衔接及组合的方式；最后要确定设计标准，用于测试每个模块与设计规则是否相一致。桂彬旺（2006）通过案例及问卷统计，证明了复杂产品创新系统项目模块化创新的市场规划、架构设计、界面与标准、资源整合与关系管理等五个关键因素，通过影响项目规划能力、系统集成能力和资源利用能力三个中间变量来提高复杂产品创新系统项目创新绩效。另外，复杂产品系统集成开发商还可以通过加强与复杂产品系统用户、模块分包商的关系管理来提高自己的资源整合能力，从而提高复杂产品系统创新绩效；也可以通过加强与复杂产品系统用户、模块分包商的关系管理来改善模块的界面与标准，从而提高复杂产品系统创新绩效。

第二节 提升创新项目的分布式认知程度

分布式创新项目的第二个维度是分布式认知，即包括项目成员的信任关系、分布式领导及成员认知相似度。

一 培养分布式创新项目成员的信任关系

要培养分布式创新项目成员的信任关系，企业可以采取以下五个方面措施：第一，增加创新合作的专用性投资，即使参与分布式创新的各成员为维护创新合作关系而投入相应不可转移或转移成本很高的资源，并且这些投资难以用于其他用途。第二，自觉满足创新合作方的需要，根据对方的意见或建议结合对方的实际需要情况，自觉地调整自身的战略和行为以满足对方的意愿。第三，建立坦率开放的沟通关系，使参与创新的各成员通过正式或非正式的渠道保持信息的及时共享，并对项目计划、项目进度、期望目标和绩效评价标准等重要事项进行相互披露，以保持对各创新合作成员各方面情况全面、及时的掌握。第四，减少对硬性约束控制手段的依赖，即从分布式创新的整体利益角度出发，克制自利的欺骗性行为并尽力保持创新合作关系的健康发展。

分布式创新过程中各成员之间信任的构建有一定周期性，即随着分布式创新项目的形成和运行而逐步建立的，一般可划分为谋算型信任、了解型信任和认同型信任三个发展时期。所以为推动信任的上述进化，企业应从能力组合、社会相容性和治理机制等三个方面为信任提供条件。具体来说，分布式创新参与成员的能力上要有互补性，并要求创新合作战略目标一致的前提下各自核心能力尽量重叠少而协同性强。要持续关注沟通的改善和各创新成员间的相互合作，并尽量提供便利条件开展跨文化管理培训和非正式渠道的沟通，从而促进相互的信任和知识的交融。最后在分布式创新项目的治理机制方面，主要是清晰地确定创新成员各方的权利和义务，在创新合作期内坚持关注创新成员的行为，进行公开的信任评价。

二 对项目实施分布式领导

分布式创新一般以知识型团队的形式出现，因而这样的特点要求项目实施分布式领导决策模式，即通过让领导角色根据任务情境的变化和团队成员的个人特长而动态更替，来激发组织成员参与领导的愿望，发挥个人的专长，提高组织决策的正确性，促进组织的知识创新，从而保持组织的竞争优势。已有的研究和实践证明，分布式领导模式主要适用于高层管理团队、知识团队、应急行动团队、咨询团队等团队，并对团队绩效产生积极的影响。它与以个人为中心的集权式领导相对，是在一种共同文化之下，合作工作中发生的集体行为。因而，企业在分布式创新过程中实施分布式领导时，要遵循下列原则：

一是确定分布式领导适用的条件。研究和实践表明在组织扁平化的环境里，在权力更为分散的组织中，在决策更大地依赖于团队的条件下，在工作和责任需要更多的角色分担的情况下，分布式领导有更大的适应性。分布式领导尤其适合于动员更多有能力者的积极性和参与意识，集合更多人的才干，放大团队成员的整体智慧、能量和效果。

二是把握项目领导角色更替的依据是任务特点和成员能力的匹配程度。一方面，任务情境的变化会导致新的领导角色的出现，或某种领导角色的暂时消失；另一方面，项目成员应在领导与下属这两种角色间动态转换，即可能在某一时点是领导者，在另一时点则是下属，这种转换要根据任务特点和成员能力水平来定。

三是灵活选择动静态的分布式领导模式。雁式领导是一种稳定环境中的静态分布式领导模式，它适用于领导角色根据任务或时间的变化而稳定更替的分布式创新活动。而分布式创新活动处于动态环境中时，组织及项目并不事先安排领导角色的更替，领导角色根据任务要求和成员的能力灵活更替。在这种情况下，环境的动态变化使得组织无法准确预测组织成员应担任的角色，但组织成员有担任领导角色的主动性，当任务的要求与他们的个人专长相吻合时，他们就会主动担任领导角色。

四是要避免四个认识及实践误区：（1）避免分布式领导导致多头领导，明确组织成员根据组织任务的需要以及个人完成任务的能力轮换担任领导角色。（2）避免分布式领导演化为无领导。分布式领导给予每个组织成员担任领导角色的机会，但是，个体能否担任领导角色，要视其能力与任务要求是否匹配而定。组织成员通过长期共事逐渐了解了各自的才能，他们基于信任和实现共同目标的需要，愿意在不同阶段根据任务特点的变化会听从最有能力的成员的安排。（3）避免分布式领导与组织原有领导冲突。来切奈（2000）的实证研究表明，组织无论是否指派领导者，均可以实施分布式领导。因为知识员工可以根据任务的需要和个人的专长，共同完成从决策到执行的一系列工作，自主决策、自主管理，以增强灵活性，让组织更加快捷高效。（4）避免分布式领导排斥集权式领导。分布式领导的实施有利于组织扁平化，提高组织运作效率。但分布式领导并不排斥集权式领导，因为实施分布式领导的团队是一个自我管理的集体，在集体外部，有关该团队的基本决定该做什么和由谁来做仍然由层级制组织来做出。只不过此时，组织领导者应要学会倾听下属的意见，而不是成为主要的参与者或者教练。

三　融合分布式创新项目成员的认知相似

从企业层次来看，盖瑞巴兹（2003）解析了跨国公司分布式创新的"知识组合"和"认知金字塔"模式，第一层核心知识基础是任何被认为与企业战略相关，及被评价为关键技术和核心能力的资产，这些大型跨国公司都趋向于高度科层化并考虑清晰的所有权与控制权，特点是包含模糊知识、认知多样性及需要整合任务的项目及技术。第二层知识基础配置于战略导向的多中心，项目较少受模糊知识和认知多样性困扰，次级任务模块化且研发部门被授予清晰的职能。第三层是分布式的知识，跨国公司接受更开放、扁平的模式以进行搜索和探索，通过与不同的知识社区相联系以获取未来技术。

从参与分布式创新的成员层次来看，他们的认知相似度与彼此之间的知识距离呈负相关。因而对于分布式创新企业来说，在分布式创新项目的实施过程中融合各项目成员的认知相似就是要缩短他们之间的知识距离，即指知识的某一信息状态从知识提供方转移到知识接收方，并且在其本身知识基础上实现共同信息最多的新知识表达状态的距离。在实践中主要是控制影响知识距离的三个因素：（1）共享双方知识基础的差异；（2）共享双方文化背景的差异；（3）专业知识的编码和抽象程度。由于项目成员彼此知识基础和文化背景的差异，产生了知识共享的隔阂。当把项目成员的知识基础和文化背景的差异缩小时，双方的沟通和表达就更通畅，双方知识的理解程度就更高。而专业知识的编码和抽象都可以被看作去除冗余数据从而在数据处理上实现节约的过程，因而项目努力减少干扰数据也可以使知识更清晰，从而缩短知识共享双方的距离，即要积极鼓励知识提供方将知识推向知识接收方。

当共享的知识中有一种信息表达与知识接收方现有的基础知识的信息表达实现最多的共同信息时，相应的知识距离最短（趋近于零）。对知识接收方来说，知识距离最短就意味着新知识的信息量最少，知识此时最容易共享。知识距离与团队的知识共享水平也是负相关关系，共享双方的知识距离越大，知识接收方接收共享知识的难度就越大。所以，如何缩短共享双方的知识距离是影响团队知识共享的关键因素之一。

一般来说，对于已经文档化的显性知识，其信息表达的状态已经确定，要缩短知识距离只有通过知识接收方调整其知识基础（找到与新知识现有信息表达状态相对应的基础知识）和文化知识差异（找到双方交流沟通最恰当的切入点）来实现；或者是通过中介（如培训师）改变显性知识的现有信息表达状态，从而缩短知识距离。

对于隐性知识，双方的知识共享是一个互动的过程，一般而言，知识提供方将根据知识接收方的基础知识的状态，通过不同的编码和形象化方式来改变新知识的信息表达状态，以缩短知识距离。知识接收方在接收知识时会给知识发送方发出"理解"或"不理解"的特定反馈，发送方在收到反馈后会调整知识的信息表达形式，以找到对接收方而言信息量最少的知识表达形式。知识接收方对于知识的"理解"反馈，说明知识发送方的原有编码和抽象的方法是合适的，将促使其更快地缩短知识距离，找到新知识信息量最少的信息表达形式；知识接收方的"不理解"反馈，说明知识发送方的原有编码和抽象的方法不适合接收方的知识基础，将促使知识发送方重新寻找对知识进行编码和抽象的方法。

第三节　完善创新项目的分布式协同

分布式协同是分布式创新项目的第三个维度，主要内容有协同技术系统和创新激励制度。

一　构建协同技术系统

本书的三个探索性案例及实证研究都表明要实施分布式创新，协同技术的配置非常重要，具体来说要有基本的 IT 支撑应用系统及专业工具系统。

作为基本的 IT 支撑应用系统（见表 7.1），它可以为分布式创新提供如下主要功能：一是文档共享，在协作平台中，项目讨论和文件保存在一个安全位置，同时轻松跟踪多处修改。同时提供文档权限管理、版本控制、全文检索、自动摘要等服务，这样项目团队产生的与项目相关的文档可以被有效管理、共享。二是团队工作日历，每一个团队空间中都包含一个团队工作日历，进入团队协作空间后，团队中每一个成员的工作安排即一目了然。另外，项目成员可以管理自己的个人工作计划和项目安排，可以方便地获得这些工作安排的最具体的细节，例如开始和结束时间、工作描述、相关人员和客户、相关工作流等。三是讨论区，提供分时的交流讨论功能，同时，集成了实时交谈功能，使得分布式团队成员之间的交流变得非常简单方便，而且可以感知文档或者论题作者的在线状态，当用户在线时，可以直接与之交谈。四是任务分派，提供一个简单实用的项目甘特图，项目管理员可以将每个任务分配给各个项目的负责人和相关的参与成员。五是任务报告，自动生成任务、项目进度报告，便于项目负责人掌握项目进展情况并将报告提交给相应的人员。

表 7.1　　　　　企业开展分布式创新的 IT 支撑应用系统

序号	分布式创新的 IT 支撑应用系统	基础 IT 支撑应用
1	形成部门内部知识资源的集中管理模式	知识库
2	强化业务流程中的知识发现和知识利用	知识库、流程管理、知识推送
3	建立企业知识的结构化视图	知识库、知识地图
4	构成企业专家网络	知识库、知识地图
5	对现有知识资源的高效检索手段	搜索引擎
6	经验与案例的共享库	知识库、知识推送/订阅
7	外部知识资源的获取及共享	知识库、情报搜索
8	加强部门内部、部门之间的沟通与交流	实践社区、个人（部门）博客、协作平台
9	对部门知识资源提供统一的访问权限控制	知识库、流程管理
10	提供员工交流与协作的工具	实践社区、个人（部门）博客、协作平台
11	开发知识集约型服务产品	知识库、实践社区、协作平台
12	客户需求管理	知识库、协作平台、流程管理
13	提供统一的知识资源访问入口	知识门户
14	加强知识的传递	电子学习

序号	分布式创新的 IT 支撑应用系统	基础 IT 支撑应用
15	历史项目资料的统一管理和共享	知识库
16	公司知识资产评估	知识库、知识安全管理、知识管理评估

资料来源：本书作者整理

而作为专业工具系统则以 CAD、CAM、CAE、PLM、ERP 等信息系统为主。它可以提高分布式创新各成员的工作效率。具体而言，专业工具系统具有如下能力：一是技术开发过程数字化。通过用图纸和纯数字化的产品建模，分布式创新过程中的各种开发活动具有高度的流动性，可在各个地方和团队成员之间传递。然而，统一的 CAD 工具只是分布式创新的前提，但是要充分发挥其潜力，还需要使用 CAM、CAE 和可视化技术。二是自动化。即一个有效的信息和过程管理环境使分布式创新团队能捕捉数字化的数据内容、可靠地控制其不同的版本和配置、管理并行的变更、自动处理分布式创新团队成员之间的信息流动。像 CAD 一样，信息和过程控制的基线是极端重要的先决条件，有了它才能避免在分布式创新运行过程中发生瘫痪性的混乱。三是全球化。分布式创新必须引进基于 Internet 的协作技术以建立"虚拟团队办公室"，它能跨越地域的限制，实现数字化产品的信息共享。当协作和数据管理解决方案集成在一起的时候，企业的分布式创新就能与相应合作伙伴共享企业信息，既提高效率，又不影响知识产权。

二　全面实施知识共享激励

由于分布式创新成员的地理、组织分散的特点，怎样激发各自的创新行为及其知识共享就成为企业分布式创新项目尤其要关注的重点之一。具体来说，如果要全面实施知识共享激励制度，企业可以从知识共享运行机制、知识共享明晰机制、知识共享绩效机制、知识共享奖惩机制这四方面来进行。

一是知识共享运行机制，主要指促进分布式创新团队知识共享与应用的高效有序运转而提供的组织和制度保障，一般应建立四项制度：（1）知识分类与标准化制度，即在技术领域分类基础上，把经过实践检验已经很成熟的知识进行编码化和标准化处理，及时进入知识库以利于计算机处理。同时针对部分个性化较强的知识，组织专家根据不同使用情况逐渐转变为常规知识。（2）项目文档积累与更新制度，必须由具体的知识管理人员将项目的技术诀窍、最佳实践整理成文字材料，予以分类存档，以便供项目成员共享。同时要求知识管理人员在规定的时间必须重新审视已经存档的文件是否有过时、失效、繁杂或互相冲突的内容。如果发现及时更新以确保存档文件的有效性、精练性和一致性。（3）外部知识内化制度，应定期请相关领域的专家为分布式创新成员讲解、培训最新的专业技术、管理技术和经营思想，并且将这些知识整理成规范的文档，定期更新，成为项目可共享的知识。这样，项目获得外部知识就会既有规划，又能以一次投入，永久受益、全员受益。（4）知识宽松交流制度，分布式创新项目团队可定期举行项目视频会议、项目报告会等多种形式的交流活动，大家自由交流，由知识管理人员作记录，并加以整理。

二是知识共享明晰机制，即将项目知识共享的目标和各成员知识共享成果明晰化。分布式创新企业要建立：（1）阶段性知识共享目标发布制度，分布式创新团队要进行知识共享，就必须有目标、有规划地整合所有项目成员的知识资源，引导项目成员朝一个目标和方向前进。这就要求分布式创新项目团队要定期将阶段性团队知识共享的目标发布，建立阶段性项目团队知识共享目标发布制度。（2）知识共享成果申报制度，即为了激励项目成员必须对知识共享的成员进行嘉奖，明确每位成员共享的知识成果。如要求项目成员每月申报自己一个月的知识创新成果、知识共享成果和知识应用成果，并将其作为每月考评的依据之一。

三是知识共享绩效机制，用以核实项目成员的知识共享成果并评价其价值：（1）知识共享成果稽核制度，项目主管应定期将成员申报的知识共享成果予以核实，并评价其价值。（2）知识共享价值的评价系统，一方面可以通过管理系统软件自动评价员工在知识共享与交流方面的成果，另一方面对于收益不确定或很难衡量的知识成果，则可以采用精通该知识成果领域专家投票的方法或专家协调的办法予以确定。

四是知识共享奖惩机制，将项目成员在知识共享方面的绩效具体化为收益，对不能实现项目知识共享目标的员工进行处罚：（1）知识薪酬支付制度，将能确定其收益的知识共享成果与项目成员的即期收益联系起来，通过增发薪水与酬金来激励项目成员。（2）知识晋升制度，对于那些在知识共享方面成果显著，又具有较强管理能力并且对经济利益不太敏感的项目成员采用晋级、晋职的方法来激励。（3）知识署名制度，通过具体的人名将这些成果形象化，使得这些成果更容易推广和共享。
(4) 重视对项目团队的奖励，面向个人和面向项目团队两种奖励策略适
当结合，不仅会提高个人知识创新的动力，而且有利于促进团队内部的知
识共享效率。(5) 知识惩罚制度，对于不能实现项目团队知识共享目标
的成员应建立起惩罚机制，这样，就能从反面推进项目知识共享目标的实
现。对知识贡献等级过低而不能达到项目知识共享要求的成员，可以依照
制度进行相应的惩罚，如知识薪酬减降、职务降级、启动淘汰流程（左美
云，2001）。

第四节　动态组合分布式创新过程中的三种知识共享机制

　　前述研究已经证明，分布式创新的三种知识共享机制对创新绩效有不
同的作用，其中文档资料共享和知识产权共享作用最明显，而成员学习共
享作用相对较小，为了促进分布式创新的顺利进行，分布式创新企业必须
在项目实施过程中动态组合三种知识共享机制。

　　首先，各创新成员需要转变知识产权保护的理念，在规划企业各自知
识资产时，不仅要注意使企业现有的知识产权价值实现最大化，而且要从
战略和长远利益出发，决定企业当前哪些知识产权需要共享？何时可以实
现共享？和谁一起共享？针对这些问题，分布式创新过程中的知识产权共
享，李秋容（2006）认为可以依据分布式创新项目的进程分阶段展开。

　　如在项目组建的初期阶段，分布式创新企业主要分析合作机会、选择
合作伙伴、设计合作关系，相应知识产权共享管理就是要确认、界定潜在
合作伙伴的核心能力，确定知识产权资源的价值。确认标准一般有真实
性、先进性、可靠性三个方面，采用定性与定量相结合的方法通过法律判
断、创新程度辨别、权利、瑕疵担保就可以对创新成员各方投入的知识产
权进行比较全面的界定。

　　项目运作的第二阶段主要活动是整合所投入的创新资源，实现协同研
发，相应知识产权共享管理关注投入资源的使用方式，确保信息交流的安
全。具体来说主要是集成、共享投入资源，产业实践已经证明交叉许可是
使用创新成员投入资源的有效方式。

　　第三阶段是项目解体，其主要活动是确定创新合作解散的恰当时机、

合理分配合作成果、解体后续事项处理，此阶段知识产权共享管理的内容主要是以协议约定并结合确认结果和研发贡献为基础，确保合作成果的合理使用。另外由于投入资源共享、研发过程协同使得创新合作成果多以共享方式出现，可依据创新成员的国别差异、个体差异，采取划定范围的共享方式，避免权利行使中的冲突。

其次，对于分布式创新过程中的隐性知识，项目团队应该设计顺畅的相互学习共享机制以提高对隐性知识的吸收并最终促进创新绩效：一是在项目团队中创造一个相互学习的氛围，通过鼓励个人之间和创新成员企业之间的对话、联系、交流这种互动式的学习来获取知识，此类双向的学习过程包括对知识的评价、分析、吸收的过程。通过公开交流新思想、新方法、新技能，使各方受益；另外，分布式创新项目的管理者要致力于创造一种正确的组织文化，在团队内形成一个友好和交流的气氛，使得所有创新成员能学到跨越企业内外的所有有用知识。二是提高创新成员企业的学习能力以减少知识模糊性的影响，既要重视物质基础设施等资源供给，又要努力培养各参与企业员工的学习能动性。具体可以建立项目信息中心，提高知识的共享性及其在项目团队内的传递速度。三是提高创新成员企业的合作竞争能力，努力使参与分布式创新的成员企业间从以前的单一竞争关系转化为合作竞争关系，并在学习过程中形成互相帮助的氛围，以减少知识模糊性的干扰，同时着眼于战略联盟的共同目标，而不是仅仅局限于各自企业的私利。四是制定明确的协议规则，包括共同的目标、清晰的路线和运行规则，使各成员企业建立起稳定预期，便于长期持续地学习。另外，一般项目和企业内网上的实践社区是隐性知识到显性知识转化的重要场所，也是项目成员信息交流、问题讨论和知识获取的场所之一。它可以对项目知识进行提炼收集和整理关键知识，具有良好的知识共享文化，实现知识编码（把隐性知识显性化）、知识传播（专家制、师徒制）、知识重用（借助网络平台，使知识跨地时空流转）。

再次，分布式创新企业应建立完整的知识库，对项目现有的知识文档进行规划和组织，使文档的获取、归类、提取和查找更加方便，同时也为以后针对知识的应用和功能的扩充打下基础。作为企业积累知识的重要过程，分布式创新在实施过程中项目成员会产生大量分散的各种文档。因而需要配置适当的协同技术以对分散在各个创新主体、项目过程中的文档进行分类、导入、抽取和再加工，实现集中存放和管理。本研究被访谈的项目领导、外部专家或普通项目成员多数认为，利用知识库能通过角色、群组、用户的设定对文档的权限进行控制，防止越权访问，还能够对文档的版本进行控制，保留文档的修改过程。而文档由项目负责人进行统一的定义和加工后，再分发给有需要的项目成员。一般来说，知识库要有严格的文档审批工作流机制，保障进入知识库的文档的质量和企业信息的安全。如某项目成员希望访问较核心的某一篇技术文档，则需要启动知识共享审批流程，由技术中心主任或项目负责人审核同意。这样，根据相关文档资料的机密程度，知识共享审批流程可以针对部分用户或全体用户进行共享。

第五节　本章小结

本章在前述理论及实证研究结果的基础上，主要研究了我国企业实施分布式创新知识共享的应对管理措施，一是要合理设计项目的分布式结构，即合理配置分布式创新项目成员并按标准化流程划分项目模块化结构；二是提升项目分布式认知程度，如培养分布式创新项目成员的信任关系、对项目实施分布式领导及弥补分布式创新项目成员的认知差异；三是完善项目的分布式协同，即提供完善的协作技术和激励制度。而对于分布式创新过程中重要的三种知识共享机制，应依据项目进展及不同的知识特性进行动态组合。

第八章

研究结论与展望

本书经过前述相关文献综述、探索性案例研究、理论拓展和模型构建、统计验证分析等过程，主要对企业分布式创新知识共享机制及其与创新绩效关系的概念模型进行了相应的理论假设和经验研究，并探讨了企业推进分布式创新知识共享的可能管理措施。本章将在这些已有分析结果的基础上，从研究结论、研究的理论贡献与实践意义、研究局限及未来研究展望等几方面进行总结。

第一节　主要研究结论

随着经济全球化，中国企业日益重视技术创新国际化战略以整合全球创新资源，但是却面临"分布式创新黑箱"问题，即不知如何通过分布式创新过程来积累不同层次的知识以构筑持续竞争优势。正是基于这样的现实背景，本书在相关文献阅读和实际企业调研基础上，提出了三个基本的研究问题：（1）企业分布式创新构成要素有哪些？对企业创新绩效的作用机制如何？（2）企业分布式创新过程中有怎样的知识共享机制？（3）企业如何开展基于知识积累的分布式创新战略？并采用理论与实证相结合的方法对这三个问题进行了研究论证：（1）通过理论总结和探索性案例分析解构了企业分布式创新的要素，即主要可以分为分布式结构、分布式认知和分布式协同三个因素；（2）研究了企业分布式创新要素与知识共享的关系，探索性地引入文档资料共享、成员学习共享和知识产权共享三种知识共享方式的中介作用，并进而讨论了它们影响创新绩效的基本路径，验证了分布式创新过程中知识共享的作用机制问题；（3）总结提出了促进企业分布式创新知识共享的四种管理途径。

在研究逻辑上，通过回顾分布式创新理论和知识管理理论等相关理论的基础上，应用详细的探索性案例研究框架，对三家较典型的中国企业进行了项目案例研究，归纳出了分布式创新要素及三种知识共享机制的初步概念模型。以此为基础并结合已有的研究成果，本书对此初始概念模型进行了细化，构建了企业分布式创新要素与知识共享和创新绩效关系的理论模型，并提出了相应的假设；通过大样本的问卷调查对所提出的理论假设进行了统计验证分析；最后，针对实证结果探讨了我国企业实施分布式创新知识共享的相应管理措施。

通过严格的分析论证，本书获得了一些有价值的结论，主要有：

1. 分布式创新三要素显著影响企业创新绩效

本书采用问卷调查方法对我国企业分布式创新与企业创新绩效的关系进行了实证检验。结果表明，分布式创新本身包含分布式结构、分布式认知和分布式协同这三个构成要素，并且这三个要素对企业提高创新绩效具有重要价值，但影响程度略有差别。

从分布式结构对创新绩效影响的实证结果来看，通过 SEM 建模分析得到的标准化回归系数为 0.620 （$P = 0.000$）。这表明企业分布式创新如果能够合理配置不同专业领域和职能的项目成员，并对项目任务进行清晰的模块化，就能够有效促进不同来源的技术知识与原有知识基础的交叉融合，减少由于地理时区分散而带来的技术创新活动的"信息孤岛"风险，从而不仅能使企业参与集成式的系统性创新活动，同时还能避免集成陷阱并保持稳定的创新回报，最终提升企业的技术知识水平。

从分布式认知对创新绩效影响的实证结果来看，通过 SEM 建模分析得到的标准化回归系数为 0.240 （$P = 0.000$）。这表明，分布式创新的虚拟化、全球化及网络化的特点，需要在创新活动过程中提高项目成员之间的信任并缩小彼此间的知识距离，从而加大项目成员的认知相似度，以弥补不能面对面沟通导致的知识交流。另外，通过采取分布式领导模式会激发大部分项目成员的创新积极性，从而集合所有项目成员的潜力向同一个项目目标努力（Spillane，2006；Pinchot，2006；李洁芳，2008）。

从分布式协同对创新绩效的从实证结果来看，通过 SEM 建模分析得到的标准化回归系数为 0.690 （$P = 0.000$）。这与一传统技术创新理论的研究结论基本一致，即信息技术及激励制度能促进创新活动的顺利进行（Davenport & Prusak，1998；Pan et al.，2003）。但是分布式创新的分布式协同对信息技术及激励制度的信赖更强一些，它需要基础信息技术设施来连接项目成员的沟通，同时还需要专业的信息工具来统一创新活动的知识交流。

因而，分布式创新这三个要素对创新绩效的促进作用不尽相同，分布式结构与分布式协同的作用相对要显著，而分布式认知影响明显弱一些，这也是符合企业现实的。因为对于创新活动来说，技术知识的广泛来源是最重要的，分布式创新集合了不同知识领域的项目成员的大量隐性知识，同时技术或产品的模块化也隐含了丰富的显性与隐性知识，这无疑会促进知识的融合。而由于创新项目的成员分布在不同地理位置甚至是不同时区，他们之间的协同工作需要相关信息技术的支撑，一方面，他们需要显性物化的基础信息技术，另一方面，他们相对独立的工作也需要明确的创新激励。因此，相对于分布式认知，前述两个要素就对创新绩效影响显著一些。

研究结果说明，分布式创新确实是企业获取竞争优势的重要方式，这也打开了实践中的"分布式创新黑箱"，即分布式创新能获得良好的创新绩效，它本身包含分布式结构、分布式认知和分布式协同这三个要素。这回答了本研究子问题——"企业分布式创新构成要素有哪些？对企业创新绩效的作用机制如何？"实证结果验证了这些要素对创新绩效的正向影响。

2. 分布式创新通过三种不同的知识共享机制影响企业创新绩效

基于文献阅读并结合实地企业访谈，本研究创造性地引入了成员学习共享和知识产权共享作为探索企业分布式创新影响企业创新绩效的作用机制的补充，即在通常知识管理研究中编码化与个人化方法的基础上，把分布式创新知识共享机制分为三种：文档资料共享（通常编码化或显性知识共享的综合）、成员学习共享（个人化和个性化共享方法的综合）和知识产权共享（基于新出现的产业实践）。

通过 SEM 建模，本书分析了三种知识共享机制在分布式创新要素影响企业创新绩效中的作用机制。

首先，实证检验了三种知识共享机制对创新绩效的直接作用，结果表明，文档资料共享对创新绩效的标准化回归系数为 0.510（$P=0.000$），这与分布式创新案例企业的实践经验相符合，在上海冷箱的 CIMS 项目、吉利集团的金刚汽车项目和海尔卡萨帝法式对开门冰箱项目中，大量共享的是文档资料，如各种技术文档和图纸等，这些有形的资料共享显著促进了项目的创新绩效。成员学习共享对创新绩效的标准化回归系数为 0.217 ($P = 0.000$)，影响明显比文档资料共享小的原因是缺乏面对面的交流减少了项目成员之间的熟悉过程，再加上大部分的技术工作模块化也使得项目成员各自的工作比较独立，除了模块接口的对接与联系之外，很少有机会在一起讨论。知识产权共享对创新绩效的标准化回归系数为 0.452 ($P = 0.000$)，这个结果与实践访谈中企业的反馈一致，相比跨国公司，我国目前多数企业的技术水平还比较弱，它们积极寻求外部的专利技术甚至是诀窍，如本研究所访谈的所有企业都已经与国内外的高校、研究机构甚至是同行建立了大量的合作关系，目的就是为了得到外部知识产权。

其次，本研究又检验了分布式创新要素对三种知识共享机制的影响。分布式结构对文档资料共享、成员学习共享和知识产权共享的标准化回归系数分别为 0.163 ($P = 0.05$)、-0.31、0.19 ($P = 0.05$)，这再次印证了分布式创新仅仅人员及技术分散并不能显著带来绩效的提升及知识共享，必须辅助以其他要素。这也是已有部分研究争论的焦点，如认为地理上的分散会减少交流与合作（Allen，1977；Kraut、Fussell 和 Brennan et al.，2002），而本研究的结论对此做了定量的肯定回答。分布式认知对文档资料共享、成员学习共享和知识产权共享的标准化回归系数分别为 0.439、0.547、0.521 ($P = 0.001$)，这结果说明了分布式创新更加信赖于成员之间的信任、专业背景认知相似及发挥成员主观能动性，满足了这几个条件，就会减少分布式创新过程中的知识"搭便车"行为而全面加入知识创新和知识共享中。分布式协同对文档资料共享、成员学习共享和知识产权共享的标准化回归系数分别为 0.495、0.555、0.565 ($P = 0.001$)，再次说明了分布式创新过程中软硬协同技术的重要性，如三个探索性案例企业项目中的创新平台非常明显，可以支撑全国甚至全球的创新活动。

最后，本研究检验了分布式创新要素、知识共享机制及创新绩效的影响关系。实证结果表明，在加入文档资料共享、成员学习共享和知识产权共享这三个中介变量后，从"分布式创新—企业创新绩效"的总效应来看，分布式结构对创新绩效的间接效应为（0.599 * 0.159）+（0.202 * 0.472）= 0.20；分布式认知对创新绩效的间接效应为（0.333 * 0.599）+（0.629 * 0.135）+（0.444 * 0.472）= 0.495；分布式协同对创新绩效的间接效应为（0.468 * 0.599）＋（0.567 * 0.135）＋（0.675 * 0.472）＝0.67。这三个数值都比分布式创新要素对创新绩效的直接影响要小，而且分布式协同与分布式认知对创新绩效的正向影响要略高于分布式结构对创新绩效的正向影响，这和前面的实证结果是一致的，也说明本研究选择的中介变量（知识共享机制）是符合理论原理与企业实际。

至此，这些实证结果对本研究子问题二即"企业分布式创新过程有怎样的知识共享机制"进行了肯定回答。

3. 企业应基于分布式创新要素动态组合三种知识共享机制

在前述理论及实证研究的基础上，本研究从创新管理的角度探讨了促进企业分布式创新知识共享的应对措施，认为企业要基于分布式创新要素动态组合三种知识共享机制。在分布式结构方面，一是要优化配置分布式创新项目成员，即在选择分布式创新项目团队成员时必须考虑成员的独立性，进行领导分享以整合个体的技术与管理水平，并且要保持分布式创新项目团队成员相互间的互补性；二是企业要在分布式创新过程中实施模块化战略，即进行系统"分解"并建立模块系统；同时进行模块"组合"，对技术开发过程进行重组、对任务合理分配。在分布式认知方面，一是要培养分布式创新项目成员的信任关系，企业应增加创新合作的专用性投资，自觉满足创新合作方的需要，建立坦率开放的沟通关系并减少对硬性约束控制手段的依赖；二是要转变领导方式，尽量根据项目特点实施分布式领导，即要确定分布式领导适用的条件，结合任务特点和成员能力的匹配程度进行项目领导角色更替，根据情境灵活选择动静态的分布式领导模式并避免四个认识及实践误区。三是要缩小项目成员彼此间的知识距离，通过各种方法弥补成员共享方之间的知识基础差异，融合共享双方文化背景差异；转变专业知识的编码和抽象方式。在分布式协同方面，企业应为分布式创新配置基本的 IT 支撑应用系统及专业工具系统，这可以为不同知识共享机制提供支撑。而在创新激励方面，针对知识共享的不同方面建立知识共享运行机制、知识共享明晰机制、知识共享绩效机制和知识共享奖惩机制。

对分布式创新知识共享这一管理途径的探讨，一方面对前述的研究结论做了进一步的补充说明，同时也是对本研究子问题三，即"企业如何开展基于知识积累的分布式创新战略？"的确切回答。

第二节　研究特点与实践启示

一　主要特点

本书在综合已有研究文献和探索性案例的分析基础上，首次对分布式创新的要素进行了解构，并探索性地在原有文档资料共享和成员学习共享的基础上引入知识产权共享这一关键变量来共同揭示分布式创新促进企业创新绩效的作用机制，并进一步探讨了企业实施分布式创新知识共享机制的创新管理途径，得出了一些新的研究结论。这些工作具有理论上的原创性，是对已有企业分布式创新理论的推进和丰富。本书的研究特点主要体现在以下三个方面：

（一）通过要素解构分析打开了企业"分布式创新黑箱"

尽管许多学者已经对企业分布式创新进行了研究，不过大多是通过案例和计量分析，阐述分布式创新作为一种企业现象所表现出的全球性趋势，并从宏观上对分布式创新与企业发展的关系进行经验研究。虽然这些研究得出了许多重要的结论，如企业分布式创新的概念、动机和特征（Coombs et al.，2001、2003）、不同产业中的分布式创新机制（Andersen & Miles，2006；Acha et al.，2005；Eschenbaecher & Graser，2005；Andersen & Drejer，2005）、项目团队层面分布式创新的定性定量研究（裴建新，2002；张红，2002；O'Leary & Cummings，2007；Lojeski，2006）、社会网络视角下分布式创新知识共享影响因素的研究（Lee et al.，2004；Ramlogan，2007；Carayol & Roux，2006；罗家德，2005）等。但是，这些研究大多属于案例现象及计量经济的分析，还比较缺乏从管理学层面上研究企业分布式创新。尤其关于分布式创新本身的构成要素，及怎样影响企业绩效等问题，在已有研究中还没有深入涉及。尽管有部分学者讨论了分布式创新对企业发展的正向影响（Coombs et al.，2000；Howells et al.，2003；Joglekar et al.，2004；Bowden et al.，2005；Karim，2006；Ramlogan et al.，2007；Yoo et al.，2008），但却没有系统地对其进行解构，分布式创新本身基本还是一个"黑箱"。另外从现有的文献来看，还基本没有学者研究分布式创新过程中知识共享影响企业创新绩效的作用机制，已有的研究样本大多也局限于国外的大型企业，在研究方法、变量测量、数据获取等方面都基于这些企业的技术创新实际，所得出的结论是否适用于其他国家企业尚未得到验证。目前十分缺乏以发展中国家企业为样本的理论分析和经验研究，针对我国企业的研究就更少了，仅有的少数我国学者对分布式创新的研究还限于概念介绍阶段（如许庆瑞，2008；黄国群等，2008），高小芹等主要是运用博弈论来进行笼统的分布式创新过程的分析（Gao，2008）。

因而本书主要从技术创新管理的角度系统探析了企业分布式创新过程的知识共享机制，一方面，将分布式创新的要素解构为分布式结构、分布式认知与分布式协同这三个因素；另一方面，探索性地在原有文档资料共享和成员学习共享的基础上引入知识产权共享这一关键变量来共同揭示分布式创新促进企业创新绩效的作用机制，即将分布式创新、知识共享及绩效实现有机结合，打开"企业分布式创新—企业绩效"这个"黑箱"。通过理论综合及探索性案例分析，本书明确了分布式结构包括项目成员分布度及项目模块化；分布式认知主要包含信任、分布式领导及认知相似；分布式协同则由分布式协同技术及创新激励组成。对这些要素的解构形成了可以测量的具体题项，并提出了分布式创新三个要素分别对文档资料共享、成员学习共享、知识产权共享和创新绩效的正向影响假设的概念模型。

（二）探索性地引入三种知识共享机制构建并验证了"分布式创新要素—企业创新绩效"关系的作用模型

通过 SEM 建模分析，首先验证了分布式结构、分布式认知及分布式协同对创新绩效的影响，分别得出上述三个要素对创新绩效的标准化回归系数为 0.620、0.240、0.690（$P=0.000$）。实证结果表明从直接影响来看，分布式创新这三个要素的作用不同，即面对分布式创新的虚拟化、全球化及网络化的特点，提升分布式认知水平最困难，而组建分布式创新团队并划分项目模块，增添协同工具并制定创新激励制度相对容易，因而对绩效的影响也最直观明显。因此，为全面理解"分布式创新要素—企业创新绩效"关系的作用机制，本书创造性地引入了知识产权共享作为探索企业分布式创新影响企业创新绩效的作用机制的补充，即在通常知识管理研究中编码化与个人化方法的基础上，把分布式创新知识共享机制分为三种：文档资料共享（通常编码化或显性知识共享的综合）、成员学习共享（个人化和个性化共享方法的综合）和知识产权共享（基于新出现的产业实践）。通过 SEM 建模，本书分析了这三种知识共享方法在分布式创新要素影响企业创新绩效中的作用机制。即首先实证检验了三种知识共享机制对创新绩效的直接作用，分别表现出了显著的影响；其次，检验了分布式创新要素对三种知识共享机制的影响，除了成员学习共享外，分布式结构对文档资料共享及知识产权共享的正向影响也非常明显。这从正面印证了已有部分研究争论的焦点，如 Allen（1977）和 Kraut et al.（2002）认为地理上的分散会减少交流与合作，也证明分布式创新仅仅人员及技术分散并不能显著带来绩效的提升及知识共享，必须辅助以其他要素。最后，本研究检验了分布式创新要素、知识共享机制及创新绩效的影响关系。

这样，本书实证结果确证了知识共享机制的中介作用，为分析企业分布式创新和企业创新绩效二者间的关系架起了"桥梁"，拓展了国外学者发展的企业分布式创新研究体系，对于企业技术创新国际化战略极具启示意义。本研究表明，企业如要通过分布式创新拓展其技术知识，必须通过知识共享机制的传导作用，分布式创新才能获得良好的创新绩效。因此，企业如果单纯进行形式上的分布式创新而不重视知识共享，那么就无法有效获取所需要的技术知识，分布式创新的重要作用就不能体现。

（三）基于分布式创新的要素及三种知识共享机制，分析了企业促进分布式创新知识共享提高创新绩效的作用机制，系统地提出了企业创新管理的可能途径，为企业管理应对分布式创新提供了一些切实可行的思路与建议

由于项目团队是分布式创新的主要实现形式，其知识的来源是多元化的，团队成员的专业知识技能必须在所有成员之间得到共享才能上升为企业的知识。而原来由于"分布式创新黑箱"的存在，实践中只能依据经验来管理分布式创新，而其最突出的知识共享困境证明，与传统的创新方式不同，分布式创新的时空限制、互动和社交机会的缺失、语言和文化障碍、信任与承诺问题及低层次的协作问题都会阻碍知识共享，从而影响分布式创新的成功，亟待深入系统研究相应的知识共享模式及其管理模式。

因而，本书在分析分布式结构、分布式认知及分布式协同对文档资料共享、成员学习共享和知识产权共享的不同影响作用的基础上，系统探讨了相应的管理措施：在分布式结构方面，一是要优化配置分布式创新项目成员；二是企业要在分布式创新过程中实施模块化战略。在分布式认知方面，一是要培养分布式创新项目成员的信任关系；二是要实施分布式领

导；三是要缩小项目成员彼此间的知识距离增加认知相似。在分布式协同方面，企业应为分布式创新配置基本的 IT 支撑应用系统及专业工具系统，并制定知识共享的创新激励制度。而相应的，针对分布式创新不同的阶段及知识特性，企业要选择不同的知识共享机制组合。

二　实践启示

（一）我国企业可以通过分布式创新实施技术创新国际化战略

不管在发达的欧美国家还是发展中国家，技术创新国际化已经被产业实践证明是一种风险极高的举措，因为：第一，对实施企业本身的技术及管理能力要求高；第二，无法预测国际化过程中复杂的环境及政策风险；第三，最重要的是要时刻平衡知识共享与知识产权保护的问题。尤其是我国的一些领先企业，在实施技术创新国际化战略过程中走了不少弯路，如我国国际化的两家标杆企业之一的 TCL 公司 2004 年收购法国汤姆逊彩电和阿尔卡特手机，却没有注重相应技术的吸收消化，造成了其后两年近 20 亿元的巨额亏损，直到 2008 年才凭借在 LCD 彩电上的技术及供应链整合才扭亏为盈。联想公司 2005 年收购美国 IBM 的个人电脑业务后，也经历了长达 3 年的消化吸收才把 ThinkPAD 的技术和品牌整合，直到 2008 年上半年才实现北美市场赢利，不过 2008 年下半年又亏损。而与此相反，一直有效进行全球技术开发的华为公司，仅 2005 年一年就申请专利 2000 多件，并在 2007 年成为全球第四大专利申请公司，名列松下电器、飞利浦和西门子之后，其当年的海外收入已占到总收入的 58%，首次超过国内销售收入，并全面进入发达国家市场。而海尔集团在"走出去，走进去、走上去"的国际化战略指导下，凭借成功的全球研发与制造网络，冰箱产品进入国内外高端市场，即使在国际金融危机环境下也实现了国内外的高增长。这些成功与失败的案例证明了技术创新国际化过程中知识获取的重要性：要破解技术创新国际化陷阱，必须加强对这种分布式创新活动的管理以确保核心技术的获取和累积。本研究对分布式创新要素的解构，无疑会在理论方面对我国企业技术创新国际化过程中的分布式创新活动提供指导。

（二）企业必须高度重视分布式创新过程中知识产权共享的重要作用

在产业实践中，很多企业寄希望于模仿工业发达国家企业建立企业内部强大的 R & D 中心进行自主研发是行不通的，因为除了率先引入最新技术外，还有最短研发周期和最小研发成本这两个竞争焦点（谢友柏，2006）。

合作竞争是分布式创新最显著的特点，在经济全球化的背景下，我国企业应在立足自主创新的基础上，积极与那些相关的供应者、销售者、互补者甚至竞争者进行合作，以创造更大的收益。在这样的分布式创新过程中，各参与主体由合作前的纯粹竞争关系变成一种既合作又竞争的关系，即在合作的同时面临竞争、在竞争的同时进行合作。其中关键的联系纽带就是相互的知识产权共享，这方面已有的成功的典型例子一个是全球 IT 产业之间的广泛知识产权共享潮流，另一个是全球医药产业日益盛行的知识产权共享趋势。

（三）企业需要从创新管理角度推进分布式创新知识共享机制

从本书的理论研究和实证检验结果来看，分布式创新项目存在分布式结构、分布式认知和分布式协同三个构成要素，这三个要素对创新绩效都有正向的影响。但是作为分布式创新重要的一个活动内容，知识共享受这三个要素的影响是不一样的。企业应该从创新管理的视角出发，有效管理这三个知识共享机制，如前述的研究表明，分布式结构是分布式创新活动中唯一一个对知识共享有负向影响的维度，那么开展分布式创新项目的企业就应该高度重视项目成员的配置分布和项目模块化的划分。一方面，选择团队成员一要注意独立性，即每一位成员必须自主、自我依赖，但又能相互依存；二要选择具有领导才能的专家成为团队成员，以保证这些成员既有独立研究与开发的能力，又有合作的愿望和领导能力；三要使项目成员的分布不仅仅能横向连接其他团队，而且还必须能与组织上下连接；四要选择相互具有互补性资源的成员，以扩大知识来源。另一方面，作为分布式创新的基础，模块化一是要进行系统"分解"并建立模块系统；二是要进行模块"组合"。即要有详细的模块划分标准及集成规则，增加模块之间的能用性，利于知识共享。此外，正是基于分布式认知及分布式协同的重要作用，这两个维度的管理也应该按照提升分布式认知，完善分布式协同的要求而展开。这样，才能有目的地选择相应的知识共享机制，达到掌握核心技术的最终目标。

三　研究不足与未来展望

企业分布式创新作为一个新兴的研究领域，近十几年来获得了产业界及学术界的极大关注，研究分布式创新与企业竞争优势的关系已经成为技术创新管理的重要议题之一。本书探索性地从知识共享机制视角来研究这一问题，尽管具有一定的创新性，也得到了一些有意义的研究结论，但受现有各种主客观原因的限制，本书在研究的过程中还存在若干不足，希望能在今后的研究中进一步完善。

（1）本书尽管尝试从知识共享机制这一视角来研究企业分布式创新影响企业创新绩效的作用机制，但只是进行了初步的探索性工作，部分问题仍有待深入。比如，知识共享机制的维度划分还需要进一步挖掘，除了知识产权共享机制之外，是否还会有新兴的知识共享机制？另外，分布式创新影响企业创新绩效的中介变量可能不仅仅是知识共享机制这一种。因此，在后续研究中希望能在深入的理论研究和探索性案例分析基础上，识别出其他的中介变量并将其纳入研究模型，力求建立更完善的理论研究模型，或可收集单个企业所有的分布式创新项目进行分析，以进一步提高研究结论的针对性和可操作性。

（2）企业分布式创新的出现及其对企业创新绩效的影响都是一个演化的过程，本书为了抽象概括的需要，在理论研判和探索性案例分析的基础上将其解构为三个因素，并以知识共享为中介变量通过结构方程建模分析了其对企业创新绩效的影响及作用机制问题。但是，本书使用的是来自企业近二年分布式创新项目的截面数据，提出的模型概括抽象后不能全面反映分布式创新的动态过程，在探讨分布式创新与企业创新绩效的关系方面有一定的局限性。因此，为探索分布式创新动态过程及其作用机制，采用纵向研究是今后要进一步努力的方向：一方面，可以考虑采用十年、二十年或是更长时间的序列数据，更科学地评估企业的分布式创新、环境动荡性、技术动荡性、知识共享、企业创新绩效之间的关系；另一方面，可以尝试采用系统动力学方法，控制一些干扰因素，检测分布式创新及企业创新绩效的动态过程，更全面地研究其对企业创新绩效的影响机制，以获得对二者关系分析更科学、清晰的验证和解释。

（3）变量测量还需要进一步完善。由于研究条件的限制和对我国企业分布式创新实际状况的考虑，本书采用了七点量表的主观测量方法来测量各研究变量，尽管在量表设计过程中充分借鉴了国内外学者的已有研究成果，并结合了众多实际案例调研成果，基本保证了量表的信度和效度，但由于不同答卷者自我判断的方式差异导致最终数据难免存在主观误差，从而可能影响了研究结果的准确性。

在后续研究中，如果有条件希望能考虑更加客观的测量方法，如能够收集分布式创新项目尽可能完整的数据与资料，或访谈尽可能多的创新参与人员，这样通过主客观相结合的方法对变量进行测度，可能研究结论会更加准确，更具可靠性和可重复性。

企业分布式创新的研究主要还集中于美国和欧洲，作为正在兴起的技术创新管理领域的热门话题之一，我国学者已经开始关注这一新兴研究领域并且已有研究获得了国家自然科学基金的资助。因而对于未来的研究方向，本书认为应该更多地分析国内企业的分布式创新案例，在一定数量的基础上可以进行比较研究，以求发现我国企业分布式创新更多的规律。同时，按照时间序列进行相应的纵向研究，以探究分布式创新的形成与演化的动态过程。另外，更重要的是关注企业分布式创新的管理问题，即如何根据相关要素组合动态地调整管理措施，以更好地对创新资源进行配置和协调，实现全球创新资源的利用。要进行这些研究，未来无论在理论构思和研究方法上都对研究者提出了更高的要求，但具有非常重要的理论和实际意义。笔者期待在未来与相关领域的学者一道对企业分布式创新进行更深入的研究，以丰富相关理论体系。

参考文献

英文部分

Abrams, C.L., Cross, R., Erie, L., et al. Nurturing interpersonal trust in knowledge-sharing networks-. *Academy of Management Exceutive*, 2003, 17 (4), 64-77.

Ackerman, M.S.& McDonald, D.W. Answer garden 2: Merging organizational memory with collaborative help. Paper presented at the ACM conference on computer-supported cooperative work (CSCW'96), 1996, 87-98.

Ahna Harris. Introduction: Challenging the Orthodoxy of School Leadership towards alternative theoretical perspectives. *School Leadership & Management*, 2003, 23 (2), 125.

Ahuja, M.K.& Carley, K.M. Network structure in virtual organization. *Organization Science*, 1999, 10 (6), 741-757.

Alavi, M.& Liedner, D. Knowlegde management systems: Emerging view and practices from the field. In Hawaii International Conference on Systems Science, 1999, 126-139.

Alavi, Maryam, Leidner, Dorothy E. Review: Knowledge management and knowledge management systems: Conceptual foundations and research issues. *MIS Quarterly*, 2001, 25 (1), 107-136.

Alexander Gerybadze. Knowledge Management and Transnational R&D Projects: The Role of Asymmetric Understanding and Group Cognition Processes in Distributed Work. Discussion-Paper 03-01. Stuttgart, 2003: ISSN 1433-531X.

Alistair Bowden. Knowledge for Free? Distributed Innovation as a Source of Learning. *Public Policy and Administration*, 2005, 20 (3), 56-66.

Alma Hams. Distributed Leadership and School Improvement. *Educational*

Managclnent Admnistration & Leadership, 2004, 32（1）, 13-20.

Amason, A.C.& Mooney, A.C.The effect of past performance on top management team conflict in strategic decision making. *The International Journal of Conflict Management*, 1999, 10（4）, 340-359.

Ananya Upadhyaya & Krishna.Aatecedents of knowledge sharing in globallly distributed software development teams.Fourth AIMS（The Association of Indian Management Scholars）International Conference on Management. Dec.28 - 31, Indore, India.2006, 241-256.

Ancona, D.G. & Caldwell, D.F. Demography and design: Predictors of new product team performance.*Organization Science*, 1992, 3（3）, 321-341.

Andrew, M., Mark H.& Sally, G.Emergent bioinformatics and newly distributed innovation processes.Bioscience and Biotechnology Workshop, Gothenberg, Sweden.September, 2002, working paper.

Andrews, K.M.& Delahay, B.L.Influences on knowledge processes in organizational learning: The psychosocial pilter. *The Journal of Management Studies*, 2000（7）, 797-810.

Andriani, P. Diversity, knowledge and complexity theory: some introductory issues, *International Journal of Innovation Management*, 2001, 5（2）, 257-274.

Angel Cabrera & Elizabeth, F. Cabrera. Knowledge-sharing dilemmas. *Organization Studies*, 2002, 23（5）, 687-710.

Argotey, L. *Organization learning, creating, retaining and transferring knowledge.*Kluwer Academic Publishers, 1999, 79-80.

Argyris, C. & Schon, D. A. *Organizational Learning Reading*. MA: Addison-Wesley, 1978, 98.

Ariel, S. *Team dispersion: The effect of geographical dispersion on team process and performance.* Graduate School of Business, Stanford University, 2000, 87.

Arthur Anderson & APQC. The knowledge management assessment tool: External Benchmarking Version.Arthur Anderson ∕APQC, 1996, 76-79.

Badaracco, J. L. *The Knowledge Link: How Firms Compete Through Strategic Alliances*, Boston: Harvard Business School Press, 1991, 32-46.

Baker, William E.&James, M.Sinkula.The Synergistic Effort of Market O-rientation and Learning Orientation on Organizational Pefromance, *Academy of Marketing Science*, 1999, 27 (4), 411-427.

Bakos, Y.& Brynjolfsson, E.From Vendors to Partners: Information Technology and Incomplete Contracts in Buyer-supplier Relationships, *Journal of Organizational Computing*, 1993, 3 (3), 301-328.

Baldwin & Clark.*Managing in an age of Modularity*, Harvard Business Review, 1997, 75 (5), 84-93.

Bank, D.The New Worker-Know It Alls.*Wall Street Journal*, 1996 (18).

Barnett. The organizational ecology of atechnological system. *Administrative Science Quarterly*, 1990, 35 (1), 31-60.

Bartlett, C.A., Ghoshal, S.*Managing across Borders*, *the Transnational Solution*, 2.Edition, Boston, MA, 1998, 65-71.

Bartol, K.M.& Srivastava, A.Encouraging knowledge sharing: the role of organizational reward systems. *Journal of Leadership and Organization Studies*, 2002, 9 (1), 64-76.

Bell, B.S.& Kozlowski, S.W.J.A typology of virtual teams: Implications for effective leadership. *Group and Organization Management*, 2002, 27 (1), 14-50.

Benbasat, I., Goldstein, D.K.& Mead, M.The case research strategy in studies of information systems.*MIS Quarterly*, 1987, 11 (3), 369-386.

Bhatt, G.D.Knowledge management in organizations: Examining the interaction between technologies, techniques and people.*Journal of Knowledge Management*, 2001, 5 (1), 68-75.

Birgitte Andersen & Ian Miles. Distributed Innovation Systems in Copyright Industries: Music in the Knowledge-Based Service Economy. working paper. ESRC Centre for Research on Innovation and Competition (CRIC), The University of Manchester and UMIST, 2006, working paper, 8.

Bloodgood J.M.and Salisbury W.D.Understanding the Influence of Organizational Change Strategies on Information Technology and Knowledge Management Strategies, *Decision Support Systems*, 2001 (31), 55-67.

Bock, G.W.& Kim, Y.Breaking the myths of rewards: an exploratory study of attitudes about knowledge sharing. *Information Resources Management Journal*, 2002, 12 (2), 14–21.

Boh, W. F. Mechanisms for sharing knowledge in project-based organizations.*Information and Organization*, 2007, 17 (1), 27–58.

Boisot, M.*Information and Organizations: The Manager as Anthropologist.* London: Fantanaö Collis, 1987, 85.

Bostrom, R.P.Successful Application of Communication Techniques to Improve The Systems Development Process, *Information and Management*, 1989 (16), 279–295.

Brusoni, S.&A.Prencipe.Unpacking the black box of modularity: technologies, products and organisations, *Industrial and Corporate Change*, 2001 (10), 179–205.

Canney Davison, S.& Ward, K.*Leading International Teams.* McGrill-Hill International, Berkshire, England, 1999, 47–51.

Cantwell, J.The globalization of technology: what remains of the product cycle model.*Cambridge Journal of Economics*, 1995 (19), 155–174.

Carson, J.B., P.E.Tesluk & J.A.Marrone.Shared leadership in teams: An investigation of antecedent conditions and performance.*Academy of Management Journal*, 2007, 50 (5), 1217–1234.

Cavusgil, S.T., Calantone, R.J.& Zhao, Y.Tacit knowledge transfer and firm innovation capability. *Journal of Business & Industrial Marketing*, 2003 (18), 6–21.

Chang, J.C.The determinants of knowledge transfer through strategic alliances, *Journal of Technology Management*, 2002 (2), 23.

Chesbrough, H. The Era of Open Innovation. *MIT Sloan Management Review*, 2003b, 44 (3), 35–41.

Chesbrough, H., *Open innovation, the new imperative for creating and profiting from technology*, Harvard business school press, 2003a, 43.

Chesbrough, H.Kusunoki, K.The modularity trap: Innovation, technology phases shifts and the resulting limits of virtual organizations.in I Nonaka, and D Teece (Eds.). *Managing industrial knowledge.* London: Sage Press, 2001, 202–230.

Chesbrough.H.W.& Teece.D.J.When is virtual virtuous? Organizing for Innovation.*Harvard Business Review*, 1996, 74 (1), 65-73.

Choi, B.& Lee, H.An empirical investigation of KM styles and their effect on corporate performance.*Information and Management*, 2003, 40 (5), 403-417.

Choo, C. *An Integrated Information Model of the Organization*: *The Knowing Organization.*Oxford: Oxford university Press, Dec, 1996, 64.

Chris Kelly. Does Distributed Innovation fit with current innovation theory and policy? PUBP6803-*Technology*, *Regions*, *and Policy*, November 29, 2006, 31-39.

Christine, S. Koberg, Dawn, R. Detienne, Kurt, A. Heppard. An empirical test of environmental, organizational, and process factors affecting incremental and radical innovation. *Journal of High Technology Management Research*, 2003, 14 (1), 21.

Cohen, M.D., March, J.D.&Olsen, J.P.A.Garbage Can Model of Organizational Choice.*Administrative Science Quarterly*, 1972 (17), 1-25.

Cole, R.E. Introduction. *California Management Review*, 1998, 40 (3), 15-21.

Cook, S., Brown, J.S. Bridging Epistemologies: The Generative Dance between Organizational Knowledge and Organizational Knowing.*Organization Science*, 1999 (10), 381-400.

Coombs, R., Metcalfe, J.S. Organizing for Innovation: Co-coordinating Distributed Innovation Capabilities. In: Foss N, Mahnke V. ed. *Competence*, *Governance*, *and Entrepreneurship*. Oxford: Oxford University Press, 2002, 209-231.

Coombs, R.& Hull, R.Knowledge management practices and path-dependency in innovation.*Research Policy*, 1998, 27, 237-253.

Cooper, R.G.Product Leadership: Creating and Launching Superior New Products, *Perseus Books*, 1998, 23-24.

Correa da Silva F., Uasconcelos W., Robertson D., et al., On the insufficiency of ontologies: problems in knowledge sharing and alternative solutions. *Knowledge-based Systems*, 2002, 15 (3), 147-167.

Crossan, M.M., Lane, H.W., White, R.E., et al.Organizational Learning: Dimensions for a Theory.*The International Journal of Organizational Analysis*, 1995, 3 (4), 337-360.

Cummings, J. N. Work Groups, Structural Diversity, and Knowledge Sharing in a Global Organization, *Management Science*, 2004, 50 (3), 352-364.

Dalton, D.H.& Serapio, M.G.*Globalizing Industrial Research and Development*, Technology Administration Office of Technology Policy, U.S.Department of Commerce, 1999, 93.

Daniel Goleman, Richard, E.Boyatzis &Annie McKee.*Primal leadership: realizing the power of emotional intelligence*. Harvard Business Press, 2002 (3), 45.

Davenport, T. & Philip, K. Managing customer support knowledge. *California Management Review*, 1998, 40 (3), 195-208.

Davenport& Prusak.L.*Working knowledge.*Boston: Harvard Business School Press, 1999 (1), 118-123.

Davenport, T. H. & Prusak, L. *Working knowledge: How organizations manage what they know.*Boston, MA: Harvard Business School Press, 1998 (2), 42-47.

David Constant, Kiesler Sara, Lee Sproull.What's Mine Is Ours, or Is It? A Study of Attitudes about Information Sharing.*Information Systems Research*, 1994, 5 (4), 61.

David, J.Teece.Capturing Value from Knowledge Assets: The New Economy, Markets for Know-how and Intangible Assets. *California Management Review*, 1998 (40), 55-79.

David, J. Skyrme. From Information Management to Knowledge Management: Are You Prepared?. http: //www. skyrme. com/pubs/on97full. htm.1997.

Davide Consoli & Pier Paolo Patrucco.Distributed Innovation and the Governance of Knowedge.SENTE Working Papers, 2007.11: ISSN 1457—9995.

Davidow, W. H. & Malone, M. S. *The Virtual Corporation*, New York: Harper Business, 1992 (1), 18-25.

Davidson, E. J. &Tay, A. S. M. Studying teamwork in global it support. In 36th Hawaii International Conference on System Sciences, 2003, 27.

Demerest, M. Understanding knowledge management. *Journal of Long Range Planning*, 1997, 30 (3), 374-384.

Dillman, D. A. *Mail and internet surveys: The tailored design method.* New York: John Wiley & Sons. 2000 (1), 57-68.

Dixon, N. D. *Common Knowledge: How Companies thrive by sharing what they know*, Boston: Harvard Business School Press, 2000 (1), 35-46.

Dodgson, M. Learning, Trust and Technological Collaboration. *Human Relations*, 1993, 46 (1), 77-96.

Doz, Y. L., P. M. Olk, & P. S. Ring. Formation Processes of R&D Consortia: Which Path to Take? Where Does It Lead? *Strategic Management Journal*, 2000, 21 (3), 239-266.

Drucker, P. The New Society of The Organizations. *Harvard Business Review*, September-October, 1992, 95-104.

Dyer J. H., Nobeoka, A. K. Greating and managing a high-performance knowledge-sharing network: The Toyota Case. *Strategic Management Journal*, 2000, 21 (3): 61-64.

Eagle, N. Can serendipity be planned? *MIT Sloan Management Review*, 2004, 46 (1), 10-14.

Earl, M. Knowledge management strategies: toward a taxonomy. *Journal of Management Information Systems*, 2001, 18 (1), 215-233.

Earl, M. Knowledge as strategy. In L. Prusak (Ed.), *Knowledge in organization.* Boston: Butterworth-Heinemann. 1997, 1-15.

Erhardt, N. *Enablers and barriers for individuals' willingness and ability to share knowledge: an exploratory study.* Piscataway, NJ: Rutgers University, 2003: 76-89.

Eric Von Hippel. *The Sources of Innovation.* New York: Oxford University Press, 1988, 5 (7), 120-121.

Evans, P. & Wurster, T. Strategy and the new economics of information. *Harvard Business Review*, 1997, 75 (5), 71-82.

Faraj, S. & Sproull, L. Coordinating expertise in software development teams. *Management Science*, 2000, 46 (12), 1554-1569.

Finholt, T.A.Outsiders on the inside: Sharing information through a computer archive. Unpublished doctoral dissertation. Carnegie Mellon University, Pittsburgh, 1993 (1), 134-146.

Finn V.& Rasmus L.J.Discontinuities and distributed innovation-The case of biotechnology in food processing. *Industry and Innovation*, 2003, 10 (3), 275-310.

Fowler, F.J. *Survey Research Methods.* Newbury Park, CA: Sage, 1988, 156-162.

Franke, N.& von Hippel, E.Satisfying heterogeneous user needs via innovation toolkits: the case of Apache security software, *Research Policy*, 2003 (32), 1199-1215.

Frank, J.R.& Lai Vette1.Successful Joint Venture in Japan: Transferring Knowledge through organizational Laaming. *Long Range Hanning*, 1995, 28 (3), 37-45.

Franklin, B., William, S.& Johanna, H.S.Interaction, identity and collocation: what value is a corporate campus? *Journal of Corporate Real Estate*, 2003, 5 (4), 344.

Frappuolo, C. Defining knowledge management. *Computer World*, 1998: 3218.

Freeman, C. Networks of innovators: A synthesis of research issues. *Research Policy*, 1991 (20), 10-15.

Freeman, C. *Technology and economic performance: lessons from Japan.* London Printer, 1987, 46.

Fulk, J., Monge, P.& Hollingshead, A.B.Knowledge resource sharing in dispersed teams: Three theoretical lenses. *In Managing multinational teams: Global perspectives* (Shapiro, D., Glinow, M. A. V. & Cheng, J., Eds), Elsevier JAI, 2005, 154-167.

GAO, X. Q., LIU. G. X. Researches on Diffusion Model of MNCs' Distributed Innovation. *Proceedings of the First International Workshop on Knowledge Discovery and Data Mining*, 2008: 436-439.ISBN: 0-7695-3090-7.

GAO, X. Q. The Establishment of Cooperative R&D Game Models in the

Distributed Innovation System. *Proceedings of the Sixth Wuhan International Conference on E-Business*, 2007, 2337-2344.

Gartner Group. Justifying an Enterprise Knowledge Management Program. *Research Note*, 2000 (11), 144.

Gibb, CA. Leadership. in G Lindzey (Ed.). *Handbook of social psychology*. Cambridge, MA: Addison Wesley, 1954 (2), 59.

Gilbert, M., Gordey, H. &Martyn. Understanding The Process of Knowledge Transfer to Achieve Successful Technological Innovation, *Technovation*, 1996, 16 (6), 301-312.

Goldman, Steven L., Nagel, Roger N. & Preiss, K. A. Competitors and Virtual organizations: Strategies for Enriching the Custom. *Van Nostrand Reinhold*, 1995, 230.

Goodman, P. S. & Darr, E. D. Computer-aided systems and communities: mechanisms for organizational learning in distributed environments. *MIS Quarterly*, 1998, 22 (4), 417-440.

Govinarajan, V. & Gupta, A. K. Building and Effective Global Business Team, *MIT Sloan Management Review*, 2001, 42 (4), 63-71.

Grandori, A. Cognitive failures and combinative governance, *Journal of management and Governance*, 2001, 5 (3-4), 252-260.

Granovetter, M. The strength of weak ties. *American Journal of Sociology*, 1973, 78 (6), 1360-1379.

Granovetter, M. S. The strength of weak ties: A network theory revisited. In P. V. Mardsen & N. Lin (Eds.), *Social Structure and Network Analysis*. Beverly Hills, CA: Sage, 1982, 105-130.

Grant, R. M., Prospering in Dynamically Competitive Environments: Organizational Capability as Knowledge Integration, *Organization Science*, 1996, 7 (4), 375-387.

Grant, Robert M. Toward a Knowledge-Based Theory of the Firm. *Strategic Management Journal*, Special Issue: Knowledge and the Firm, 1996 (17), 109-122.

Grayr J. Organizational Climate and Project Success. *International Journal of Project Management*, 2001 (19), 103-109.

Griffith, T.L., Sawyer, J.E.& Neale, M.A.Virtualness and knowledge in teams: managing the love triangle of organizations, individuals, and information technology, *MIS Quarterly*, 2003, 27 (2), 265–287.

Gronn, P.Dist ributed leadership as a unit of analysis.*The Leadership Quarterly*, 2002 (13), 423–451.

Gulati, R.Alliances and Networks, *Strategic Management Journal*, 1998, 19 (4), 293–317.

Hagedorn, J.Inter-firm R&D partnerships: an overview of major trends and patterns since 1960.*Research Policy*, 2002, 31 (4), 477–492.

Hamel G.Competition for competence and inter-partner learning within international strategic alliance, *Strategic Management Journal*, 1991 (12), 83–103.

Hansen, M.T. The Search-Transfer Problem: The Role of Weak Ties in Sharing Knowledge Across Organization Subunits, *Administrative Science Quarterly*, 1999 (44), 82–111.

Hansen, M.T. & Nohria, N. How to build collaborative advantage. *MIT Sloan Management Review*, 2004, 46 (1), 22–30.

Hansen, Morten T., Nohria, Nitin, Tierney, Thomas. What's your strategy for managing knowledge? *Harvard Business Review*, March-April, 1999, 106–116.

Haour, G.*Resolving the Innnovation Paradox: Enhancing Growth in Technology Companies*.UK: Palgrave MacMillan, 2004 (2), 189–208.

Hart, P.& Saunders, C.Power and Trust: Critical Factors in the Adoption and Use of Electronic Data Interchange, *Organization Science* (8: 1), 1997, 23–42.

Haunschild P.R, Miner A.S.Modes of interorganizational imitat1on: The efects of outcome salience and uncertainty.*Administrative science Quarterly*, 1997 (2), 472–500.

Hedberg, R.How Organizations Learn and Unlearn ∥ In PNystrom andW1 Starbuck (eds1), *Handbook of Organizational Design*, Oxford: Oxford University Press, 1981 (3), 271.

Hedlund Gunnar.A Model of Knowledge Management and the N-Form Corporation.*Strategy Management Journal*, 1994（15）, 69-84.

Hedlund, G.*Organization of Transnational Corporations*, London: The U-
nited Nations Library on Transnational Corporations, 1993（8）, 201.

Helleloid, D. & Simonin, B. Orgnaizational Lemaing and a Firms' core
Competence, in Hamel, Gary, and Heene A（ed.）, *Competence-Based Com-
petition*, NewYork: John Wiely and Sons, 1994, 213-240.

Henderson.R.M.& Clark.K.B.Architectural innovation: the reconfigration of
existing product technologies and the failure of established firms, *Administrative
Science Quarterly*, 1990（35）, 9-30.

Hendriks, P. Why Share Knowledge? The Influence of ICT on The
Motivation for Knowledge Sharing, *Knowledge and Process Management*, 1999,
16（2）, 91-100.

Hidding, G. J. & Catterall, S. M. Anatomy of a learning organization:
Turning knowledge into capital at Anderson.*Knowledge and Process Management*,
1998, 5（1）, 3-13.

Hinds, P.J.& Bailey, D.E.Out of sight, out of sync: Understanding con-
flict in distributed teams.*Organization Science*, 2003, 14（6）, 615-632.

Hogg, M.A.& Terry, D.J.Social identity and self-categorization processes
in organizational contexts. *Academy of Management Review*, 2000（25）,
121-140.

Holtshouse D. Knowledge Research Issues.*California Management Review*,
1998, 40（3）, 157.

Hoopes, D.G.& Postrel, S.Shared knowledge, glitches, and product de-
velopment performance.*Strategic Management Journal*, 1999, 20（9）, 837-
865.

Hosmer, L.T.Trust: The connecting link between organizational theory and
philosophical ethics.*Academy of Management Review*, 1995（20）, 379-403.

House Robert J.A path-goal theory of leader effectiveness.*Administrative Sci-
ence Quarterly*, 1971（16）, 321-339.

Huber & George, P. Organizational Lemaing: The Contributing Proeesses
and the Liteartuers, *Ogranization Scienee*, February, 1991, 88-115.

Inkpen A.C.& M.M.Crossan.Believing is seeing: Joint ventures and organization learning, *Journal of Management Studies*, 1995 (9), 595-618.

Ipe, M. The praxis of knowledge sharing in organizations: a case study. PhD dissertation, University of Minnesota, 2003, 4.

J. C. Spender. Making Knowledge the Based of a Dynamic Theory ofthe Firm. *Strategic Management Journal*, 1996 (17): 57-91.

Jacques Bughin, Michael Chui, & Brad Johnson. http: //www. mckin-seyquarterly.com/next_ step_ in_ open_ innovation_ 2155.2008-09-08.

James Allen, Andrew D. James, Phil Gamlen. Formal versus informal knowledge networks in R&D: a case study using social network analysis. *R & D Management*, Jun, 2007, 37 (3), 179.

Jarle Hildrum. Research group in Understanding Innovation, at the Centre for Advanced Study, 2007/2008: working paper.

Jarvenpaa, S. L.& Leidner, D. E. Communication and trust in global virtual teams. *Organization Science*, 1999, 10 (6), 791-815.

Jarvenpaa, S. L., Knoll, K. Leidner, D. E. Anybody Out There? Antecedents of Trust in Global Virtual Teams?, *Journal of management Information Systems*, 1999 (14), 29-64.

Jay Liebowitz. Linking social network analysis with the analytic hierarchy process for knowledge mapping in organizations. *Journal of Knowledge Management*, 2005, 9 (1), 76-110.

Jefrey L. Cummings & Ring Sheng Teng. Transferring R&D knowledge: the key factors affecting knowledge transfer success. *Journal of Engineering & Technology Management*, 2003, 20 (1-2), 39-68.

Jehn, K. A., Northcraft, G. B.& Neale, M. A. Why differences make a difference: A field study of diversity conflict, and performance in workgroups. *Administrative Science Quarterly*, 1999 (440, 741-763.

Jens Eschenbaecher, Falk Graser, Axel Hahn. Governing Smart Business Networks by Means of Distributed Innovation Management. In Vervest, P. H. M.; Heck, E. van; Preiss, K.; Pau, L.-F. (Eds.) *Smart Business Networks*, 2005, XII: 307-319 ISBN: 978-3-540-22840-0.

Jens Eschenbaecher, Falk Graser. Efficiently Managing Virtual Organizations Through Distributed Innovation Management Processes. *Emerging*

Solutions for Future Manufacturing Systems, 2005, 331-338.

Jeppesen, L.B.&Molin, M.J.Customers as co-developers: learning and innovation outside the firm, *Technology Analysis & Strategic Management*, 2003, 15 (3), 363-383.

Jeremy Howells, Andrew James and Khaleel Malik.The sourcing of technological knowledge: distributed innovation processes and dynamic change. *R&D Management*, 2003, 33 (4), 395-409.

Jiang Wennian, Yang Jianmei.An Action Research Framework of Enterprise KM Implenentation, Knowledge an Systems Sciences: Towards Meta-Synthetic Support for Decision Making, *Proceedings of KSS*, 2003, Guangzhou, China, 78.

Joglekar&Eeward G. Anderson JR. Distributed Innovation under Imperfect Progress Status Information.Working paper under final revision for submission to Operations Research, 2005.

John De Lammothe & Geoff Mallory.Constructing Advantage: Distributed Innovation and the Management of Local Economic Growth.Prometheus, March, 2006, 24 (1), 23-35.

Jones, G.R.Socialization tactics, self-efficacy and newcomers' adjustments to organizations.*Academy of Management Journal*, 1986, 29 (2), 262-279.

Jordan, J., Jones, P. Assessing your company's knowledge management style.*Journal of Long Range Planning*, 1997, 30 (3), 392-398.

José Martin Molina Espinosa, Khalil Drira, Thierry Villemur.The Responsibility Management System for Collaborative Meetings Scheduling in the Distributed System Engineering Project.*KMN'02*: *Proceedings of the IEEE Workshop on Knowledge Media Networking*.Publisher: IEEE Computer Society, July, 2002, 133-147.

Jun Shen &Yun Yang.Extending RDF in distributed knowledge-intensive applications, *Future Generation Computer Systems*, 2004, 20 (1), 27-46.

J. Y. Lee & E. Mansfield. Intelectual Property Protection and US Foreign Direct Investment. *Review of Economics and Statistics*, 1996, 78 (2), 86-181.

Kaplan, S.& Henderson, R.Inertia and incentives: Bridging organizational economics and organizational theory, *Organization Science*, 2005, 16 (5), 509-521.

Karim R.Lakhane.The core and the periphery in distributed and self-organizing innovation systems.Ph.D.Dissertation, *Sloan School of Management*, MIT, February, 2006.

Kathryn, M.Bartol&Abhishek Srivastava.Encouraging Knowledge Sharing: The Role of Organizational Reward Systems. *Journal of Leadership & Organizational Studies*, 2002, 9 (1), 167-180.

Khan, L.R.An Optimal Batch Size for a J IT Manufacturing System.*Computers & Industrial Engineering*, 2002 (42), 189.

Kiesler, S.& Cummings, N.What do we know about proximity in work groups? A legacy of research on physical distance.*In Distributed work* (Hinds, P.& Kiesler, S.Eds), Cambridge MA: MIT press, 2002, 57-80.

Koenig, M.The 1998 Conference Board conference on knowledge management and organizational learning, *Information Today*, July-August, 1998, 15 (7), 51.

Kogut Bruce, Zander Udo. Knowledge of the Firm, Combinative Capabilities and the Replication of Technology. *Organization Science*, August, 1992, 3 (3), 46.

Kogut, B., Zander, U.Knowledge of the Firm and the Evolutionary Theory of the Multinational Corporation, *Journal of International Business Studies*, 1993 (24), 625-645.

Krackhardt, D.The strength of strong ties: The importance of philos in organizations. In N. Noria & R. Eccles (Eds.), *Networks and organizations*. Boston, MA: Harvard Business School Press, 1992, 216-239.

Kruizinga, E., Heijst, G., Spek, R. Knowledge infrastructure and intranets.*Journal of Knowledge Management*, 1997, 1 (1), 27-32.

Kuemmerle, W. Building Effective R&D Capabilities Abroad. *Harvard Business Review*, March-April, 1997, 61-70.

Kuemmerle, W. Optimal Scale for Research and Development in Foreign Environments-an Investigation into Size and Performance of Research and Development Laboratories Abroad.*Research Policy*, 1998 (27), 111-126.

Lakhani, Karim R. &Panetta, Jill A. The Principles of Distributed Innovation.*Innovations: Technology, Governance, Globalization*, 2007, 2 (3), 97-112.

Lane, P.J.& Lubatkin, M.Relative absorptive capacity and interorganizational learning, *Strategic Management Journal*, 1998, 19 (5), 461-477.

Langlois, R.N.Modularity in Technology and Organization.*Journal of Economic Behavior and Organization*, 2002 (49), 19-37.

Lawerence Dooley, Davie O'Sullivan. Managing within distributedd innovation networks.*International Journal of Innovation Management*, Vol.2007, 11 (3), 397-416.

Lechner, A.New knowledge creation dynamics in multidisciplinary teams: In search of innovation practices.PhD.Dissertation.The State University of New J ersey, Newark, 2000.

Lee, G.K.and Cole, R.E.From a finn-based to a community-based model of knowledge creation: the case of the Linux kernel development, *Organization Science*, 2003, 14 (6), 633-649.

Lee, Jae-Nam.The impact of knowledge sharing, organizational capability and partnership quality on IS outsourcing success.*Information & Management*, 2001, 323-335.

Leigh Weiss. Collection and Connection: The Anatomy of Knowledge Sharing in Professional Service Firms.*Organization Development Journal*, 1999, 17 (4), 89-101.

Leonard-Barton, Dorothy. *Wellsprings of Knowledge: Building and Sustaining the Sources of Innovation*, Boston, MA: Harvard Business School Press, 1995, 155-167.

Lerner, J.& Tirole, J.Some simple economics of open source, *The Journal of Industrial Economics*, 2002, 50 (2), 197-234.

Leslie Rae.Knowledge Sharing and the Virtual Organization: Meeting 21st Century Challenges. *Thunderbird International Business Review*, 1998, 40 (5), 78.

Lewicki, R.J.& Bunker, B.B., "Developing and Maintaining Trust in Work Relationships," in R. Kramer and T. Tyler (eds.), *Trust in*

Organizations, Thousand Oaks, CA: Sage Publications, 1996, 114-139.

Liebowitz, J.*Building Organizational Intelligence: A Knowdge Management Primer*, CRC Press, 2000, 87-98.

Liebowitz J.& Beckman T.*Knowledge Organizations: What Every Manager Should Know*, St Lucie/CRC Press, 1998, 145-149.

Liebowitz J. & C. Y. Suen. Development knowledge management metric for measuring intellectual capital. *Journal of Intellectual Capital*, 2000, 1 (1), 54-67.

Liebowitz J.& K. Wright. Does measuring knowledge make "cent"? *Expert System with Application*, 1999 (17), 99-103.

Lin, H.&Lee, G.Perceptions of senior managers toward knowledge-sharing behavior.*Management Decision*, 2004, 42 (1), 108-125.

Lipnack & Stamps, J.*Virtual teamsReaching Across Space, Time and Organizations with Technology*, New York: John Wiley & Sons, Inc., 1997 (2), 87.

MacNeil, C.M.Line managers: facilitators of knowledge sharing in teams. *Employee Relations*, 2003, 25 (3), 294-307.

MaeNei C.M.Exploring the supervisor role as a facilitator of knowledge sharing in teams.*Journal of European Industrial Training*, 2004, 28 (1), 93.

Mansfield, E., Teece, D. & Romeo, A. Oversea Research and Development by US-Based Firms.*Economic*, 1979 (46), 187-196.

Marco Iansiti.*Technology Integration: making critical choices in a dynamic world*.Harvard Business School Press, 1998 (1), 67-79.

Martin, L.L., Gilson, L.L.& Maynard, M.T.Virtual teams: What do we know and where do we go from here.*Journal of Management*, 2004, 30 (6), 805-835.

Mayer, R.C., Davis, J.H.& Schoorman, F.D. An Integration Model of Organizational Trust, *Academy of Management Review*, 1995, 20 (3), 709-734.

Maznevski, M. L. & Chudoba, K. M. Bridging space over time: Global virtual team dynamics and effectiveness.*Organization Science*, 2000, 11 (5), 473-492.

McAllister, D.J.Affect and Cognition-based Trust as Foundations for Inter-personal Cooperation in Organizations, *Academy of Management Journal*, 1995, 38 (1), 24-60.

Mcgill, M.E., Slochum, J.W.Unlearning the Organization. *Organizational Dynamics*, 1993 (22), 67-78.

Mcleod, P. L. & Lobel, S. A. The effects of ethnic diversity in idea generation in small groups. *Academy of Management best paper proceedings*, 1992, 227-231.

Melissa M. Appleyard.How Does Knowledge Flow Interfirm Patterns in the Semiconductor Industry, *Strategic Management Journal*, 1996 (17), 137-154.

Metcalfe, J.S.& James, A.D.Knowledge and capabilities—A new view of the firm.In Foss, N.J.and Robertson, P.L. (eds), *Resources. Technology and Strategy - Explorations in the Resource-Based Perspective*. London: Routledge, 2000, 179-212.

Mintzberg, H.The leadership debate wit h Henry Mintzberg: Community-ship is t he answer.*Financial Times*, 2006, 10.

Mishra, A.K.Organizational Responses to Crisis: the Centrality of Trust.in R.Krammer & T.Tyler (eds.), *Trust in Organizations*, *Thousand Oaks*, CA: Sage, 1995 (1), 191-207.

Montoya M.M., Massey A.P.Getting it together: temporal Coordination and conflict management in global virtual teams. *Academy of Management Journal*, 2001, 44 (2), 1251-1262.

Moreland, R.L.& Myaskovsky, L. Exploring the performance benefits of group training: transactive memory or improved communication? *Organizational Behavior and Human Decision Processes*, 2000, 82 (1), 117-133.

Morten T.Hansen.The search-transfer problem: the role of weak ties in sha-ring knowledge across organization subunits. *Administrative Science Quarterly*, 1999 (44), 82-111.

Mowshowitz, A. Virtual organization. *Communications of the ACM*, 1997, 40 (9), 30-37.

Griffith, T.L., Sawyer, J.E.& M.A.Neale. Virtualness and knowledge inteams: Managing the love triangle of organizations, individuals and information technology.*MIS Quarterly*, 2003, 27 (2), 265-287.

Nancy Dixon. The Neglected Receiver of Knowledge Sharing. *Ivey Business Journal*, 2002, 66 (4), 168-179.

Nancy, M. Common knowledge. *Training&Development*, 2000, 54 (4): 63-64.

Nelson, K. M., and Cooprider, J. G., The Contribution of Shared Knowledge to IS Group Performance, *MIS Quarterly*, 1996, 20 (4), 409-429.

Nevis, E.C., DiBella, A.J.& Gould, J.M. Understnading Organizational Learning Systems, *Sloan Managaement Review*, Winter, 1995, 73-85.

Nijhof, W. Knowledge Management and Knowledge Dissemination.*Academy of Human Resource Development (AHRD) Conference Proceedings.*, 1999, 431—948.

Nonaka, Ikujiro. A Dynamic Theory of Organizational Knowledge Creation, *Organization Science*, 1994, 5 (1), 14-37.

Nonaka Ikujiro & Takeuchi Hirotaka.*The knowledge-creating company*: *how Japanese companies create the dynamics of innovation*. New York: Oxford University Press, 1995, 146-157.

Nooteboom, B. Governance and competence: how can they be combined? *Cambridge Journal of Economics*, 2004 (28), 505-525.

O'Reilly, C.A. Variations in decision makers' use of information sources: the impact of quality and accessibility of information. *Academy of Management Journal*, 1982 (25), 756-771.

O'Sullivan, D.&K. Cormican. A Collaborative Knowledge Management Tool for Product Innovation Management, *Int. Journal of Technology Management*, 2003, 26 (1), 53-67.

OECD.*The Knowledge-based Economy*, 1996, 97.

Oshri, I. & Newell, S. Component sharing in complex products and systems: challenges, solutions, and practical implications. *IEEE Transactions On Engineering Management*, 2005, 52 (4), 509-521.

Oxley, J.E. Appropriability hazards and governance in strategic alliances: a transaction cost approach. *Journal of Law, Economics, and Organization*, 1997, 13 (3), 387-409.

Oxley, J.E.Institutional environment and the mechanism of governance: the impact of intellectual property protection on the structure of inter—firm alliances, *Journal of Economic Behavior and Organization*, 1999, 38 (3), 283-309.

Pan S.L.&Leidner D.E. Bridging communities of practice with information technology in pursuit of global knowledge sharing, *Jounrnal of Strategic Information Systems*, 2003, 12 (1), 71-88.

Patel, R.D.&Pavitt, K.Large firms in the production of the world's technology: an important case of non-globalization, *Journal of International Business Studies*, 1991, 22 (1), 1-21.

Patricia Norman.Are your secrets safe? Knowledge protection in strategic alliances.*Business Horizons*, 2001, 44 (6), 51.

Patti Anklam. KM and the social network. *KM Magazine*, 2003 (8): 24-28.

Paul Hendriks.Why Share Knowledge? The influence of ICT on the Motivation for Knowledge Sharing. *Knowledge and Process Management*, 1999, 6 (2), 231-252.

Pavitt, K.Technologies, Products and Organization in the Innovating Firm: What Adam Smith Tells Us and Joseph Schumpeter Doesn't.*Industrial and Corporate Change*, 1998.7 (3), 433-452.

Pearce, C. L. & J. A. Conger. All those years ago: The historical underpinnings of shared leadership. in C L Pearce, and J A Conger (Eds.). *Shared leadership: Ref raming the hows and whys of leadership.*California: Sage Publications, 2003, 1-18.

Piccoli, G., Powell, A. & Ives, B. Virtual teams: Team control structure, work processes, and team effectiveness. *Information Technology & People*, 2004, 17 (4), 359-379.

Piccoli, G.& Ives, B.Trust and the unintended effects of behavior control in virtual teams, *MIS Quarterly*, 2003, 27 (3), 365-395.

Pinchot, G.Creating organizations wit h many leaders.in F Hesselbein, M Goldsmit h, and R Beckhard (Eds.).*The leader of the future.*Beijing: China

Renmin University Press, 2006, 29-42.

Pisano, G.P.Using equity participation to support exchange: evidence from the biotechnology industry, *Journal of Law, Economics, and Organization*, 1989, 5 (1), 109-126.

Podsakoff, P.M.Organ Self-Reports in Organizational Research: Problems and Prospects.*Journal of Management*, 1986, 12 (4), 531-544.

Polanyi, M. *Personal Knowledge: towards a post-critical philosophy*. Chicago: University of Chicago Press, 1958, 53.

Polanyi, M. *The Tacit Dimension*. London: Routledge & Kegan Paul, 1966.

Poul Houman Andersen, Ina Drejer. Distributed Innovation in Integrated Production Systems-The Case of Offshore Wind Farms.Paper to be presented at the DRUID Tenth Anniversary Summer Conference 2005 on *Dynamics of Industry and Innovation: Organiztions, Networks and Systems*.Copenhagen, Denmark, June 27-29, 2005, 34-51.

Prahalad, C.K.&Hamel, G.The Core Competence of The Corporation, *Harvard Business Review*, May-June, 1990, 79-91.

Quinn, J.B., Anderson, P., Finklestein, S.Managing Professional Intellect: Making The Most of The Best, *Harvard Business Review*, March-April, 1996, 71-80.

Ragatz, Gary L.Handfield, Robert B.Scannell, Thomas V.Success Factors for Integrating Supplier into New Product Development, *Journal of Product Innovation Management*, 1997 (14), 190-203.

Raymond, E.S.*The Cathedral & The Bazaar: Musings on Linux and Open Source by an Accidental Revolutionary* (Revised Ed.) (Sebastopol, California: O'Reilly), 2001 (1), 112-127.

Rentseh, J.R.& Klimoski, R.J.Why Do 'GreatMinds' Think Alike? Antecedents of Team Member Schema Agreement.*Joumal of organizational Behavior*, 2001 (22), 107-120.

Rob Cross, Andrew Parker & Stephen P Borgatti.A bird's-eye view: using social network analysis to improve knowledge creation and sharing.IBM Institute for Business Value.

Rob van der Spek, Josef Hofer Alfeis, et al., *The Knowledge Strategy Process*, *Handbook on Knowledge Management*, Springer-Verlag, Heidalberg, 2002, 93.

Robert, E. B. Benchmarking the strategic management oftechnology (I), *Research Technology Management*, 1995a, 38 (1), 44−56.

Robert, E. B. Benchmarking the strategic management of technology (II), *Research Technology Management*, 1995b, 38 (2), 18−26.

Roberto J. Evaristo, Richard Scudder, Kevin C. Desouza, Osam Sato. A dimensional analysis of geographically distributed project teams: a case study. *Journal of Engineering and Technology Management*, 2004 (21), 175−189.

Roberts, E. *Innovation: Driving Product, Process and Market Change*. Jossey Bass Wiley, 2002 (1), 168−175.

Robey, D., Wishart, N. & Rodriguez D. A. Merging the Metaphors for Organizational Improvement: Business Process Reengineering as a Component of Organizational Learning, *Accounting, Management and Information Technology*, 1995, 5 (1), 23−29.

Ronnie Ramlogan, Reamina, Gindo Tampubolon, J. Stanley Metcalfe. Networks of knowledge: The Distributed Nature of Medical innovation. *Budapest Scientometrics*, 2007, 70 (2), 459−489.

Rotter, J. B. Generalized Expectancies for Interpersonal Trust. *American psychologist*, 1971 (26), 443−452.

Rubinstein Montano B., Liebowitz J. et al., SMARTVision: a Knowledge management methodology, *Journal of Knowledge Management*, 2001 (5), 267.

Ryan, P., M. Giblin & E. Walshe. From subcontracted R&D to joint collaboration: the role of trust in facilitating this process. *International Journal of Innovation and Technology Management*, 2004 (2), 205−231.

Ryu, S., Ho, S. H., & Han, I. Knowledge sharing behavior of physicians in hospitals. *Expert Systems with Applications*, 2003, 25 (1), 113−122.

Sandra Jones. Employee Rights, Employee Responsibilities and Knowledge Sharing in Intelligent Organization. *Employee Responsibilities and Right Journal*, 2002, 14 (2), 27−39.

Sandra, M.Birk.Application of network analysis in evaluating knowledge capacity.*New Directions for Evaluation*, 2005, 3 (107), 69-79.

Sawhney, M.& E., Prandelli.Communities of Creation: Managing Distributed Innovation In Turbulent Markets.*California Management Review*, 2000, 2 (4), 24-54.

Schilling, M. A. & Steensma, H. K. The Use of Modular Organizational Forms: An Industry-Level Analysis.*Academy of Management Journal*, 2001, 44 (6), 1149-1168.

Schoder, Detlef, Yin, Pai-Lin. Building firm Trust Online, *Communication of the ACM*, Dec., 2000, 43 (12), 164-182.

Schweiger, D.M., Atamer, T., Galori, R., Transnational Project Teams and Net Work: Making the Multinational Organization More Effective, *Journal of World Business*, 2003, 38 (2), 127-140.

Scott, S.G.&Bruce, R.A.Determinants of Innovative Behavior: A Path Model of Individual Innovation in the Work Place.*Academy of Management Journal*, 1994, 37 (3), 580-607.

Scully, J.A.Top management team demography and process: The role of social integration and communication. *Administrative Science Quarterly*, 1994 (39), 412-438.

Senge P.M.*The Fifth Discip line*.New York, Doubleday, 1990, 53.

Senge, P. Sharing knowledge, *Executive Excellence*, 1998, 15 (6), 11-12.

Shapira, Z.Governance in organizations: A cognition perspective, *Journal of Management and Governance*, 2000, 4 (1), 53-67.

Shaw, R., *Trust in the Balance*, San Francisco: Jossey-Bass, 1997, 257.

Shr Ivastava, P.A Typology of Organizational Learning Systems.*Journal of Management*, 1983, 20 (7), 281.

Simon, H.The architecture of complexity.*Proceedings of the American Philosophical society*, 1962, 106.

Simonin, B.L., Ambiguity and the Process of Knowledge Transfer in Strategic Alliances, *Strategic Management Journal*, 1999, 20 (7), 595-623.

Singh, J. Distributed R&D, cross-regional knowledge integration and quality of innovative output.*Research Policy*, 2008 (37), 77-96.

Sinkula & James M.Market Information Processing and Organizational Leaming, *Journal of Marketing*, 1994, 58 (1), 35-45.

Sipcic, S.R.&Makonnen, Z.Web-based groupware support for knowledge creation and competitive advantage. *Seventh IEEE International Workshops on*, 1998, 155-160.

Slater & Narver.Market Orientation and the Learning Organization, *Journal of Marketing*, July 1995 (59), 63-74.

Smith, J.Brock & D.W.Barclay, The Effects of Organizational Differences and Trust on the Effectiveness of Selling Partner Relationships, *Journal of Marketing*, 1997, 132-141.

Spillance, J.P.*Distributed leadership*.San Francisco: John Wiley & Sons, 2006, 293-317.

Steinmueller, W. E. Collaborative Innovation: Rationale, Indicators and Significance.In de la Mothe, J.and Link, A.N. (eds) *Networks, Alliances and Partnerships in the Innovation Process*.Dordrecht: Kluwer Academic Publishers, 2003, 177-193.

Szulanski G. Exploring internal stickiness: impediments to the transfer of best practice within the firm.*Strategic Management Journal*, 1996, 17 (Winter Special Issue), 27-43.

Szulanski G. The process of knowledge transfer: A diachronic analysis of stickiness. *Organization Behaviour and Human Decision Process*, 2000, 82 (1), 9-27.

Tan Margaret. Establishing Mutual Understanding in Systems Design: An Empirical Study. *Journal of Management Information Systems*, 1994, 10 (4), 47.

Taylor. W. A. &Wright. G. H. Organizational Readiness for Sueeessful Knowledge Sharing: Challenges for Public Sector Managers. *Information Resources Management Joumal*, 2004, 17 (2), 22.

Teece D. J. Capturing Value from Knowledge Assets: The New Economy, Markets For Know-how, and Intangible Assets, *California Management Review*,

Spring, 1998.

Teece, D. J. The Multinational Corporation Cost of International Technology Transfer. Working paper Cambridge. M. A., 1976, 59-73.

Teece, D. J. *Strategies for Capturing the Financial Benefits from Technological Innovation*, *Technology and the wealth of nations* (Stanford University Press), 1992, 125-205.

Thomke, S. *Experimentation Matters*, Boston, Massachusetts: Harvard Business School Press, 2003, 75.

Thomke, S. & von Hippel, E. Customers as innovators: a new way to create value, *Harvard Business Review*, 2002, 80 (4), 74-81.

Tidd, J., J. Blessant & K. Pavitt. *Managing Innovation: Integrating Technological, Market and Organisational Change*. Chichester: John Wiley & Sons, 2001, 162-165.

Tiwana, A. *The Knowledge Management Toolkit: Practical techniques for building a knowledge management system*. Upper Saddle River: Prentice Hall PTR, 2000, 267-286.

Townsend, A. M., Demarie, S. M. & Hendrickson, A. R. Virtual teams: Technology and the workplace of future. *Academy of Management Exceutive*, 1998, 12 (3), 17-29.

Tsai, W. Knowledge Transfer in Intraorganizational Networks: Effect of Network Position and Absorptive Capacity on Business Unit Innovation and Performance, *Academy of Management Journal*, 2001, 44 (5), 996-1004.

Tsai, W. Social structure of Coopetition Within a multiunit organization: Coordination, competition and intraorganizational knowledge sharing. *Organization Science*, 2002, 13 (2), 179-190.

Tsui, A. S., Egan, T. D., & O'Reilly, C. A. Being different: Relational demography and organizational attachment. *Administrative Science Quarterly*, 1992 (37), 549-579.

Tyler, T. R. & Kramer, R. M., "Whither Trust?" in R. Kramer and T. Tyler (eds.), *Trust in Organizations*, *Thousand Oaks*, CA: Sage, 1996, 1-15.

Ulrich, K. T. The Role of Product Architecture in the Manufacturing Firm. *Research Policy*, 1991 (24), 132-146.

Van der Spek, R.& A.Spijkervet.Knowledge management: impediments to the transfer of best practice within the firm.*Strategic Management Journal*, 1997 (3), 47-62.

V.Acha & L.Cusmano.Governance and Co-ordination of Distributed Innovation Processes: Patterns of R&D Co-operation in the Upstream Petroleum Industry.Econ.Innov.New Techn., January-March, 2005, 14 (12), 1-21.

von Hippel, E.Sticky information and the locus of problem solving: implications for innovation, *Management Science*, 1994, 40 (4), 429-439.

von Hippel, E., & Katz, R.Shifting innovation to users via toolkits, *Management Science*, 2002, 48 (7), 821-833.

von Hippel, E., Thomke, S.& Sonnack, M. Creating breakthroughs at 3M, *Harvard Business Review*, 1999, 77 (8), 47-57.

von Hipple, E., Economics of product development by uses: the impact of "sticky" local information.*Management Sciences*, 1998, 44 (5), 629-644.

Von Krogh. G. Care in knowledge creation. *California Management Review*, 1998, 40 (3), 53-133.

Walker G.Strategic Sourcing, Vertical Integration, and Transaction Costs, *Interfaces*, 1988, 18 (3), 64.

Walther J.B. Relational aspects of computer-mediated communication: Experimental observations over time. *Organization Science*, 1995, 6 (2), 186-203.

Weber, S. *The Success of Open Source*, Boston, Massachusetts: Harvard Business School Press, 2004, 235.

Webster, J.& Staples, D.S.Comparing virtual teams to traditional teams: An identification of new research opportunities.*Research In Personnel and Human Resource Management*, 2006 (25), 181-215.

Wenger. E. *Communities of practice: Learning, identity*. Cambridge, UK: Cambridge University meaning and Press, 1998, 126-135.

Wigg K.Establish, *Govern and Renew the Enterprise's Knowledge Practices*, Schema Press, 1999, 82.

Wigg K.Perspective on introducing enterprise Knowledge management, *Proceedings of the 2nd International Conference on Practical Aspects of Knowledge*

Management，1998，153-162.

Wigg.K.M.*Knowledge management*：*The central management focus for intelligent-acting organizations*.Arlington，TX：Schema Press，1994，157.

Wijnhoven，F. Knowledge Logistics in Business Contexts：Analyzing and Diagnosing Knowledge Sharing by Logistics Concepts，*Knowledge and Process Management*，1998，5（3），143-157.

Wikström & Normann.*Knowledge and Value*：*A new perspective on corporate transformation*.New York：Routledge Wilson，John P.，1994，109.

Winter，S.G.Knowledge and Competence as Strategic Assets，in：Teece，D.J.（Ed.），*the Competitive Challenge. Strategies for Industrial Innovation and Renewal*，Cambridge，MA.1987，159-184.

Xu J.Mining static and dynamic structural patterns in networks for knowledge management：A computational framework and case studies. Ph. D. Dissertation. Dissertation Abstracts International，Volume 3，Section：A，1079.

Y.J.Yoo，Lyytinen，R.J.Boland，Jr.Distributed Innovation in Classes of Networks.Proceedings of the Proceedings of the 41*st Annual Hawaii International Conference on System Sciences*，2008（1），72.ISBN-ISSN：1530-1605.

Zander U.& Kogut B.Knowledge and the speed of the transfer and imitation of organizational capabilities：An empirical test，*Organization Science*，1995，6（1），76-92.

中文部分

［美］南希·狄克逊：《共有知识》，王书贵、沈群红译，人民邮电出版社 2002 年版。

［英］罗杨：《日益加速的知识传播》，黄艳译，http：//www.knowledgeassociates.com，1998 年。安小风、张旭梅、沈娜利：《供应链知识共享决策信息空间模型及合约机制研究》，《现代管理科学》2009 年第 1 期。

［美］比尔·盖茨：《未来时速——数字神经系统与商务新思维》，北京大学出版社 1999 年版。

陈国权、马萌：《组织学习的过程建模研究》，《管理科学学报》2000 年第 3 期。

陈劲、陈钰芬：《开放创新体系与企业技术创新资源配置》，《科研管理》2006 年第 5 期。

陈劲：《集成创新的理论模式》，《中国软科学》2002 年第 12 期。

陈娟、罗文军：《模块化：授权与控制悖论的解决方案——知识视角的分析》，《上海企业》2006 年第 12 期。

陈娟、王文平：《知识型企业生命体智能单元间知识共享策略与激励措施研究》，《东南大学学报》（自然科学版）2004 年第 6 期。

陈钰芬：《开放式创新的机理与动态模式研究》，博士学位论文，浙江大学，2007 年。

［美］丹尼尔·贝尔：《后工业社会的来临——对社会预测的一项探索》，新华出版社 1997 年版。

［美］德鲁克：《21 世纪的管理挑战》，刘毓玲译，生活·读书·新知三联书店 2003 年版。

杜海云：《图书馆如何实现知识共享》，《科技情报开发与经济》2005 年第 24 期。

樊治平、孙永洪：《知识共享研究综述》，《管理学报》2006 年第 3 期。

樊治平、孙永洪：《基于 SWOT 分析的企业知识管理战略》，《南开管理评论》2002 年第 4 期。

冯鉴、姚敏：《知识管理方法论》，《计算机工程与设计》2004 年第 2 期。

耿新：《知识创造的 IDE-SECI 模型——对野中郁次郎"自我超越"模型的一个扩展》，《南开管理评论》2003 年第 5 期。

高济：《基于表示本体论的智能系统开发》，《计算机研究与发展》1996 年第 11 期。

桂彬旺：《基于模块化的复杂产品系统创新因素与作用路径研究》，博士学位论文，浙江大学，2006 年。

顾新建、祁国宁：《知识型制造企业》，国防工业出版社 2000 年版。

赫雅风、张鹏程、张利斌：《基于三因素信任模型的知识传递研究》，《工业工程与管理》2007 年第 1 期。

侯柏竹：《知识经济视角下的图书馆管理与隐性知识共享机制》，《商业经济》2009 年第 2 期。

韩吉韬：《面向业务流程的企业内部知识共享机制与支持系统研究》，

《天津大学管理学院》2004 年第 12 期。

侯杰泰、温忠麟、成子娟：《结构方程模型及其应用》，教育科学出版社 2004 年版。

黄培伦：《组织行为学》，华南理工大学出版社 2003 年版。

霍艳芳、刘传铭、王玲：《虚拟企业知识管理应用模块设计研究与发展管理》，《研究与发展管理》2004 年第 3 期。

焦锦森、夏新平：《基于知识共享的组织学习有效方式研究》，《河南社会科学》2005 年第 3 期。

姜俊：《企业组织中的知识共享模式研究》，《商业时代》2006 年第 24 期。

江文年、孙丽娟、张敏、华宏罡：《企业知识管理实战宝典》，人民邮电出版社 2006 年版。

贾根良：《后发工业化国家制度创新的三种境界——演化经济学假说并与杨小凯教授商榷》，《南开经济研究》2003 年第 5 期。

贾延林：《模块化设计》，机械工业出版社 1993 年版。

［美］卡丽斯·鲍德温、金·克拉克：《设计规则：模块化的力量》，中信出版社 2006 年版。

骆品亮、陆毅、王安宇：《合作 R&D 的组织形式与虚拟研发组织》，《科研管理》2002 年第 6 期。

罗志勇：《知识共享机制研究》，北京图书馆出版社 2003 年版。

龙静：《组织学习与知识管理理论的整合与评述》，《科技管理研究》2008 年第 12 期。

刘冀生、吴金希：《论基于知识的企业核心能力与企业知识链管理》，《清华大学学报》（哲社版）2002 年第 1 期。

刘春峰：《上海中集冷藏箱有限公司 CIMS 二期 PDM 实施项目的管理》，《CAD/CAM 与制造业信息化》2003 年第 5 期。

刘常勇：《几个有关知识管理议题之初探》，http：//www.cme.org.tw/know.1999。

林慧岳、李林芳：《论知识分享》，《自然辩证法研究》2002 年第 8 期。

林东清：《知识管理理论与实务》，电子工业出版社 2005 年版。

李随成、杨婷：《研发合作企业间知识共享与合作绩效的关系》，《科技进步与对策》2007 年第 10 期。

李生琦、徐福缘：《支持企业知识共享的企业本体论及其获取》，《计算机工程与应用》2004 年第 2 期。

李佩璘、黄国群：《跨国公司分布式创新及对我国企业创新的启示》，《科技管理研究》2008 年第 7 期。

李久鑫：《基于社会网络的企业动态知识管理模式研究》，博士学位论文，复旦大学，2002 年。

李金霞：《管理集成视角下的企业知识共享》，《德州学院学报》（哲学社会科学版）2003 年第 3 期。

李飞、高济等：《OKMF：一个基于本体论的知识管理系统框架》，《计算机辅助设计与图形学报》2003 年第 12 期。

李长玲：《隐性知识共享的障碍及其对策分析》，《情报理论与实践》2005 年第 2 期。

李爱平：《产品创新的知识管理和供应的研究》，博士学位论文，哈尔滨工业大学，2001 年。

李怀祖：《管理研究方法论》，西安交通大学出版社 2004 年版。

李洁芳：《分布式领导概念内涵、角色关系辨析与未来研究展望》，《外国经济与管理》2008 年第 8 期。

厉荣：《企业知识共享实践的难点分析及对策》，《新疆职业大学学报》2003 年第 6 期。

林杰斌、刘明德编著：《SPSS 10.0 与统计模式建构》，科学出版社 2002 年版。

［英］罗斯韦尔：《产业创新：成功、战略和趋势》，陈劲等译，载《创新聚集——产业创新手册》，清华大学出版社 2000 年版。

刘红良、刘安心等：《基于虚拟协同技术模块化虚拟企业的研究》，《机械制造与自动化》2006 年第 4 期。

［日］堺屋太一：《知识价值革命》，东方出版社 1982 年版。

马庆国：《管理统计》，科学出版社 2002 年版。

慕玲、路风：《集成创新的要素》，《中国软科学》2003 年第 11 期。

［美］南施·狄克逊：《知识共享型组织》，李淑华译，商周出版社 2001 年版。

［美］约翰·奈斯比特：《大趋势》，梅艳、姚综译，新华出版社 1984

年版。

任志安：《合作型自主创新：创新优势与知识产权共享冲突》，《学术月刊》2007 年第 6 期。

彭锐、刘冀生：《西方企业知识管理理论"丛林"中的学派》，《管理评论》2005 年第 8 期。

邱均平、段宇峰：《论知识管理与竞争情报》，《图书情报工作》2000 年第 4 期。

钱光荣：《虚拟企业 21 世纪组织管理的主流》，《科技进步与对策》1999 年第 1 期。

［日］青木昌彦：《比较制度分析》，上海远东出版社 2001 年版。

青木昌彦：《模块时代》，上海远东出版社 2003 年版。

闫芬、陈国权：《实施大规模定制中组织知识共享研究》，《管理工程学报》2002 年第 3 期。

芮明杰、樊圣君：《"造山"以知识和学习为基础的企业新逻辑》，《管理科学学报》2001 年第 3 期。

芮明杰、陈娟：《模块化原理对知识创新的作用及相关管理策略分析——以电脑设计为例》，《管理学报》2004 年第 1 期。

芮明杰、刘明宇：《模块化网络状产业链的知识分工与创新》，《当代财经》2006 年第 4 期。

邵琳琳：《走进虚拟生产时代》，《中外管理》2001 年第 5 期。

上海科技发展研究中心：《创新网络：为先行者带来收益、繁荣与发展——创新网络的主要应用与实际效果》，《上海科技发展研究中心》2006 年第 19 期。

《商业周刊》调查服务公司：《分布式产品开发全球成功案例研究》2006 年第 10 期。

［美］斯蒂芬·P.罗宾斯：《组织行为学》，孙建敏、李原等译，中国人民大学出版社 1997 年版。

宋建元、陈劲：《企业隐性知识的共享方法与组织文化研究》，《技术经济》2005 年第 4 期。

宋建元、陈劲：《企业隐性知识共享的效率分析》，《科学与科学技术管理》2005 年第 2 期。

宋建元、张钢：《组织网络化中的知识共享：—个基于知识链的分析》，《研究与发展管理》2004 年第 4 期。

孙涛：《知识管理》，中华工商联合出版社 1999 年版。

苏世彬、黄瑞华：《合作联盟知识产权专有性与知识共享性的冲突研究》，《研究与发展管理》2005 年第 5 期。

陶厚永、刘洪：《知识共享机制对群体绩效的影响研究》，《科研管理》2008 年第 3 期。

陶蕾、刘益：《知识联盟中企业间信任对知识共享的影响研究》，《情报杂志》2008 年第 2 期。

汤建影、黄瑞华：《研发联盟企业间知识共享影响因素的实证研究》，《预测》2005 年第 5 期。

谭贤楚、肖昂：《基于虚拟经营的知识共享行为研究》，《现代管理科学》2004 年第 1 期。

王众托：《关于知识管理的若干问题探讨》，《管理学报》2004 年第 1 期。

王毅、吴贵生：《产学研合作中粘滞知识的成因与转移机制研究》，《科研管理》2001 年第 6 期。

王旭东：《知识共享与知识管理》，《中国质量》2004 年第 2 期。

王润浪、郑晓齐：《非正式团体：知识传播的有效途径》，《科研管理》2001 年第 4 期。

王如富、徐金发、徐嫒：《知识管理的职能及其与组织学习的关系》，《科研管理》1999 年第 4 期。

王庆年、秦玉洁：《组织隐性知识共享的博弈及对策》，《求实》2005 年第 1 期。

王敬稳、陈春英：《知识产权与知识共享》，《经济论坛》2003 年第 8 期。

汪忠、黄瑞华：《合作创新的知识产权风险与防范研究》，《科学学研究》2005 年第 3 期。

汪应洛、李勖：《知识的转移特性研究》，《系统工程理论与实践》2002 年第 10 期。

万君康、张琦：《组织知识管理中提高知识共享程度的对策研究》，《现代计算机》2003 年第 1 期。

［美］维娜·艾利：《知识的进化》，刘民慧等译，珠海出版社 1998

年版。

翁莉、仲伟俊、鲁芳：《供应链企业间知识共享的动因研究》，《科学学与科学技术管理》2009 年第 2 期。

魏江：《企业技术能力论》，科学出版社 2002 年版。

魏江：《企业购并战略新思维——基于核心能力的企业购并与整合管理模式》，科学出版社 2002 年版。

魏江、王艳：《企业内部知识共享模式研究》，《技术经济与管理研究》2004 年第 1 期。

王敬稳、陈春英：《知识产权与知识共享》，《经济论坛》2003 年第 8 期。

王重鸣：《心理学研究方法》，人民教育出版社 1990 年版。

汪忠、黄瑞华：《合作创新的知识产权风险与防范研究》，《科学学研究》2005 年第 3 期。

吴永忠：《企业创新网络的形成及其演化》，《自然辩证法研究》2005 年第 9 期。

吴思华：《策略九说：策略思考的本质》，复旦大学出版社 2002 年版。

吴明隆：《SPSS 统计应用实务》，科学出版社 2003 年版。

乌家培：《正确认识信息与知识及其相关问题的关系》，《情报理论与实践》1999 年第 8 期。

谢友柏：《建设分布式资源环境支持企业产品创新更具意义》，《新材料产业》2006 年第 5 期。

席旭东、余光胜：《基于知识共享的企业知识管理》，《管理世界》2005 年第 11 期。

夏敬华、金昕：《知识管理》，机械工业出版社 2003 年版。

许庆瑞：《全面创新管理的理论与实践》，科学出版社 2008 年版。

许晓明、龙炼：《论企业的知识管理战略》，《复旦学报》（社会科学版）2001 年第 3 期。

徐莉、库陶菲、朱同斌：《基于信任调节机制的绿色供应链知识共享研究》，《技术经济》2009 年第 3 期。

严浩仁、贾生华：《试论知识特性与企业知识共享机制》，《研究与发展管理》2002 年第 6 期。

杨钊、陈士俊：《知识型团队知识共享影响机制研究——以信任和知识距离对团队知识共享的影响机制为基础》，《西南交通大学学报》（社会科学版）2008 年第 12 期。

杨洵、师萍：《员工个人隐性知识扩散条件与激励》，《中国海洋大学学报》（社会科学版）2005 年第 4 期。

杨溢：《企业内知识共享与知识创新的实现》，《情报科学》2003 年第 10 期。

应力、钱省三：《企业内部知识市场的知识交易方式与机制研究》，《上海理工大学学报》2001 年第 2 期。

袁润兵、李元旭：《跨国公司知识来源与开放式创新》，《商业时代·学术评论》2006 年第 5 期。

喻红阳、李海婴：《超越时空边界：产品创新的全球视野——全球产品开发团队的管理》，《科技进步与对策》2005 年第 1 期。

郁义鸿：《知识管理与组织创新》，复旦大学出版社 2001 年版。

余平、黄瑞华：《基于合作创新虚拟企业的知识产权风险及对策研究》，《科技管理研究》2005 年第 10 期。

张存刚、李明、陆德梅：《社会网络分析——一种重要的社会学研究方法》，《甘肃社会科学》2004 年第 2 期。

张全海、施鹏飞：《基于本体的多智能体知识共享和协作》，《上海交通大学学报》2003 年第 9 期。

张远征、骆品亮：《具有学习效应的虚拟研发组织的激励效率分析》，《复旦学报》（自然科学版）2005 年第 4 期。

张洪石、陈劲：《突破性创新的组织模式》，《科学学研究》2005 年第 4 期。

赵文平、王安民、徐国华：《组织内部知识共享的机理与对策研究》，《情报科学》2004 年第 5 期。

赵曙明、沈群红：《知识企业与知识管理》，南京大学出版社 2000 年版。

郑景丽：《企业知识共享的激励机制分析》，《煤炭经济研究》2008 年第 11 期。

郑金娥：《合作研发的动机分析》，《科技创业月刊》2005 年第 1 期。

钟耕深、赵前：《团队组织中知识共享的风险、障碍与对策》，《山东社会科学》2005 年第 7 期。

左美云：《企业知识管理的激励机制》，《中外企业文化：保险文化》
2001 年第 12 期。

［日］竹内弘高、野中郁次郎：《组织知识创造螺旋：知识管理理论
与案例研究》，李萌译，知识产权出版社 2006 年版。